2025年度版

和歌山県の
数学科

協同教育研究会 編

協同出版

本書には，和歌山県の教員採用試験の過去問題を収録しています。各問題ごとに，以下のように5段階表記で，難易度，頻出度を示しています。

難 易 度

非常に難しい　☆☆☆☆☆
やや難しい　　☆☆☆☆
普通の難易度　☆☆☆
やや易しい　　☆☆
非常に易しい　☆

頻 出 度

◎　　　　ほとんど出題されない
◎◎　　　あまり出題されない
◎◎◎　　普通の頻出度
◎◎◎◎　よく出題される
◎◎◎◎◎　非常によく出題される

※本書の過去問題における資料，法令文等の取り扱いについて
　本書の過去問題で使用されている資料や法令文の表記や基準は，出題された当時の内容に準拠しているため，解答・解説も当時のものを使用しています。ご了承ください。

はじめに～「過去問」シリーズ利用に際して～

　教育を取り巻く環境は変化しつつあり，日本の公教育そのものも，教員免許更新制の廃止やGIGAスクール構想の実現などの改革が進められています。また，現行の学習指導要領では「主体的・対話的で深い学び」を実現するため，指導方法や指導体制の工夫改善により，「個に応じた指導」の充実を図るとともに，コンピュータや情報通信ネットワーク等の情報手段を活用するために必要な環境を整えることが示されています。

　一方で，いじめや体罰，不登校，暴力行為など，教育現場の問題もあいかわらず取り沙汰されており，教員に求められるスキルは，今後さらに高いものになっていくことが予想されます。

　本書の基本構成としては，出題傾向と対策，過去5年間の出題傾向分析表，過去問題，解答および解説を掲載しています。各自治体や教科によって掲載年数をはじめ，「チェックテスト」や「問題演習」を掲載するなど，内容が異なります。

　また原則的には一般受験を対象としております。特別選考等については対応していない場合があります。なお，実際に配布された問題の順番や構成を，編集の都合上，変更している場合があります。あらかじめご了承ください。

　最後に，この「過去問」シリーズは，「参考書」シリーズとの併用を前提に編集されております。参考書で要点整理を行い，過去問で実力試しを行う，セットでの活用をおすすめいたします。

　みなさまが，この書籍を徹底的に活用し，教員採用試験の合格を勝ち取って，教壇に立っていただければ，それはわたくしたちにとって最上の喜びです。

協同教育研究会

C O N T E N T S

第1部 和歌山県の数学科
出題傾向分析 ・・・・・・・・・・・・・・3

第2部 和歌山県の
教員採用試験実施問題 ・・・・・・・・・・・・9

第1部

和歌山県の
数学科
出題傾向分析

和歌山県の数学科　傾向と対策

1. 傾向

　2024年度は，2023年度に引き続き，中学・高校共通問題で試験時間60分，問題数は5問であった。2020年度までは中学と高校で別問題，試験時間90分，問題数は6問であったが2021年度に大幅な変更があった。問題の難易度は高校数学の教科書の練習問題や節末・章末問題，大学入試基本レベルであり，基本的な内容の出題となっている。

　第1問は独立した小問集合5題(必要十分条件，四次式の因数分解，無理数の整数部分と小数部分，倍数の総和，標準偏差)，第2問は独立した小問集合5題(指数の計算，式の値，場合の数，平面幾何，極限値)であり，第1問と第2問は解答のみを答える問題である。第3問は二次方程式と四次方程式の2題，第4問は不等式の証明と式の値の最小値の2題，第5問は媒介変数による曲線の微分積分2題であり，第3問～第5問は途中の計算過程も記述させる問題である。

　いずれも高校の数学Ⅰ・Ⅱ・Ⅲ・A・Bから均等に出題が考えられており，高校数学全般の理解度を測るテストの構成と考えてよい。

2. 対策

　学習対策として，自分の実力と合格レベルとの距離感を正確に把握することが大切である。「教科書で基礎をきちんと復習し，標準問題集を繰り返し解く」ことがよく言われているが，無限に時間があるわけではない。まず，自分の実力と合格レベルとの距離感を正確に把握し，それを埋めるための必要かつ充分な時間をきちんと把握すること。そして，どのような煩雑な計算も苦にならない計算力をつけることが特に和歌山県では重要である。そのためには，過去問やそれと同レベルの大学入試問題の解答・解説を「必要に応じて教科書や参考書と同じように辞書のように使いこなしながら理解していく」というやり方が，有力な方法として知られている。これにより，

[1] 自分の実力と合格レベルとの距離感を正確に把握すること

[2]　教科書の例題，学習，節末，章末問題の理解

[3]　頻繁に使われる知識・用語(定義，公式，定理等)の使い方の工夫

[4]　気付かなかった苦手分野を把握すること

ができるので，それらを自分に合った形で体系的に整理することが大切である。

　高校の教科書の例題，練習問題，章末問題や標準問題集を解き，必要に応じて大学入試レベルの基本的な問題を解くなど，"実践レベル"を保てれば着実に力がつくだろう。学習指導要領と同解説については，2021年度以降の出題はないが，2020年度までは出題があったため教科の目標，内容をよく読んで理解しておきたい。他県の過去問題などを利用して，穴埋めなどの形式で学習しておくことをおすすめする。

　第3問～第5問が記述問題であり，公式を暗記するだけなどでは応用力が効かないので上記の[1]～[4]を踏まえた上で，繰り返し問題を解き，しっかりと解答を記述する学習をしておく必要がある。

過去5年間の出題傾向分析

●中学数学

◎中高共通

分　類	2020年度	2021年度	2022年度	2023年度	2024年度
数と式		◎	◎	◎	◎
方程式と不等式	●	◎	◎	◎	◎
数の性質			◎	◎	◎
ベクトル	●	◎	◎	◎	
複素数			◎		
関数とグラフ		◎	◎		
平面幾何	●	◎		◎	◎
空間図形			◎		
平面座標と図形	●				
三角関数	●	◎		◎	◎
三角比と平面図形	●		◎		
指数・対数		◎	◎	◎	◎
数列	●	◎	◎	◎	
行列			◎		
微分・積分	●	◎	◎	◎	◎
場合の数・確率	●	◎	◎	◎	◎
集合と命題					◎
学習指導要領	●				
データの分析		◎		◎	◎

●高校数学

◎中高共通

分　類	2020 年度	2021 年度	2022 年度	2023 年度	2024 年度
数と式	●	◎	◎	◎	◎
方程式と不等式	●	◎	◎	◎	◎
数の性質	●		◎	◎	◎
ベクトル	●	◎	◎	◎	
複素数			◎		
関数とグラフ		◎	◎		
平面幾何	●	◎		◎	◎
空間図形	●		◎		
平面座標と図形					
三角関数	●	◎		◎	◎
三角比と平面図形			◎		
指数・対数	●	◎	◎	◎	◎
数列	●	◎	◎	◎	
行列			◎		
微分・積分	●	◎	◎	◎	◎
場合の数・確率	●	◎	◎	◎	◎
集合と命題					◎
学習指導要領					
データの分析		◎		◎	◎

第2部

和歌山県の
教員採用試験
実施問題

2024年度　実施問題

【中高共通】

【1】次の[問1]～[問5]に答えよ。(答えのみでよい。)

[問1]　次の[　]にあてはまるものを，以下のア～エの中から1つ選び，その記号を書け。

　　実数a, bについて，$a=b$は$a^2=b^2$であるための[　　]

ア　必要条件であるが十分条件ではない。

イ　十分条件であるが必要条件ではない。

ウ　必要十分条件である。

エ　必要条件でも十分条件でもない。

[問2]　x^4+324を実数の範囲で因数分解せよ。

[問3]　$\dfrac{1}{3-2\sqrt{2}}$の整数部分をa，小数部分をbとするとき，$a(a-b)$の値を求めよ。

[問4]　2000以下の自然数のうち，9の倍数であるものの総和を求めよ。

[問5]　次の5個のデータについて，標準偏差を求めよ。

　　1　4　5　7　13

(☆☆☆◎◎◎◎)

【2】次の[問1]～[問5]に答えよ。(答えのみでよい。)

[問1]　$\sqrt[3]{108}+6\sqrt[3]{64}+\sqrt[3]{-4}=2^p$のとき，$p$の値を求めよ。

[問2]　$x^2+x+1=0$のとき，$x^{2023}+x^{2024}$の値を求めよ。

[問3]　桃，柿，梨の3種類の果物の中から，合計7個の果物を買うとき，その果物の種類とそれぞれの個数の買い方は何通りあるか，求めよ。ただし，3種類の果物はそれぞれ十分な個数があり，また，買わない果物があってもよいものとする。

[問4]　次の図のように，円を10等分した点を結んで，正十角形をつくる。このとき，∠xの大きさを求めよ。

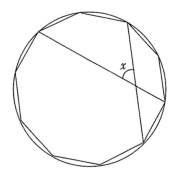

[問5]　極限値 $\displaystyle\lim_{x \to \infty}(\sqrt{x^2+x}-x)$ を求めよ。

(☆☆☆◎◎◎◎)

【3】次の[問1]，[問2]に答えよ。

[問1]　2次方程式 $ax^2+bx+c=0$ の解が $x=\dfrac{-b\pm\sqrt{b^2-4ac}}{2a}$ であることを導け。

[問2]　方程式 $x^4+5x^2+9=0$ を複素数の範囲で解け。

(☆☆☆◎◎◎)

【4】次の[問1]，[問2]に答えよ。

[問1]　a，b，c，x，y，z を実数とするとき，$(ax+by+cz)^2 \leqq (a^2+b^2+c^2)(x^2+y^2+z^2)$ を証明せよ。

[問2]　$3x+4y-5z=5$ のとき，$x^2+y^2+z^2$ の最小値を求めよ。

(☆☆☆☆◎◎◎)

【5】θ を媒介変数として，$x=\theta-\sin\theta$，$y=1-\cos\theta$ で表される曲線 C がある。

この曲線 C と直線 $y=1$ との交点のうち，x 座標が小さい方を P とする。

次の[問1]，[問2]に答えよ。ただし，$0 \leqq \theta \leqq 2\pi$ とする。

[問1]　点 P の座標を求めよ。

[問2]　曲線 OP を x 軸のまわりに1回転させてできる回転体の体積 V を求

めよ。

(☆☆☆☆○○○○)

解答・解説

【中高共通】

【１】問1　イ　　　問2　$(x^2-6x+18)(x^2+6x+18)$　　　問3　$35-10\sqrt{2}$

　　問4　222777　　　問5　4

〈解説〉問1　$a=b\Rightarrow a^2=b^2$ は真であり，$a^2=b^2\Rightarrow a=b$ は偽(反例：$a^2=b^2$ は $-a=-b$ でも成り立つ)なので「イ　十分条件であるが必要条件ではない。」

　　問2　(与式)$=x^4+18^2=x^4+36x^2+18^2-36x^2$

　　$=(x^2+18)^2-36x^2=(x^2-6x+18)(x^2+6x+18)$

　　問3　$\dfrac{1}{3-2\sqrt{2}}=\dfrac{3+2\sqrt{2}}{(3-2\sqrt{2})(3+2\sqrt{2})}=\dfrac{3+2\sqrt{2}}{9-8}=3+2\sqrt{2}$ なので，

　　整数部分は，$a=5$，小数部分は，$b=3+2\sqrt{2}-5=2\sqrt{2}-2$

　　$a(a-b)=5(5-2\sqrt{2}+2)=5(7-2\sqrt{2})=35-10\sqrt{2}$

　　問4　$9+18+27+\cdots+1998=9(1+2+3+\cdots+222)=9\times\dfrac{222(222+1)}{2}=$ 222777

　　問5　データの平均は，$\dfrac{1+4+5+7+13}{5}=6$ なので，

　　データの分散は，$\dfrac{(1-6)^2+(4-6)^2+(5-6)^2+(7-6)^2+(13-6)^2}{5}=16$

　　よって，標準偏差は，$\sqrt{16}=4$

【２】問1　$p=\dfrac{11}{3}$　　　問2　-1　　　問3　36〔通り〕　　　問4　$\angle x=54$〔°〕

　　問5　$\dfrac{1}{2}$

〈解説〉問1　$3\sqrt[3]{4}+6\sqrt[3]{4^3}-\sqrt[3]{4}=2^p$

$8\sqrt[3]{4}=2^p$

$2^3\times2^{\frac{2}{3}}=2^p$

$2^{\frac{11}{3}}=2^p$

$p=\dfrac{11}{3}$

問2　$x^2+x+1=0$なので，$(x-1)(x^2+x+1)=0$より，

$x^3-1=0$，つまり，$x^3=1$

よって，$x^{2023}=x^{3\times674+1}=x$

$x^{2024}=x^{3\times674+2}=x^2$なので，$x^{2023}+x^{2024}=x+x^2=-1$

問3　${}_9C_7={}_9C_2=36$〔通り〕

問4　10個の頂点で一つの円を分割するので，正十角形1辺に対する中心角は36°，円周角は18°

$\angle x$を含む四角形のx以外の内角の和は，$18°\times3+18°\times8+18°\times6=18°\times17=306°$

したがって，$\angle x=360°-306°=54°$

問5　$\displaystyle\lim_{x\to\infty}\dfrac{(\sqrt{x^2+x}-x)(\sqrt{x^2+x}+x)}{\sqrt{x^2+x}+x}=\lim_{x\to\infty}\dfrac{(\sqrt{x^2+x})^2-x^2}{\sqrt{x^2+x}+x}$

$=\displaystyle\lim_{x\to\infty}\dfrac{x^2+x-x^2}{\sqrt{x^2+x}+x}=\lim_{x\to\infty}\dfrac{x}{\sqrt{x^2+x}+x}=\lim_{x\to\infty}\dfrac{1}{\sqrt{1+\dfrac{1}{x}}+1}=\dfrac{1}{2}$

【3】問1　$ax^2+bx+c=0$の両辺をaで割ると，

$x^2+\dfrac{b}{a}x+\dfrac{c}{a}=0$

$x^2+\dfrac{b}{a}x=-\dfrac{c}{a}$

両辺に$\left(\dfrac{b}{2a}\right)^2$を加えると，

$x^2+\dfrac{b}{a}x+\left(\dfrac{b}{2a}\right)^2=-\dfrac{c}{a}+\left(\dfrac{b}{2a}\right)^2$

$\left(x+\dfrac{b}{2a}\right)^2=\dfrac{b^2-4ac}{4a^2}$

$$x + \frac{b}{2a} = \pm \frac{\sqrt{b^2 - 4ac}}{2a}$$

$$x = -\frac{b}{2a} \pm \frac{\sqrt{b^2 - 4ac}}{2a}$$

よって，

$$x = \frac{-b \pm \sqrt{b^2 - 4ac}}{2a}$$

問2

$x^4 + 5x^2 + 9 = 0$

$(x^2 + 3)^2 - x^2 = 0$

$(x^2 + 3 + x)(x^2 + 3 - x) = 0$

よって，

$x^2 + x + 3 = 0$　または　$x^2 - x + 3 = 0$

$$x = \frac{-1 \pm \sqrt{11}\, i}{2}, \ \frac{1 \pm \sqrt{11}\, i}{2}$$

〈解説〉解答参照。

【4】問1　右辺－左辺

$= (a^2 x^2 + a^2 y^2 + a^2 z^2 + b^2 x^2 + b^2 y^2 + b^2 z^2 + c^2 x^2 + c^2 y^2 + c^2 z^2)$

$\quad - (a^2 x^2 + b^2 y^2 + c^2 z^2 + 2abxy + 2bcyz + 2cazx)$

$= (ay - bx)^2 + (bz - cy)^2 + (cx - az)^2 \geqq 0$

等号成立は，

$ay = bx$, $bz = cy$, $cx = az$ すなわち $\dfrac{x}{a} = \dfrac{y}{b} = \dfrac{z}{c}$ のとき

または $a = b = c = 0$ または $x = y = z = 0$ のときである。

(別解)

$\vec{p} = (a, \ b, \ c)$, $\vec{q} = (x, \ y, \ z)$ とおくと，

$|\vec{p}| = \sqrt{a^2 + b^2 + c^2}$, $|\vec{q}| = \sqrt{x^2 + y^2 + z^2}$, $\vec{p} \cdot \vec{q} = ax + by + cz$ であるから，

$\vec{p} \neq 0$, $\vec{q} \neq 0$, なす角 θ $(0° \leqq \theta \leqq 180°)$ とすると，

$(a^2 + b^2 + c^2)(x^2 + y^2 + z^2) - (ax + by + cz)^2$

$= |\vec{p}|^2 |\vec{q}|^2 - (\vec{p} \cdot \vec{q})^2$

$$=|\vec{p}|^2|\vec{q}|^2-|\vec{p}|^2|\vec{q}|^2\cos^2\theta$$

$$=|\vec{p}|^2|\vec{q}|^2(1-\cos^2\theta)$$

$$=|\vec{p}|^2|\vec{q}|^2\sin^2\theta\geqq0$$

等号成立は，$\sin\theta=0$から$\theta=0°$，$180°$すなわち$\vec{p}\,/\!/\,\vec{q}$であることから

$(a,\ b,\ c)/\!/(x,\ y,\ z)$のとき

または$a=b=c=0$

または$x=y=z=0$のときである。

問2

$a=3$，$b=4$，$c=-5$とすると，問1より，

$(3x+4y-5z)^2\leqq\{3^2+4^2+(-5)^2\}(x^2+y^2+z^2)$であるから，

$25\leqq50(x^2+y^2+z^2)$となり，$x^2+y^2+z^2\geqq\dfrac{1}{2}$

等号成立は，$\dfrac{x}{3}=\dfrac{y}{4}=\dfrac{z}{-5}$のときであるから，

$\dfrac{x}{3}=\dfrac{y}{4}=\dfrac{z}{-5}=k$とおくと，$x=3k$，$y=4k$，$z=-5k$

$3x+4y-5z=5$へ代入すると，$9k+16k+25k=5$

$k=\dfrac{1}{10}$となり，$(x,\ y,\ z)=\left(\dfrac{3}{10},\ \dfrac{2}{5},\ -\dfrac{1}{2}\right)$のとき最小値$\dfrac{1}{2}$

〈解説〉解答参照。

【5】問1　y座標が1であるとき，$y=1$　　$\cos\theta=0$

　　よって，$\theta=\dfrac{\pi}{2}$，$\dfrac{3}{2}\pi$

$\theta=\dfrac{\pi}{2}$のとき，$x=\dfrac{\pi}{2}-1$であり，

$\theta=\dfrac{3}{2}\pi$のとき$x=\dfrac{3}{2}\pi+1$である。

x座標が小さい方であるから$\theta=\dfrac{\pi}{2}$である。

したがって，点Pの座標は$\left(\dfrac{\pi}{2}-1,\ 1\right)$

問2

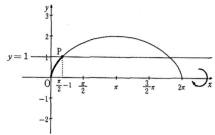

曲線OPをx軸のまわりに1回転させてできる回転体の体積をVとすると，

$V = \pi \displaystyle\int_0^{\frac{\pi}{2}-1} y^2 dx$

$\quad = \pi \displaystyle\int_0^{\frac{\pi}{2}-1} (1-\cos\theta)^2 dx$

ここで　$x = \theta - \sin\theta$ より　$dx = (1-\cos\theta)d\theta$ である。

x	0	$\to$	$\dfrac{\pi}{2}-1$
θ	0	$\to$	$\dfrac{\pi}{2}$

θ に置換すると

$V = \pi \displaystyle\int_0^{\frac{\pi}{2}} (1-\cos\theta)^2 \cdot (1-\cos\theta)d\theta$

$\quad = \pi \displaystyle\int_0^{\frac{\pi}{2}} (1-\cos\theta)^3 d\theta$

$\quad = \pi \displaystyle\int_0^{\frac{\pi}{2}} (1-3\cos\theta + 3\cos^2\theta - \cos^3\theta)d\theta$

$\quad = \pi \displaystyle\int_0^{\frac{\pi}{2}} \left\{ 1-3\cos\theta + 3\left(\frac{1+\cos 2\theta}{2}\right) - \cos\theta(1-\sin^2\theta) \right\}d\theta$

$\quad = \pi \displaystyle\int_0^{\frac{\pi}{2}} \left(\frac{5}{2} - 4\cos\theta + \frac{3}{2}\cos 2\theta + \sin^2\theta\cos\theta \right)d\theta$

$\quad = \pi \left[\frac{5}{2}\theta - 4\sin\theta + \frac{3}{4}\sin 2\theta + \frac{1}{3}\sin^3\theta \right]_0^{\frac{\pi}{2}}$

$\quad = \frac{5}{4}\pi^2 - \frac{11}{3}\pi$

〈解説〉問1　解答参照。

16

問2 途中式の$\sin^2\theta\cos\theta$は$\sin\theta=t$とおいて，置換積分を行うと，

$\dfrac{dt}{d\theta}=\cos\theta$ より，$d\theta=\dfrac{dt}{\cos\theta}$なので，

$\displaystyle\int\sin^2\theta\cos\theta\,d\theta=\int t^2\cos\theta\dfrac{dt}{\cos\theta}=\dfrac{t^3}{3}+C=\dfrac{\sin^3\theta}{3}+C$となる。

2023年度 ｜ 実施問題

【中高共通】

【１】次の[問1]〜[問5]に答えよ。(答えのみでよい。)

[問1]　$\dfrac{1}{\sqrt{3}+2\sqrt{2}+\sqrt{5}}$ の分母を有理化せよ。

[問2]　$9x^4+8x^2+4$を実数の範囲で因数分解せよ。

[問3]　221と629の最大公約数を求めよ。

[問4]　次の10個のデータについて，四分位範囲を求めよ。

3　7　9　9　10　11　12　17　18　19

[問5]　極限値 $\displaystyle\lim_{n\to\infty}\sqrt{n}\,(\sqrt{n+4}-\sqrt{n})$ を求めよ。

(☆☆◎◎◎◎)

【２】次の[問1]〜[問5]に答えよ。(答えのみでよい。)

[問1]　不等式$|x-1|+|x-3|>6$を解け。

[問2]　$a=\log_2 3$，$b=\log_3 5$とするとき，$\log_{10}12$をa，bで表せ。

[問3]　赤玉4個，青玉3個，白玉2個が入っている袋がある。袋の中を
よくかき混ぜてから玉を同時に3個取り出す。

　　　このとき，取り出した玉の中に青玉が含まれる確率を求めよ。

[問4]　△OABにおいて，辺OAの中点をC，辺OBを3：1に内分する点
をDとする。また，線分BCと線分ADの交点をPとする。

　　　このとき，$\overrightarrow{\text{OP}}$を$\overrightarrow{\text{OA}}$，$\overrightarrow{\text{OB}}$を用いて表せ。

[問5]　$0\leqq x\leqq\pi$のとき，xの方程式$\cos x-\cos 2x=1$を解け。

(☆☆☆◎◎◎◎)

【３】nを自然数とし，$a_1=2$，$a_2=1$，$a_{n+2}=\sqrt[3]{a^2_{n+1}\cdot a_n}$で定められる数列
$\{a_n\}$について，次の[問1]，[問2]に答えよ。

[問1]　$b_n=\log_2 a_n$とする。b_{n+2}をb_{n+1}，b_nで表せ。

18

[問2] 数列$\{a_n\}$の一般項を求めよ。

(☆☆☆☆○○○○)

【4】関数$f(x)=\dfrac{2x^2-7x+8}{x-2}$について，$xy$平面上の曲線$y=f(x)$を考える。

次の[問1]〜[問3]に答えよ。

[問1] 曲線$y=f(x)$上の点$(4,\ f(4))$における接線の方程式を求めよ。

[問2] 曲線$y=f(x)$の漸近線の方程式をすべて求めよ。

[問3] 曲線$y=f(x)$とx軸，直線$x=3$，$x=4$で囲まれた部分の面積を求めよ。

(☆☆☆○○○○○)

【5】一辺の長さが2の正三角形ABCの内部に点Pをとる。点Pから辺AB，BC，CAにそれぞれ垂線PH，PI，PJを引き，それらの長さをそれぞれx，y，zとする。また，△ABCと△HIJの面積をそれぞれS，Tとする。このとき，次の[問1]〜[問3]に答えよ。

[問1] $x+y+z$の値を求めよ。

[問2] Tをx，y，zを用いて表せ。

[問3] 不等式$S \geqq 4T$を示せ。また，等号が成立するときのx，y，zの値を求めよ。

(☆☆☆☆○○○○)

解答・解説

【中高共通】

【1】問1 $\dfrac{3\sqrt{5}+5\sqrt{3}-2\sqrt{30}}{30}$　　問2 $(3x^2+2x+2)(3x^2-2x+2)$

問3 17　　問4 8　　問5 2

〈解説〉問1　$\dfrac{\sqrt{3}+2\sqrt{2}-\sqrt{5})}{(\sqrt{3}+2\sqrt{2}+\sqrt{5})(\sqrt{3}+2\sqrt{2}-\sqrt{5})}$

$=\dfrac{\sqrt{3}+2\sqrt{2}-\sqrt{5}}{(\sqrt{3}+2\sqrt{2})^2-5}=\dfrac{\sqrt{3}+2\sqrt{2}-\sqrt{5}}{3+4\sqrt{6}+8-5}$

$=\dfrac{\sqrt{3}+2\sqrt{2}-\sqrt{5}}{4\sqrt{6}+6}=\dfrac{(\sqrt{3}+2\sqrt{2}-\sqrt{5})(4\sqrt{6}-6)}{(4\sqrt{6}+6)(4\sqrt{6}-6)}$

$=\dfrac{12\sqrt{2}-6\sqrt{3}+16\sqrt{3}-12\sqrt{2}-4\sqrt{30}+6\sqrt{5}}{96-36}$

$=\dfrac{3\sqrt{5}+5\sqrt{3}-2\sqrt{30}}{30}$

問2　$9x^4+12x^2+4-4x^2=(3x^2+2)^2-4x^2=(3x^2+2x+2)(3x^2-2x+2)$

問3　ユークリッド互除法より，

$629=221\times2+187,\ \ 221=187\times1+34,\ \ 187=34\times5+17,\ \ 34=17\times2+0$

よって，221と629の最大公約数は17

問4　第1四分位数は9，第3四分位数は17より，四分位範囲は，$17-9=8$

問5　$\displaystyle\lim_{n\to\infty}\sqrt{n}\ \dfrac{(\sqrt{n+4}-\sqrt{n})(\sqrt{n+4}+\sqrt{n})}{\sqrt{n+4}+\sqrt{n}}=\lim_{n\to\infty}\dfrac{4\sqrt{n}}{\sqrt{n+4}+\sqrt{n}}$

$=\displaystyle\lim_{n\to\infty}\dfrac{4\times1}{\sqrt{1+\dfrac{4}{n}}+1}=\dfrac{4}{1+1}=2$

【2】問1　$x<-1,\ 5<x$　　　問2　$\dfrac{a+2}{1+ab}$　　　問3　$\dfrac{16}{21}$

問4　$\overrightarrow{\mathrm{OP}}=\dfrac{1}{5}\overrightarrow{\mathrm{OA}}+\dfrac{3}{5}\overrightarrow{\mathrm{OB}}$　　　問5　$x=\dfrac{\pi}{3},\ \dfrac{\pi}{2}$

〈解説〉問1　$x<1$のとき，$-x+1-x+3>6$より，$x<-1$

したがって，$x<1$より，$x<-1$

$1\leqq x<3$のとき，$x-1-x+3>6$より，$2>6$となり不成立である。

$3\leqq x$のとき，$x-1+x-3>6$より，$x>5$　したがって，$3\leqq x$より$x>5$

以上から，$x<-1,\ 5<x$

問2　底の変換公式より，$a=\dfrac{\log_{10}3}{\log_{10}2}$，$\log_{10}3=a\log_{10}2$　…①

$b=\dfrac{\log_{10}5}{\log_{10}3}=\dfrac{\log_{10}\dfrac{10}{2}}{\log_{10}3}=\dfrac{1-\log_{10}2}{\log_{10}3}$

①を代入して，$b=\dfrac{1-\log_{10}2}{a\log_{10}2}$，$ab\log_{10}2=1-\log_{10}2$

よって，$\log_{10}2=\dfrac{1}{ab+1}$　…②

①，②より，$\log_{10}3=\dfrac{a}{ab+1}$　…③

したがって，$\log_{10}12=\log_{10}2^2\times3=2\log_{10}2+\log_{10}3$

$=2\times\dfrac{1}{ab+1}+\dfrac{a}{ab+1}=\dfrac{a+2}{ab+1}$

問3　青玉が含まれる事象は，青玉が含まれない事象の余事象なので，

$1-\dfrac{{}_6C_3}{{}_9C_3}=1-\dfrac{5}{21}=\dfrac{16}{21}$

問4　CP：PB＝s：$1-s$とすると，　$\overrightarrow{OP}=\dfrac{1}{2}(1-s)\overrightarrow{OA}+s\overrightarrow{OB}$　…①

AP：PD＝t：$1-t$とすると，　$\overrightarrow{OP}=(1-t)\overrightarrow{OA}+\dfrac{3}{4}t\overrightarrow{OB}$…②

①と②において，　$\overrightarrow{OA}$と$\overrightarrow{OB}$は1次独立より，

$\begin{cases}\dfrac{1}{2}(1-s)=1-t\\[2mm]s=\dfrac{3}{4}t\end{cases}$　を解いて，$s=\dfrac{3}{5}$，$t=\dfrac{4}{5}$

したがって，$\overrightarrow{OP}=\dfrac{1}{5}\overrightarrow{OA}+\dfrac{3}{5}\overrightarrow{OB}$

(別解)　メネラウスの定理から，

$\dfrac{BD}{OD}\times\dfrac{OA}{AC}\times\dfrac{CP}{PB}=1$，$\dfrac{1}{3}\times\dfrac{2}{1}\times\dfrac{CP}{PB}=1$　CP：PB＝3：2

三角形OCBにおいてPはCBを3：2で内分する点なので

$\overrightarrow{OP}=\dfrac{2}{5}\overrightarrow{OC}+\dfrac{3}{5}\overrightarrow{OB}=\dfrac{2}{5}\cdot\dfrac{1}{2}\overrightarrow{OA}+\dfrac{3}{5}\overrightarrow{OB}=\dfrac{1}{5}\overrightarrow{OA}+\dfrac{3}{5}\overrightarrow{OB}$

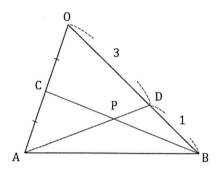

問5　2倍角の公式より，$\cos 2x = 2\cos^2 x - 1$ なので代入して，

$\cos x - (2\cos^2 x - 1) = 1$

$2\cos^2 x - \cos x = 0$

$\cos x (2\cos x - 1) = 0$

$\cos x = 0, \ \dfrac{1}{2}$

$0 \le x \le \pi$ より，$x = \dfrac{\pi}{2}, \ \dfrac{\pi}{3}$

【3】問1　$a_{n+2} = \sqrt[3]{a_{n+1}^2 \cdot a_n}$ …①とする。

漸化式の形から，すべてのnに対して，$a_n > 0$より，①の両辺に底が2の対数をとると，

$\log_2 a_{n+2} = \log_2 \sqrt[3]{a_{n+1}^2 \cdot a_n} = \dfrac{1}{3}\log_2 (a_{n+1}^2 \cdot a_n) = \dfrac{2}{3}\log_2 a_{n+1} + \dfrac{1}{3}\log_2 a_n$

よって，$b_{n+2} = \dfrac{2}{3}b_{n+1} + \dfrac{1}{3}b_n$ …②

問2　②は，$\begin{cases} b_{n+2} + \dfrac{1}{3}b_{n+1} = b_{n+1} + \dfrac{1}{3}b_n \ \text{…③} \\ b_{n+2} - b_{n+1} = -\dfrac{1}{3}(b_{n+1} - b_n) \ \text{…④} \end{cases}$

と変形できる。

また，$b_1 = \log_2 a_1 = 1$，$b_2 = \log_2 a_2 = 0$である。

③より，数列$\left\{ b_{n+1} + \dfrac{1}{3}b_n \right\}$は，初項$b_2 + \dfrac{1}{3}b_1 = \dfrac{1}{3}$，公比1の等比数列である。

よって，$b_{n+1}+\dfrac{1}{3}b_n=\dfrac{1}{3}$ …⑤

④より，数列$\{b_{n+1}-b_n\}$は，初項$b_2-b_1=-1$，公比$-\dfrac{1}{3}$の等比数列である。

よって，$b_{n+1}-b_n=-\left(-\dfrac{1}{3}\right)^{n-1}$ …⑥

⑤−⑥より，$\dfrac{4}{3}b_n=\dfrac{1}{3}+\left(-\dfrac{1}{3}\right)^{n-1}$

$$b_n=\dfrac{3}{4}\left\{\dfrac{1}{3}+\left(-\dfrac{1}{3}\right)^{n-1}\right\}$$

$$\log_2 a_n=\dfrac{3}{4}\left\{\dfrac{1}{3}+\left(-\dfrac{1}{3}\right)^{n-1}\right\}$$

したがって，$a_n=2^{\frac{3}{4}\left\{\frac{1}{3}+\left(-\frac{1}{3}\right)^{n-1}\right\}}$

〈解説〉解答参照。

【4】問1　$f(x)=\dfrac{2x^2-7x+8}{x-2}$

$=2x-3+\dfrac{2}{x-2}$ …①

$f'(x)=2-\dfrac{2}{(x-2)^2}$

$f'(4)=2-\dfrac{1}{2}=\dfrac{3}{2}$　また　$f(4)=6$

よって　接線の方程式は

$y-6=\dfrac{3}{2}(x-4)$　より　$y=\dfrac{3}{2}x$

接線の方程式は　$y=\dfrac{3}{2}x$

問2　①より　$\displaystyle\lim_{x\to 2+0}f(x)=\infty,\ \lim_{x\to 2-0}f(x)=-\infty$

よって　$x=2$

$\displaystyle\lim_{x\to\infty}\{f(x)-(2x-3)\}=0$

$\displaystyle\lim_{x\to-\infty}\{f(x)-(2x-3)\}=0$

よって　$y=2x-3$

漸近線の方程式は　$x=2,\ y=2x-3$

問3　$y=f(x)$のグラフの概形を描くと次のようになる。

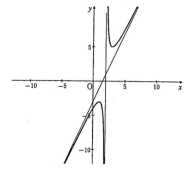

グラフより$3\leqq x\leqq4$の範囲においては常に$f(x)>0$である。よって求める面積は，

$$\int_{3}^{4}\left(2x-3+\frac{2}{x-2}\right)dx=[x^2-3x+2\log(x-2)]_{3}^{4}$$

$=4+2\log2$

〈解説〉解答参照。

【5】問1　$S=\triangle PAB+\triangle PBC+\triangle PCA$より，

$$\frac{1}{2}\cdot2\cdot2\cdot\sin60°=\frac{1}{2}\cdot2\cdot x+\frac{1}{2}\cdot2\cdot y+\frac{1}{2}\cdot2\cdot z$$

これを整理して，$x+y+z=\sqrt{3}$ …①

問2　四角形PHBIにおいて，$\angle PHB+\angle PIB=90°+90°=180°$だから，四角形PHBIは円に内接する。

よって，$\angle HPI=180°-\angle HBI=180-60°=120°$

同様に考えて，$\angle IPJ=\angle JPH=120°$

$T=\triangle PHI+\triangle PIJ+\triangle PJH$より，

$$T=\frac{1}{2}\cdot x\cdot y\cdot\sin120°+\frac{1}{2}\cdot y\cdot z\cdot\sin120°+\frac{1}{2}\cdot z\cdot x\cdot\sin120°$$

$$T=\frac{\sqrt{3}}{4}(xy+yz+zx)$$

問3　$S-4T=\sqrt{3}-\sqrt{3}\ (xy+yz+zx)=\sqrt{3}\ (1-xy-yz-zx)$

$f=1-xy-yz-zx$ とおく。$f\geqq0$ を示せばよい。

①より，$z=\sqrt{3}-x-y$

これをfに代入して

$f=1-xy-y(\sqrt{3}-x-y)-(\sqrt{3}-x-y)x$

$=x^2+(y-\sqrt{3})x+y^2-\sqrt{3}y+1$

$=\left\{x+\dfrac{1}{2}(y-\sqrt{3})\right\}^2-\dfrac{1}{4}(y-\sqrt{3})^2+y^2-\sqrt{3}y+1$

$=\left\{x+\dfrac{1}{2}(y-\sqrt{3})\right\}^2+\dfrac{3}{4}\left(y^2-\dfrac{2\sqrt{3}}{3}y+\dfrac{1}{3}\right)$

$=\left\{x+\dfrac{1}{2}(y-\sqrt{3})\right\}^2+\dfrac{3}{4}\left(y-\dfrac{\sqrt{3}}{3}\right)^2$

よって，$f\geqq0$

等号成立は$x+\dfrac{1}{2}(y-\sqrt{3})=0$かつ$y-\dfrac{\sqrt{3}}{3}=0$のとき，

つまり，$x=y=\dfrac{\sqrt{3}}{3}$のときである。さらに①より　$z=\dfrac{\sqrt{3}}{3}$である。

以上より，$S\geqq4T$が成り立つ。また，等号が成り立つのは，

$x=y=z=\dfrac{\sqrt{3}}{3}$のときである。

〈解説〉問1　解答参照。

　　問2　四角形AHPJ，BIPH，CJPIは次図のようにそれぞれ向かい合う角
の和が$90°+90°=180°$となっているので円に内接する。

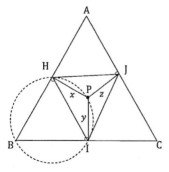

　　問3　解答参照。

2022年度　実施問題

【中高共通】

【1】次の[問1]～[問5]に答えよ。(答えのみでよい。)

[問1]　$\dfrac{1}{\sqrt{11+\sqrt{72}}}+\dfrac{1}{\sqrt{11-\sqrt{72}}}$ を計算せよ。

[問2]　$x^3+y^3-xy(x+y)$ を因数分解せよ。

[問3]　2次関数$y=x^2-1$のグラフが，直線$y=2x-a$と共有点をもたないとき，定数aの値の範囲を求めよ。

[問4]　△ABCにおいて，AB＝4，AC＝5，∠BAC＝120°とする。∠BACの二等分線と辺BCとの交点をDとするとき，線分ADの長さを求めよ。

[問5]　曲線$y=\sin x$をC，原点と点$\left(\dfrac{\pi}{2},\ 1\right)$を通る直線を$l$とする。$0\leqq x\leqq\dfrac{\pi}{2}$において，曲線$C$と直線$l$で囲まれた部分の面積を求めよ。

(☆☆☆◯◯◯)

【2】次の[問1]～[問5]に答えよ。(答えのみでよい。)

[問1]　点P(3, 2)を，原点を中心として反時計回りに$\dfrac{\pi}{4}$だけ回転させた点Qの座標を求めよ。

[問2]　$8^{\log_2 5}$の値を求めよ。

[問3]　自然数nに対して，$\displaystyle\sum_{k=1}^{n}\dfrac{1}{(2k-1)(2k+1)}$を求めよ。

[問4]　2021^{2022}の下2桁を求めよ。

[問5]　ドライバーが障害物を認知してからブレーキを踏み，ブレーキが効き始めるまでに車が進む距離を空走距離という。また，ブレーキが効き始めてから停止するまでに車が進む距離を制動距離という。(ただし，一般に，制動距離は車の速さの2乗に比例することが知られている。)ある条件下で，車の時速〔km/h〕，空走距離〔m〕，制動距離〔m〕，停止距離〔m〕を調べたところ，次の表を得た。

同じ条件下で，車の時速が65km/hのときの停止距離〔m〕を計算し，小数第1位を四捨五入して整数値で答えよ。

時速(km/h)	空走距離(m)	制動距離(m)	停止距離(m)
5	1.04	0.14	1.18
15	3.13	1.27	4.40
25	5.21	3.52	8.73
35	7.29	6.89	14.18
45	9.38	11.39	20.77
55	11.46	17.01	28.47

(☆☆☆◎◎◎)

【3】座標空間内に，4点A(3, 6, 0)，B(1, 4, 0)，C(0, 5, 4)，D(3, 4, 5)がある。このとき，次の[問1]～[問3]に答えよ。

[問1] △ABCの面積Sを求めよ。

[問2] 点Dから平面ABCに垂線を下ろし，平面ABCとの交点をHとするとき，点Hの座標を求めよ。

[問3] 四面体ABCDの体積Vを求めよ。

(☆☆☆◎◎◎)

【4】箱の中に1から8までの数字を1つずつ書いた合計8枚のカードが入っている。この箱の中から無作為に1枚カードを取り出し，数字を調べて元に戻す操作を繰り返す。nを自然数として，1回目からn回目までに取り出した数字の合計が3の倍数となる確率をp_nとする。このとき，次の[問1]，[問2]に答えよ。

[問1] p_1を求めよ。また，p_{n+1}をp_nを用いて表せ。

[問2] $\lim_{n \to \infty} p_n$を求めよ。

(☆☆☆◎◎◎)

【5】$f(x)$は実数を係数とする3次式で，最高次の係数は1である。また，αを虚数とし，$f(\alpha)=f(\alpha^2)=f(\alpha^3)=f(\alpha^4)=0$を満たしている。このとき，次の[問1]〜[問3]に答えよ。

[問1]　α，α^2，α^3はすべて異なる数であることを示せ。

[問2]　αを求めよ。

[問3]　$f(x)$を求めよ。

(☆☆☆◎◎◎)

解答・解説

【中高共通】

【1】問1　$\dfrac{6}{7}$　　　問2　$(x+y)(x-y)^2$　　　問3　$a>2$　　　問4　$\dfrac{20}{9}$

　　問5　$1-\dfrac{\pi}{4}$

〈解説〉問1　(与式)$=\dfrac{1}{\sqrt{11+2\sqrt{18}}}+\dfrac{1}{\sqrt{11-2\sqrt{18}}}=\dfrac{1}{3+\sqrt{2}}+\dfrac{1}{3-\sqrt{2}}$

$=\dfrac{3-\sqrt{2}}{7}+\dfrac{3+\sqrt{2}}{7}=\dfrac{6}{7}$

　　問2　$(x+y)(x^2-xy+y^2)-xy(x+y)=(x+y)(x^2-2xy+y^2)=(x+y)(x-y)^2$

　　問3　$x^2-1=2x-a$　より，$x^2-2x+a-1=0$　なので，この2次方程式の判別式をDとすると，$D<0$となればよい。

$\dfrac{D}{4}=1-a+1<0$　よって，$a>2$

　　問4　$\triangle ABC=\dfrac{1}{2}\times4\times5\times\sin120°=5\sqrt{3}$　　　…①

$\triangle ABD=\dfrac{1}{2}\times4\times AD\times\sin60°=\sqrt{3}\,AD$　　　…②

$\triangle ADC=\dfrac{1}{2}\times5\times AD\times\sin60°=\dfrac{5\sqrt{3}}{4}AD$　　　…③

△ABC＝△ABD＋△ADCより， $5\sqrt{3} = \sqrt{3}\,AD + \dfrac{5\sqrt{3}}{4}AD$

よって， $AD = \dfrac{20}{9}$

問5　原点と点$\left(\dfrac{\pi}{2},\ 1\right)$は曲線$C$と直線$l$の交点なので求める部分の面積は

$$\int_{0}^{\frac{\pi}{2}}\left(\sin x - \frac{2}{\pi}x\right)dx = \left[-\cos x - \frac{1}{\pi}x^2\right]_{0}^{\frac{\pi}{2}} = 1 - \frac{\pi}{4}$$

【2】問1　$\left(\dfrac{1}{\sqrt{2}},\ \dfrac{5}{\sqrt{2}}\right)$　　問2　125　　問3　$\dfrac{n}{2n+1}$　　問4　41

問5　37〔m〕

〈解説〉問1　$Q(x,\ y)$とする。

$$\begin{pmatrix} x \\ y \end{pmatrix} = \begin{pmatrix} \cos\dfrac{\pi}{4} & -\sin\dfrac{\pi}{4} \\ \sin\dfrac{\pi}{4} & \cos\dfrac{\pi}{4} \end{pmatrix}\begin{pmatrix} 3 \\ 2 \end{pmatrix} = \begin{pmatrix} \dfrac{\sqrt{2}}{2} & -\dfrac{\sqrt{2}}{2} \\ \dfrac{\sqrt{2}}{2} & \dfrac{\sqrt{2}}{2} \end{pmatrix}\begin{pmatrix} 3 \\ 2 \end{pmatrix}$$

$$= \begin{pmatrix} \dfrac{3\sqrt{2}}{2} - \dfrac{2\sqrt{2}}{2} \\ \dfrac{3\sqrt{2}}{2} + \dfrac{2\sqrt{2}}{2} \end{pmatrix} = \begin{pmatrix} \dfrac{\sqrt{2}}{2} \\ \dfrac{5\sqrt{2}}{2} \end{pmatrix}$$

よって，$Q\left(\dfrac{1}{\sqrt{2}},\ \dfrac{5}{\sqrt{2}}\right)$

問2　$x = 8^{\log_2 5}$より，$\log_8 x = \log_2 5$　よって，$\dfrac{1}{3}\log_2 x = \log_2 5$　となり，$\log_2 x = \log_2 5^3$　したがって，$x = 125$

問3　(与式) $= \dfrac{1}{2}\displaystyle\sum_{k=1}^{n}\left(\dfrac{1}{2k-1} - \dfrac{1}{2k+1}\right) = \dfrac{1}{2}\left\{\left(1 - \dfrac{1}{3}\right) + \left(\dfrac{1}{3} - \dfrac{1}{5}\right)\right.$

$$+ \left(\dfrac{1}{5} - \dfrac{1}{7}\right) + \cdots + \left(\dfrac{1}{2k-3} - \dfrac{1}{2k-1}\right) + \left.\left(\dfrac{1}{2k-1} - \dfrac{1}{2k+1}\right)\right\}$$

$$= \dfrac{1}{2}\left(1 - \dfrac{1}{2k+1}\right) = \dfrac{n}{2n+1}$$

問4　$2021^{2022} = (2020+1)^{2022} = 2020^{2022} + {}_{2022}C_{2021}2020^{2021} + {}_{2022}C_{2020}2020^{2020} +$

$\cdots + {}_{2022}C_{2}2020^{2} + {}_{2022}C_{1}2020^{1} + 1$なので，下2桁は，${}_{2022}C_{1}2020^{1} + 1$の下2桁

と等しい。よって，41

または，2021，2021^2，2021^3，2021^4，2021^5，2021^6…の下2桁の数が21，41，61，81，01，21…と繰り返すことを利用して，2022÷5＝404余り2　よって，2021^{2022}の下2桁は41

問5　時速5km/hの場合と時速15km/hの場合の空走距離と制動距離を比べると時速15km/hの場合の空走距離は5km/hの空走距離の3倍，制動距離は5km/hの制動距離の9倍となっている。同様に比較すると時速5km/hのx倍の速度では，空走距離は5km/hの空走距離のx倍，制動距離は5km/hの制動距離のx^2倍となる。

時速65〔km/h〕＝5×13〔km/h〕，よって，空走距離1.04×13＝13.52〔m〕　制動距離0.14×13^2＝23.66〔m〕

したがって，停止距離は13.52＋23.66＝37.18〔m〕　小数第1位を四捨五入して37〔m〕

【3】問1　$\overrightarrow{AB}=(-2,\ -2,\ 0)$

$\overrightarrow{AC}=(-3,\ -1,\ 4)$から

$|\overrightarrow{AB}|=2\sqrt{2}$，$|\overrightarrow{AC}|=\sqrt{26}$，$\overrightarrow{AB}\cdot\overrightarrow{AC}=8$

よって，$S=\dfrac{1}{2}\sqrt{|\overrightarrow{AB}|^2|\overrightarrow{AC}|^2-(\overrightarrow{AB}\cdot\overrightarrow{AC})^2}=6$

問2　$\overrightarrow{AD}=(0,\ -2,\ 5)$

点Hは平面ABC上にあるので，実数s，tを用いて$\overrightarrow{AH}=s\overrightarrow{AB}+t\overrightarrow{AC}$とおける。

$\overrightarrow{AH}=s\overrightarrow{AB}+t\overrightarrow{AC}=s(-2,\ -2,\ 0)+t(-3,\ -1,\ 4)$

$\quad=(-2s-3t,\ -2s-t,\ 4t)$

よって，$\overrightarrow{DH}=\overrightarrow{AH}-\overrightarrow{AD}$

$\quad\quad\quad=(-2s-3t,\ -2s-t,\ 4t)-(0,\ -2,\ 5)$

$$=(-2s-3t, \ -2s-t+2, \ 4t-5)$$

$\overrightarrow{DH} \perp \overrightarrow{AB}$ より $\overrightarrow{DH} \cdot \overrightarrow{AB} =0$ であるから,

$$-2(-2s-3t)-2(-2s-t+2)=0$$

整理して, $2s+2t-1=0$ …①

$\overrightarrow{DH} \perp \overrightarrow{AC}$ より $\overrightarrow{DH} \cdot \overrightarrow{AC} =0$ であるから,

$$-3(-2s-3t)-(-2s-t+2)+4(4t-5)=0$$

整理して, $4s+13t-11=0$ …②

①, ②を解くと, $s=-\dfrac{1}{2}$, $t=1$

このとき, $\overrightarrow{OH} = \overrightarrow{OD} + \overrightarrow{DH}$

$$=(3, \ 4, \ 5)+(-2, \ 2, \ -1)$$

$$=(1, \ 6, \ 4)$$

よって, H(1, 6, 4)

問3　[問2]の結果より,

$$|\overrightarrow{DH}|= \sqrt{(-2)^2+2^2+(-1)^2}=3$$

$$V=\dfrac{1}{3}\times S\times |\overrightarrow{DH}|$$

$$=\dfrac{1}{3}\times 6\times 3=6$$

〈解説〉解答参照。

【4】問1　1回の試行で3または6を取り出す確率は $\dfrac{1}{4}$ であるから, $p_1=\dfrac{1}{4}$

n 回目の試行が終わった時点で, 取り出した数字の合計が3の倍数である確率は p_n であるから, 合計が3の倍数でない確率は $1-p_n$ である。

次に $n+1$ 回目の試行を行うとき, 数字の合計が3の倍数になるのは,

(i)　n 回目までの数字の合計が3の倍数で $n+1$ 回目に3または6を取り出す

(ii)　n 回目までの数字の合計を3で割った余りが1で $n+1$ 回目に2, 5, 8 のいずれかを取り出す

31

(iii)　n回目までの数字の合計を3で割った余りが2で$n+1$回目に1，4，7のいずれかを取り出す

の場合が考えられる。

(i)の確率は$\dfrac{2}{8}p_n$，(ii)(iii)を合わせた確率は$\dfrac{3}{8}(1-p_n)$であるから，

$$p_{n+1}=\dfrac{2}{8}p_n+\dfrac{3}{8}(1-p_n)$$

すなわち$p_{n+1}=-\dfrac{1}{8}p_n+\dfrac{3}{8}$

問2　[問1]の漸化式より$p_{n+1}-\dfrac{1}{3}=-\dfrac{1}{8}\left(p_n-\dfrac{1}{3}\right)$となるので，数列

$\left\{p_n-\dfrac{1}{3}\right\}$は初項$p_1-\dfrac{1}{3}=-\dfrac{1}{12}$，公比$-\dfrac{1}{8}$の等比数列であるから，

$$p_n-\dfrac{1}{3}=\left(-\dfrac{1}{12}\right)\left(-\dfrac{1}{8}\right)^{n-1}$$

よって，$p_n=\dfrac{1}{3}-\dfrac{1}{12}\left(-\dfrac{1}{8}\right)^{n-1}$

ここで，$\left|-\dfrac{1}{8}\right|<1$より，$\displaystyle\lim_{n\to\infty}\left(-\dfrac{1}{8}\right)^{n-1}=0$

ゆえに　$\displaystyle\lim_{n\to\infty}p_n=\dfrac{1}{3}$

〈解説〉解答参照。

【5】問1　(i)　$\alpha=\alpha^2$とすると，$\alpha(\alpha-1)=0$より$\alpha=0,\ 1$

(ii)　$\alpha=\alpha^3$とすると，$\alpha(\alpha-1)(\alpha+1)=0$より$\alpha=0,\ 1,\ -1$

(iii)　$\alpha^2=\alpha^3$とすると，$\alpha^2(\alpha-1)=0$より$\alpha=0,\ 1$

よって，いずれの場合もαが虚数であることに矛盾するので，α，α^2，α^3はすべて異なる数である。

問2　$f(x)=0$は3次方程式であるから，解の個数は最大で3個である。

条件と[問1]よりα，α^2，α^3は$f(x)=0$の異なる3つの解であるから，α^4はα，α^2，α^3のいずれかと一致する。

(i)　$\alpha^4=\alpha^2$のとき

$\alpha^2(\alpha-1)(\alpha+1)=0$より$\alpha=0,\ 1,\ -1$

(ii)　$\alpha^4 = \alpha^3$のとき

$\alpha^3(\alpha-1)=0$より $\alpha=0,\ 1$

いずれも α が虚数であることに矛盾。

よって，$\alpha^4 = \alpha$ すなわち $\alpha(\alpha-1)(\alpha^2+\alpha+1)=0$

α は虚数であるから，$\alpha^2+\alpha+1=0$

よって，iを虚数単位とすると $\alpha = \dfrac{-1 \pm \sqrt{3}\,i}{2}$

問3　[問2]より，$f(x)=(x-\alpha)(x-\alpha^2)(x-\alpha^3)$と表せる。

$\alpha^2+\alpha+1=0$および$\alpha^3=1$に注意すると，

$$f(x) = x^3 - (\alpha + \alpha^2 + \alpha^3)x^2 + (\alpha^3 + \alpha^4 + \alpha^5)x - \alpha^6$$
$$= x^3 - (\alpha^2 + \alpha + 1)x^2 + (\alpha^2 + \alpha + 1)x - 1$$
$$= x^3 - 1$$

よって，$f(x)=x^3-1$

〈解説〉問1　α，α^2，α^3のうち少なくとも1組が等しい数であると仮定

し，背理法で証明できる。　問2　解答参照。

問3　α，α^2，α^3はすべて異なる数である。　…①

$f(x)$は3次式で，最高次の係数は1である。　…②

よって，①と②より，$f(x)=(x-\alpha)(x-\alpha^2)(x-\alpha^3)$とおける。

【中高共通】

【1】次の[問1]〜[問5]に答えよ。(答えのみでよい。)

[問1] $(\sqrt{2}+\sqrt{3}+\sqrt{6})(\sqrt{2}-\sqrt{3}-\sqrt{6})$を計算せよ。

[問2] $2x^2-xy-y^2-7x+y+6$を因数分解せよ。

[問3] 次の図は，ある学校における1年生，2年生各200人の身長のデータを箱ひげ図に表したものである。

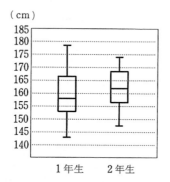

この箱ひげ図から読み取れることとして，正しいものを，次の①〜④の中からすべて選び，その番号を書け。

① 160cm以上の生徒が2年生には100人以上いるが，1年生では100人以下である。

② 165cm以下の生徒は1年生では150人より多くいるが2年生では150人以下である。

③ 175cmより大きい生徒が1年生にはいるが，2年生にはいない。

④ 155cm以下の生徒がどちらの学年にも50人より多くいる。

[問4] △ABCにおいて，AB＝7，BC＝6，CA＝5とする。∠Aの二等分線と辺BCとの交点をD，∠Bの二等分線と線分ADとの交点をIとするとき，AI：IDを求めよ。

[問5]　無限級数 $\displaystyle\sum_{n=1}^{\infty}\frac{2^n-3}{5^n}$ の値を求めよ。

(☆☆☆◎◎◎)

【2】次の[問1]～[問5]に答えよ。(答えのみでよい。)

[問1]　放物線 $y=2x^2-1$ を平行移動したもので，点(2，1)を通り，その頂点が直線 $y=-x+3$ 上にある2次関数を求めよ。

[問2]　$0\leqq\theta<2\pi$ のとき，$\sin\left(\theta-\dfrac{\pi}{6}\right)>\dfrac{\sqrt{3}}{2}$ を解け。

[問3]　等差数列 $\{a_n\}$ において，第5項が14，第15項が-26であるとき，初項から第 n 項までの和が最大となる n の値を求めよ。

[問4]　曲線 $y=e^x-x$ と，y 軸および原点Oからこの曲線に引いた接線によって囲まれる部分の面積を求めよ。ただし，e は自然対数の底を表す。

[問5]　地震のエネルギー E(ジュール)とマグニチュード M の間には，$\log_{10}E=4.8+1.5M$ の関係がある。マグニチュード M が1増加するとき，エネルギー E は何倍になるか。

(☆☆☆◎◎◎)

【3】A，B2人が5回じゃんけんを行ったあと，勝った回数の多い方を優勝とする。ただし，あいこの場合も1回じゃんけんを行ったと数える。このとき，次の[問1]～[問3]に答えよ。

[問1]　Aが4回以上連続して勝って優勝する確率を求めよ。

[問2]　優勝が決まらない確率を求めよ。

[問3]　Aが優勝する確率を求めよ。

(☆☆☆◎◎◎)

【4】点Pは△ABCと同じ平面上にあって，$3\overrightarrow{PA}+4\overrightarrow{PB}+5\overrightarrow{PC}=\overrightarrow{BC}$ を満たしている。このとき，次の[問1]～[問3]に答えよ。

[問1]　$\overrightarrow{AP}$ を $\overrightarrow{AB}$ と $\overrightarrow{AC}$ を用いて表せ。

[問2]　直線APと直線BCの交点をQとするとき，BQ：QCを求めよ。

[問3]　面積比△PBC：△PCA：△PABを求めよ。

(☆☆☆◎◎◎)

【5】正の数a，bに対して，次の図のように，線分ABとその内分点Hを AH＝a，BH＝bとなるようにとる。さらに線分ABを直径とする半円を かき，Hを通り線分ABに垂直な直線がこの半円と交わる点をCとする。 このとき，次の[問1]，[問2]に答えよ。

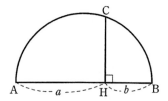

[問1]　線分CHの長さをa，bを用いて表せ。

[問2]　[問1]を利用して，不等式$\dfrac{a+b}{2} \geqq \sqrt{ab}$が成り立つことを証明せ よ。また，等号が成り立つのはどのようなときか，調べよ。

(☆☆☆◎◎◎)

解答・解説

【中高共通】

【1】問1　$-7-6\sqrt{2}$　　　問2　$(x-y-2)(2x+y-3)$　　　問3　①，③

　　問4　2：1　　問5　$-\dfrac{1}{12}$

〈解説〉問1　(与式)　$=\{\sqrt{2}+(\sqrt{3}+\sqrt{6})\}\{\sqrt{2}-(\sqrt{3}+\sqrt{6})\}$

$\qquad\qquad\qquad = \sqrt{2}^2-(\sqrt{3}+\sqrt{6})^2 = 2-(9+6\sqrt{2}) = -7-6\sqrt{2}$

　　問2　(与式)$=2x^2-(y+7)x-(y^2-y-6)$

$$= 2x^2 - (y+7)x - (y-3)(y+2)$$
$$= (x-y-2)(2x+y-3)$$

問3　①について，2年生は中央値が160cmと165cmの間にあるので，160cm以上の生徒が100人以上いることが分かる。1年生は中央値が155cmと160cmの間にあるので，160cm以上の生徒は100人以下と分かる。②について，1年生の第3四分位数が165cmと170cmの間にあるので，165cm以下の生徒が150人より多いとは判断できない。③について，1年生の最大値は175cmより大きいが，2年生の最大値は175cm未満である。④について，2年生の第1四分位数が155cmと160cmの間にあるので，155cm以下の生徒が50人より多いとは判断できない。

問4　ADは∠Aの二等分線なのでBD：DC＝AB：AC＝7：5となる。よって，BD＝$\frac{7}{12}×6＝\frac{7}{2}$である。

次にBIは∠Bの二等分線なのでAI：ID＝BA：BD＝7：$\frac{7}{2}$＝2：1

問5　$S_n = \sum_{k=1}^{n} \frac{2^k-3}{5^k}$とすると，

$$S_n = \sum_{k=1}^{n}\left\{\left(\frac{2}{5}\right)^k - 3 \times \left(\frac{1}{5}\right)^k\right\} = \frac{\frac{2}{5}\left\{1-\left(\frac{2}{5}\right)^n\right\}}{1-\frac{2}{5}} - 3 \times \frac{\frac{1}{5}\left\{1-\left(\frac{1}{5}\right)^n\right\}}{1-\frac{1}{5}}$$

$$= \frac{2}{3}\left\{1-\left(\frac{2}{5}\right)^n\right\} - \frac{3}{4}\left\{1-\left(\frac{1}{5}\right)^n\right\}$$

となる。よって，

$$\sum_{n=1}^{\infty} \frac{2^k-3}{5^k} = \lim_{n \to \infty} S_n = \lim_{n \to \infty}\left[\frac{2}{3}\left\{1-\left(\frac{2}{5}\right)^n\right\} - \frac{3}{4}\left\{1-\left(\frac{1}{5}\right)^n\right\}\right]$$

$$= \frac{2}{3} - \frac{3}{4} = -\frac{1}{12}$$

【2】問1　$y=2x^2-8x+9$, $y=2x^2-10x+13$　　問2　$\frac{\pi}{2} < \theta < \frac{5}{6}\pi$

問3　8　　問4　$\frac{1}{2}e-1$　　問5　$10\sqrt{10}$〔倍〕

〈解説〉問1　求める2次関数の頂点のx座標をpとすると，その頂点が直線$y=-x+3$上にあることより頂点のy座標は$-p+3$となるので，頂点の

座標は$(p,\ -p+3)$と表せる。よって，求める2次関数は$y=2x^2-1$を平行移動したものなので，x^2の係数が一致することより，

$y=2(x-p)^2-p+3$

ここで，この2次関数が点$(2,\ 1)$を通るので代入して，

$1=2(2-p)^2-p+3$

これを整理して，$2p^2-9p+10=0$となる。

これを解くと，$(p-2)(2p-5)=0$より$p=2,\ \dfrac{5}{2}$である。

$p=2$のとき，$y=2(x-2)^2-2+3$より$y=2x^2-8x+9$となる。

$p=\dfrac{5}{2}$のとき，$y=2\left(x-\dfrac{5}{2}\right)^2-\dfrac{5}{2}+3$より$y=2x^2-10x+13$となる。

問2　$0\leqq\theta<2\pi$より$-\dfrac{\pi}{6}\leqq\theta-\dfrac{\pi}{6}<\dfrac{11}{6}\pi$となる。

このとき$\sin\left(\theta-\dfrac{\pi}{6}\right)>\dfrac{\sqrt{3}}{2}$をみたす$\theta-\dfrac{\pi}{6}$の範囲は，

$\dfrac{\pi}{3}\leqq\theta-\dfrac{\pi}{6}<\dfrac{2}{3}\pi$より，$\dfrac{\pi}{2}<\theta<\dfrac{5}{6}\pi$

問3　この等差数列の初項をa，公差をdとする。

$a_5=14$より$a+4d=14$　…①

$a_{15}=-26$より，$a+14d=-26$　…②

①と②の連立方程式を解いて，$a=30$，$d=-4$

このとき，数列$\{a_n\}$の初項から第n項までの和をS_nとすると

$S_n=\dfrac{n\{2\times30+(n-1)\times(-4)\}}{2}=-2n^2+32n=-2(n-8)^2+128$

となる。よって，S_nが最大となるのは$n=8$のとき。

問4　$y=e^x-x$より，$y'=e^x-1$

曲線$y=e^x-x$の$x=t$における接線の方程式は，

$y-(e^t-t)=(e^t-1)(x-t)$より，

$y=(e^t-1)x+e^t(1-t)$

この接線が原点を通るとき，

$0=(e^t-1)\times 0+e^t(1-t)$ より，$e^t(1-t)=0$

よって，$t=1$ と分かる。したがって，原点から曲線 $y=e^x-x$ に引いた接線の方程式は，

$y=(e-1)x$

である。次に曲線 $y=e^x-x$ の概形を調べる。

$y'=e^x-1=0$ となるとき，$x=0$ であり，このとき $y=e^0-0=1$ となるので，増減表は次の表のようになる。

x	$\cdots$	0	$\cdots$
y'	$-$	0	$+$
y	$\searrow$	1	$\nearrow$

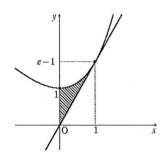

したがって，曲線 $y=e^x-x$ とその接線 $y=(e-1)x$ のグラフは上のグラフのようになり，求める面積は図の斜線部分となる。したがって，この面積を求めると

$$\int_0^1 \{(e^x-x)-(e-1)x\}dx = \int_0^1 (e^x-ex)dx$$

$$=\left[e^x-\frac{1}{2}ex^2\right]_0^1=e^1-\frac{1}{2}e-e^0+0=\frac{1}{2}e-1$$

問5　$\log_{10}E=4.8+1.5M$ より，

$E=10^{4.8+1.5M}$

M が1増加したときのエネルギーを E' とすると，

$E'=10^{4.8+1.5(M+1)}=10^{4.8+1.5M+1.5}=10^{1.5}\times 10^{4.8+1.5M}$

$=10^{1.5}\times E=10^{\frac{3}{2}}\times E=10\sqrt{10}\times E$

よって，$10\sqrt{10}$〔倍〕

【３】問1　1回のじゃんけんで,

Aが勝つ確率は　$\dfrac{3}{3^2}=\dfrac{1}{3}$　　　Bが勝つ確率は　$\dfrac{1}{3}$

あいこになる確率は　$1-\left(\dfrac{1}{3}+\dfrac{1}{3}\right)=\dfrac{1}{3}$

Aが勝たない確率は　$1-\dfrac{1}{3}=\dfrac{2}{3}$

Aが勝つことを〇, 勝たないことを×で表すと, Aが4回以上連続して

勝って優勝するのは,

[1]　〇〇〇〇〇　　　[2]　〇〇〇〇×　　　[3]　×〇〇〇〇

の場合があり, これらは互いに排反である。

よって, 求める確率は

$\left(\dfrac{1}{3}\right)^5+\left(\dfrac{1}{3}\right)^4\left(\dfrac{2}{3}\right)\times 2=\dfrac{5}{243}$

問2　優勝が決まらないのは,

[1]　2勝2敗で, 1回あいこ

[2]　1勝1敗で, 3回あいこ

[3]　5回ともあいこ

の場合があり, これらは互いに排反である。

よって, 求める確率は

$\dfrac{5!}{2!2!}\left(\dfrac{1}{3}\right)^2\left(\dfrac{1}{3}\right)^2\dfrac{1}{3}+\dfrac{5!}{3!}\cdot\dfrac{1}{3}\cdot\dfrac{1}{3}\cdot\left(\dfrac{1}{3}\right)^3+\left(\dfrac{1}{3}\right)^5=\dfrac{51}{243}=\dfrac{17}{81}$

問3　Aが優勝する確率とBが優勝する確率は等しいから, [問2]より,

求める確率は

$\dfrac{1}{2}\left(1-\dfrac{17}{81}\right)=\dfrac{32}{81}$

〈解説〉解答参照。

【4】問1　$3\overrightarrow{PA}+4\overrightarrow{PB}+5\overrightarrow{PC}=\overrightarrow{BC}$ から

$-3\overrightarrow{AP}+4(\overrightarrow{AB}-\overrightarrow{AP})+5(\overrightarrow{AC}-\overrightarrow{AP})=\overrightarrow{AC}-\overrightarrow{AB}$

よって　$\overrightarrow{AP}=\dfrac{5}{12}\overrightarrow{AB}+\dfrac{1}{3}\overrightarrow{AC}$

問2　3点A，P，Qは同一直線上にあるから，$\overrightarrow{AQ}=k\overrightarrow{AP}$ となる実数k が存在する。

このとき　$\overrightarrow{AQ}=k\left(\dfrac{5}{12}\overrightarrow{AB}+\dfrac{1}{3}\overrightarrow{AC}\right)$

$\qquad\qquad\quad=\dfrac{5}{12}k\overrightarrow{AB}+\dfrac{1}{3}\overrightarrow{AC}$

点Qは直線BC上にあるから

$\dfrac{5}{12}k+\dfrac{1}{3}k=1$より，$k=\dfrac{4}{3}$

よって　$\overrightarrow{AQ}=\dfrac{5}{9}\overrightarrow{AB}+\dfrac{4}{9}\overrightarrow{AC}$

ゆえに　BQ：QC＝4：5

問3　△PBCの面積をSとすると

$\triangle PQC=\dfrac{5}{4+5}\triangle PBC=\dfrac{5}{9}S$

$\triangle PBQ=\dfrac{4}{4+5}\triangle PBC=\dfrac{4}{9}S$

また　$k=\dfrac{4}{3}$より，AP：PQ＝3：1

よって　$\triangle PCA=3\triangle PQC=\dfrac{5}{3}S$

$\triangle PAB=3\triangle PBQ=\dfrac{4}{3}S$

ゆえに　△PBC：△PCA：△PAB

$$=S : \frac{5}{3}S : \frac{4}{3}S = 3 : 5 : 4$$

〈解説〉解答参照。

【5】問1　線分ABを直径とする円と線分CHの延長が交わる点をDとすると，方べきの定理より，

AH・BH＝CH・DH

対称性より，CH＝DHであるから，

CH²＝AH・BH＝ab

CH＞0より，

CH＝$\sqrt{ab}$である。

問2　線分ABの中点をOとすると，

OCは円の半径であるからOC＝$\frac{a+b}{2}$である。

円の直径と弦の長さとの関係から　2OC≧2CH

すなわち，OC≧CHである。

よって，[問1]より，不等式$\frac{a+b}{2} \geq \sqrt{ab}$が成り立つ。

また，等号が成り立つのは点Oと点Hが一致する$a＝b$のときである。

〈解説〉解答参照。

2020年度　実施問題

【中学校】

【1】中学校学習指導要領(平成29年告示)「数学」について，次の[問1]，[問2]に答えよ。

[問1]　次の文は，「第1　目標」である。文中の(①)〜(④)にあてはまる語句を，それぞれ書け。

　　数学的な(①)を働かせ，数学的活動を通して，数学的に考える資質・能力を次のとおり育成することを目指す。

(1)　数量や図形などについての基礎的な概念や原理・法則などを理解するとともに，事象を(②)したり，数学的に解釈したり，数学的に表現・処理したりする技能を身に付けるようにする。

(2)　数学を活用して事象を(③)に考察する力，数量や図形などの性質を見いだし統合的・発展的に考察する力，数学的な表現を用いて事象を簡潔・明瞭・的確に表現する力を養う。

(3)　数学的活動の楽しさや数学のよさを実感して粘り強く考え，数学を(④)や学習に生かそうとする態度，問題解決の過程を振り返って評価・改善しようとする態度を養う。

[問2]　次の①〜④の文は，「第2　各学年の目標及び内容」における各学年の内容の一部である。それぞれ第何学年に示されているか，書け。

　　① 円周角と中心角の関係を見いだすこと。
　　② 扇形の弧の長さと面積，基本的な柱体や錐体，球の表面
　　　 積と体積を求めること。
　　③ 具体的な事象の中の数量の関係を文字を用いた式で表し
　　　 たり，式の意味を読み取ったりすること。
　　④ 四分位範囲や箱ひげ図の必要性と意味を理解すること。

(☆☆☆◎◎◎◎)

【2】次の[問1]〜[問8]に答えよ。ただし，[問2]〜[問8]については，答え
　のみでよい。

　[問1]　次の図のように，円Oと，この円の外部の点Aがある。点Aを通
　　　る円Oの接線を作図するには，どのようにすればよいか，書け。

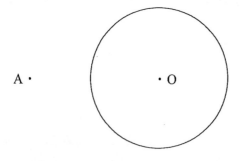

　[問2]　次の図のような正五角形ABCDEと，その頂点を移動する点Pが
　　　ある。点Pは頂点Aから時計回りに，さいころを投げて出た目の数だ
　　　け頂点を進むものとする。さいころを3回投げたとき，点Pが頂点A
　　　にある確率を求めよ。ただし，さいころの1から6までのどの目が出
　　　ることも同様に確からしいものとする。

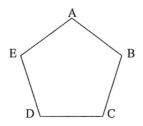

[問3]　xについての方程式$x^3=1$の虚数解の1つをωとするとき，$1+\dfrac{1}{\omega}+\dfrac{1}{\omega^2}$の値を求めよ。

[問4]　次の図のように，面積が1である長方形ABCDを辺ABに平行な直線でn等分し，対角線ACをひく。このとき，辺ABに近い部分から順に，対角線ACで分かれた部分を下，上，下，上，…と色をつけていく。色のついた部分の面積の和を求めよ。ただし，nは偶数とする。

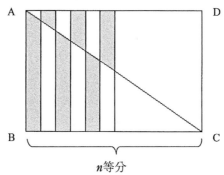

n等分

[問5]　$\cos\theta-\sin\theta=\dfrac{1}{3}$　$(0\leqq\theta<\pi)$のとき，$\sin\theta$の値を求めよ。

[問6]　放物線$y=x^2+x$と，その接線$y=x$，$y=-3x-4$によって囲まれた部分の面積を求めよ。

[問7]　数列　$\dfrac{15}{8}$，$\dfrac{165}{11}$，$\dfrac{315}{14}$，$\dfrac{465}{17}$，…

の第n項をa_nとする。a_nが自然数になるもののうち最大となるときのnの値を求めよ。

[問8]　次の図のような四角形ABCDにおいて，AB＝2cm，BC＝4cm，BD＝6cm，∠B＝120°とする。BDが∠Bの二等分線であるとき，△ACDの面積を求めよ。

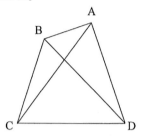

(☆☆☆◎◎◎◎)

【3】△ABCで，∠Aの二等分線をひき，辺BCとの交点をDとするとき，AB：AC＝BD：DCが成り立つことを証明せよ。

ただし，中学校3年生がノートに書く手本となるように，証明の根拠となることがらを適切に記述すること。なお，中学校学習指導要領(平成29年告示)「数学」における「第2　各学年の目標及び内容〔第3学年〕　2内容　B図形」に示されている内容については学習しているものとする。

(☆☆☆◎◎◎)

【4】放物線$y＝x^2$上に，点A(a，a^2)があり，x軸上の点Pを中心として2点O，Aを通る円の点Aにおける接線をlとする。またlとx軸，y軸との交点を，それぞれQ，Rとする。このとき，△PARと△PRQの面積比をaで表せ。ただし，点Oは原点，$a＞1$とする。

(☆☆☆◎◎◎)

【5】2次方程式$x^2－7x＋5＝0$の2つの解を$α$，$β$とする。このとき，すべての自然数nについて$α^n＋β^n－7^n$は5の倍数であることを証明せよ。

(☆☆☆◎◎◎)

【6】 四面体OABCで，△OABと△OACは正三角形であり，OBとACは垂直であるとき，四面体OABCは正四面体であることを証明せよ。

(☆☆☆◎◎◎)

【高等学校】

【1】 次の[問1]〜[問10]に答えよ。(答えのみでよい。)

[問1] $(x^2+x)^2-8(x^2+x)+12$を因数分解せよ。

[問2] 1辺の長さがaの正四面体ABCDに内接する球の半径rをaの式で表せ。

[問3] $x+y+z+w=13$を満たす，それぞれが負でない整数の組(x, y, z, w)は，全部で何個あるか，求めよ。

[問4] 正n角形の異なる2本の対角線の組のうち，正n角形の頂点を共有するものは何組あるか，求めよ。ただし，nは5以上の自然数とする。

[問5] $0≦x≦2$のとき，2次不等式$x^2+2mx+1≧0$が常に成り立つような定数mの値の範囲を求めよ。

[問6] AB＝7，BC＝5，CA＝$3\sqrt{6}$の△ABCで，直径が辺ACである円と辺AB，BCと交わる点をそれぞれD，Eとし，CDとAEの交点をFとする。BE＝2のとき，BFの長さを求めよ。

[問7] $\tan\alpha=\dfrac{1}{4}$のとき，$\dfrac{1}{(1-\sin\alpha)^2}+\dfrac{1}{(1+\sin\alpha)^2}$の値を求めよ。

[問8] 6^{200}は何桁の整数か，求めよ。ただし，$\log_{10}2=0.3010$，$\log_{10}3=0.4771$とする。

[問9] AB＝3，AC＝4，BC＝2の△ABCの内心をIとするとき，$\overrightarrow{AI}$を$\overrightarrow{AB}$，$\overrightarrow{AC}$を用いて表せ。

[問10] 関数$y=\sqrt{x^3+1}$上の点$(2, 3)$における接線の方程式を求めよ。

(☆☆☆◎◎◎◎)

【2】 $y=3\sin^2x-2\sqrt{3}\sin x\cos x+\cos^2x-6\sin x+2\sqrt{3}\cos x$ $(0\leqq x\leqq\pi)$ とする。
次の[問1]～[問3]に答えよ。

[問1] $\sqrt{3}\sin x-\cos x=t$ として，yをtを用いて表せ。

[問2] tのとりうる値の範囲を求めよ。

[問3] yの最大値と最小値を求めよ。また，そのときのxの値をそれぞれ求めよ。

(☆☆☆◎◎◎)

【3】 数列$\{a_n\}$の初項から第n項までの和S_nは次の条件を満たすとする。

$$S_1=3,\quad S_{n+1}-5S_n=3\cdot2^{n+1}-3\quad(n=1,\ 2,\ 3,\ \cdots\cdots)$$

次の[問1]～[問3]に答えよ。

[問1] 数列$\{a_n\}$の満たす漸化式を求めよ。

[問2] $b_n=\dfrac{a_n}{2^n}$とおくとき，数列$\{b_n\}$の一般項を求めよ。

[問3] a_{100}を4で割ったときの余りを求めよ。

(☆☆☆◎◎◎)

【4】 2次方程式$x^2-7x+5=0$の2つの解をα，βとする。このとき，すべての自然数nについて$\alpha^n+\beta^n-7^n$は5の倍数であることを証明せよ。

(☆☆☆◎◎◎)

【5】 関数$f(x)=e^{-x}\sin x$について，次の[問1]，[問2]に答えよ。

[問1] 不定積分$\displaystyle\int f(x)dx$を求めよ。

[問2] $0\leqq x\leqq n\pi$ (nは自然数)において，$y=f(x)$とx軸で囲まれた部分の面積を$S(n)$とする。このとき，$\displaystyle\lim_{n\to\infty}S(n)$を求めよ。

(☆☆☆◎◎◎)

解答・解説

【中学校】

【1】問1 ① 見方・考え方 ② 数学化 ③ 論理的
④ 生活 問2 ① 第3学年 ② 第1学年 ③ 第2学年
④ 第2学年

〈解説〉教科の「目標」は，非常に重要なので，学習指導要領だけではなく，学習指導要領解説もあわせて理解するとともに，用語などもしっかり覚えておきたい。「各学年の目標及び内容」についても，学習指導要領だけではなく，学習指導要領解説とあわせて，整理し，理解・記憶しておくようにするとよい。

【2】問1 ・線分AOの中点Mをとる。

・点Mを中心として，MO(MA)を半径とする円Mをかく。

・円Mと円Oとの交点をP，Qとすると，AP，AQが求める接線である。

問2 $\dfrac{43}{216}$ 問3 0 問4 $\dfrac{1}{2}+\dfrac{1}{2n}$

問5 $\dfrac{-1+\sqrt{17}}{6}$ 問6 $\dfrac{2}{3}$ 問7 24 問8 $7\sqrt{3}$〔cm²〕

〈解説〉問1 △APOにおいて，AOは円Mの直径であるから，∠APO＝90°である。よって，円Oにおいて，∠OPA＝90°すなわち，OP⊥APとなり，点Pは円Oの接点となり，APは接線である。点Qについても同様である。

問2 さいころを3回投げたときの出る目の数をそれぞれ，x，y，zとすれば，点Pが頂点Aから移動して，再び頂点Aにあるのは$x+y+z=5$，10，15の場合がある。

$x+y+z=5$のとき，x，y，zは，(1, 1, 3)，(1, 2, 2)についてそれぞれ3通りあり，計6通り。

$x+y+z=10$のとき，x，y，zは，(1, 3, 6)，(1, 4, 5)，(2, 3, 5)につ

いてそれぞれ6通り，(2, 2, 6)，(2, 4, 4)，(3, 3, 4)についてそれぞれ3通りあり，計27通り。

$x+y+z=15$のとき，x, y, zは，(4, 5, 6)について6通り，(3, 6, 6)について3通り，(5, 5, 5)について1通りあり，計10通り。

よって，場合の数は合計6＋27＋10＝43〔通り〕

ゆえに，求める確率は，$\left(\dfrac{1}{6}\right)^3 \times 43 = \dfrac{43}{216}$

問3　$x^3-1=(x-1)(x^2+x+1)=0$より，虚数解の1つがωであるから，

$\omega^2+\omega+1=0$　よって，

与式$=1+\dfrac{1}{\omega}+\dfrac{1}{\omega^2}=\dfrac{\omega^2+\omega+1}{\omega^2}=\dfrac{0}{\omega^2}=0$

問4　図のようにして，$\mathrm{BC}=n$，$\mathrm{AB}=\dfrac{1}{n}$とおく。

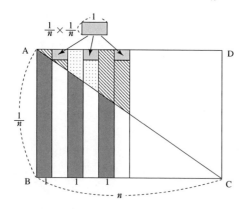

求める面積は，底辺が1で高さが$\dfrac{1}{n}$の長方形が$\dfrac{n}{2}$個，底辺が1で高さが$\dfrac{1}{n}\times\dfrac{1}{n}$の長方形が$\dfrac{n}{2}$個の和であるから，

$1\times\dfrac{1}{n}\times\dfrac{n}{2}+1\times\left(\dfrac{1}{n}\times\dfrac{1}{n}\right)\times\dfrac{n}{2}=\dfrac{1}{2}+\dfrac{1}{2n}$

問5　$\cos\theta-\sin\theta=\dfrac{1}{3}$を$\sin^2\theta+\cos^2\theta=1$に代入して，

$\sin^2\theta+\left(\sin\theta+\dfrac{1}{3}\right)^2=1$

$9\sin^2\theta + 3\sin\theta - 4 = 0$, $\sin\theta = \dfrac{-3\pm\sqrt{153}}{18} = \dfrac{-1\pm\sqrt{17}}{6}$

$0\leqq\theta<\pi$ より, $\sin\theta>0$ であるから, $\sin\theta = \dfrac{-1+\sqrt{17}}{6}$

問6 図のようになる。

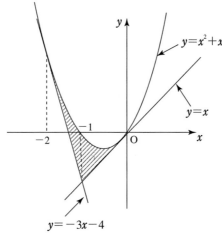

よって, 求める面積を S とすれば,

$$S = \int_{-2}^{-1}(x^2+x+3x+4)dx + \int_{-1}^{0}(x^2+x-x)dx$$

$$= \int_{-2}^{-1}(x+2)^2dx + \int_{-1}^{0}x^2dx$$

$$= \left[\frac{(x+2)^3}{3}\right]_{-2}^{-1} + \left[\frac{x^3}{3}\right]_{-1}^{0}$$

$$= \frac{1}{3} + \frac{1}{3} = \frac{2}{3}$$

問7 分子は, $15=15\times1$, $165=15\times11$, $315=15\times21$, $465=15\times31$, …となるので, 一般項は, $15\times\{1+(n-1)\times10\}=150n-135$

分母は, 8, 11, 14, 17, …となるので, 一般項は, $8+(n-1)\times3=3n+5$

したっがて, 求める分数の一般項 a_n は

$a_n = \dfrac{150n-135}{3n+5} = 50 - \dfrac{385}{3n+5}$

a_nが自然数で最大になるためには，$\dfrac{385}{3n+5}$が最小になればよい。

$\dfrac{385}{3n+5} = \dfrac{5 \times 7 \times 11}{3n+5}$より，$3n+5$が最大になるときを調べると，

$3n+5 = 5 \times 7 \times 11$のとき，これを満たす$n$はない。

$3n+5 = 7 \times 11$のとき，$3n = 72$，$n = 24$

ゆえに，a_nが自然数で最大となるのは，$n = 24$のときで，$a_{24} = 45$

問8　$AC^2 = 2^2 + 4^2 - 2 \cdot 2 \cdot 4 \cdot \cos 120° = 28$より，$AC = \sqrt{28} = 2\sqrt{7}$

$AD^2 = 2^2 + 6^2 - 2 \cdot 2 \cdot 6 \cdot \cos 60° = 28$より，$AD = 2\sqrt{7}$

$CD^2 = 4^2 + 6^2 - 2 \cdot 4 \cdot 6 \cdot \cos 60° = 28$より，$CD = 2\sqrt{7}$

よって，△ACDは一辺の長さが$2\sqrt{7}$ cmの正三角形である。

ゆえに，面積は，$\dfrac{1}{2}(2\sqrt{7})^2 \sin 60° = 7\sqrt{3}$ 〔cm^2〕

【3】点Cを通り，DAに平行な直線と，BAを延長した直線との交点をE
とする。

AD//ECから，

平行線の同位角は等しいので，

∠BAD＝∠AEC

また，平行線の錯角は等しいので，

∠DAC＝∠ACE

仮定より，∠BAD＝∠DAC

したがって，∠AEC＝∠ACE

2つの角が等しいから，△ACEは二等辺三角形となり，

AE＝AC　…①

△BECで，AD//ECから，

BA：AE＝BD：DC　…②

①，②から，AB：AC＝BD：DC

〈解説〉(別解)　点Dから，辺AB，ACに垂線DP，DQを下ろす。

ADは共通，∠PAD＝∠QAD，∠APD＝∠AQD＝90°なので，△APD≡

△AQD

よって，DP＝DQ ⋯③

$\triangle ABD = \dfrac{1}{2}AB \times DP$, $\triangle ACD = \dfrac{1}{2}AC \times DQ$ ⋯④

一方，点Aから，BCに垂線ARを下ろすと，

$\triangle ABD = \dfrac{1}{2}BD \times AR$, $\triangle ACD = \dfrac{1}{2}CD \times AR$ ⋯⑤

③，④より，

$\triangle ABD : \triangle ACD = \dfrac{1}{2}AB \times DP : \dfrac{1}{2}AC \times DQ = AB : AC$ ⋯⑥

⑤より，

$\triangle ABD : \triangle ACD = \dfrac{1}{2}BD \times AR : \dfrac{1}{2}CD \times AR = BD : CD$ ⋯⑦

ゆえに，⑥，⑦より，AB：AC＝BD：DCとなる。

【4】 P$(t, 0)$とする。

$OP^2 = AP^2$より

$$t^2 = (t-a)^2 + (0-a^2)^2$$
$$= t^2 - 2at + a^2 + a^4$$
$$t = \frac{a^2 + a^4}{2a}$$
$$= \frac{a + a^3}{2}$$

$a > 1$より

$$t - a = \frac{a + a^3}{2} - a = \frac{1}{2}a(a^2 - 1) \neq 0$$

$t \neq a$より APの傾きは$\dfrac{-a^2}{t-a}$

AP⊥lよりlの傾きは$\dfrac{t-a}{a^2}$

$$= \frac{a^2 - 1}{2a}$$

R$(0, b)$とすると，直線lは$y = \dfrac{a^2 - 1}{2a}x + b$と表せる。

直線lは，A(a, a^2)を通るから

$$a^2 = \frac{a^2-1}{2a} \times a + b$$

$$b = \frac{a^2+1}{2}$$

よって，$R\left(0, \dfrac{a^2+1}{2}\right)$

よって，$\triangle PAR : \triangle PRQ = (\triangle PQA - \triangle PRQ) : \triangle PRQ$

$$= \left(a^2 - \frac{a^2+1}{2}\right) : \frac{a^2+1}{2}$$

$$= \frac{a^2-1}{2} : \frac{a^2+1}{2}$$

$$= (a^2-1) : (a^2+1)$$

答　$\triangle PAR : \triangle PRQ = (a^2-1):(a^2+1)$

〈解説〉円上の点における接線を求めるには，中心と接点を結ぶ直線が接線と垂直になっていることを利用するとよい。なお，2直線の垂直条件は2直線の傾きの積が-1になることに注意したい。

【5】解と係数の関係より

$\alpha + \beta = 7$ …① 　　$\alpha\beta = 5$ …②

ここで，「すべての自然数nについて $\alpha^n + \beta^n - 7^n$は5の倍数である。」…(＊1)

とおいて，(＊1)が成り立つことを数学的帰納法により示す。

（Ⅰ）　$n=1$，2のときについて調べる。

$n=1$のとき

$\alpha + \beta - 7 = 7 - 7 = 0$　（①より）

$n=2$のとき

$\alpha^2 + \beta^2 - 7^2 = (\alpha+\beta)^2 - 2\alpha\beta - 49$

$\qquad\qquad = 7^2 - 2\cdot 5 - 49 = -2\cdot 5$　（①，②より）

よって，$n=1$，2のとき，$\alpha^n + \beta^n - 7^n$は，いずれも5の倍数である。

（Ⅱ）　$n=k$，$n=k+1$ $(k=1, 2, 3, \cdots)$のとき，(＊1)が成り立つと仮定すると

$\alpha^k + \beta^k - 7^k = 5L$ …③，　$\alpha^{k+1} + \beta^{k+1} - 7^{k+1} = 5M$ …④

(L, Mは共に整数)とおける。

ここで，$n=k+2$のときについて調べると

$$\alpha^{k+2}+\beta^{k+2}-7^{k+2} = (\alpha+\beta)(\alpha^{k+1}+\beta^{k+1})-\alpha\beta(\alpha^{k}+\beta^{k})-7^{k+2}$$
$$= 7\cdot(5M+7^{k+1})-5\cdot(5L+7^{k})-7^{k+2}\ (③，④により)$$
$$= 5(7M-5L-7^{k})$$

ここで，$7M-5L-7^{k}$は整数より，$\alpha^{k+2}+\beta^{k+2}-7^{k+2}$は5の倍数である。

よって，$n=k+2$のときも(＊1)は成り立つ。

（Ⅰ），（Ⅱ）より(＊1)は成り立つ。

したがって，すべての自然数nについて$\alpha^{n}+\beta^{n}-7^{n}$は5の倍数である。

〈解説〉解答参照。

【6】$\overrightarrow{OA}=\vec{a}$，$\overrightarrow{OB}=\vec{b}$，$\overrightarrow{OC}=\vec{c}$とする。

△OABと△OACは正三角形だから，

$$|\vec{a}|=|\vec{b}|=|\vec{c}| \quad \cdots①$$

仮定より，$OB\perp AC$だから，

$$\overrightarrow{OB}\cdot\overrightarrow{AC}=0$$
$$\vec{b}\cdot(\vec{c}-\vec{a})=0$$
$$\vec{b}\cdot\vec{c}-\vec{a}\cdot\vec{b}=0$$
$$\vec{b}\cdot\vec{c}=\vec{a}\cdot\vec{b} \quad \cdots②$$

また$|\overrightarrow{BC}|^{2}=|\vec{c}-\vec{b}|^{2}$

$$=|\vec{c}|^{2}-2\vec{b}\cdot\vec{c}+|\vec{b}|^{2}$$

②より $=|\vec{c}|^{2}-2\vec{a}\cdot\vec{b}+|\vec{b}|^{2}$

$$=|\vec{c}|^{2}-2|\vec{a}||\vec{b}|\cos60°+|\vec{b}|^{2}$$

①より $=|\vec{b}|^{2}-|\vec{b}|^{2}+|\vec{b}|^{2}$

$$=|\vec{b}|^{2}$$

$$=|\overrightarrow{\text{OB}}|^2$$

よって，BC＝OBとなり，四面体OABCのすべての辺が等しいので，四面体OABCは正四面体である。

〈解説〉条件から，OA＝OB＝OC＝AC＝AB　であることがわかる。

そして，OB⊥ACから，BC＝OBであることを導けば，すべての辺の長さが等しいことがわかるから正四面体になる。

【高等学校】

【1】問1　$(x-1)(x+2)(x-2)(x+3)$　　　問2　$r=\dfrac{\sqrt{6}}{12}a$

問3　560〔個〕　　　問4　$\dfrac{1}{2}n(n-3)(n-4)$〔組〕　　　問5　$m\geqq-1$

問6　$\dfrac{2\sqrt{30}}{5}$　　　問7　$\dfrac{153}{64}$　　　問8　156〔桁〕

問9　$\overrightarrow{\text{AI}}=\dfrac{4}{9}\overrightarrow{\text{AB}}+\dfrac{1}{3}\overrightarrow{\text{AC}}$　　　問10　$y=2x-1$

〈解説〉問1　$(x^2+x)^2-8(x^2+x)+12=(x^2+x-2)(x^2+x-6)$
$$=(x-1)(x+2)(x-2)(x+3)$$

問2　辺BCの中点をMとし，Aから平面BCDに垂線AHを下ろすと，Hは正三角形BCDの重心になるので，

$$\text{DH}=\frac{2}{3}\text{DM}=\frac{2}{3}\cdot\sqrt{a^2-\left(\frac{a}{2}\right)^2}=\frac{2}{3}\cdot\frac{\sqrt{3}}{2}a=\frac{\sqrt{3}}{3}a$$

$$\text{AH}=\sqrt{\text{AD}^2-\text{DH}^2}=\sqrt{a^2-\left(\frac{\sqrt{3}}{3}a\right)^2}=\frac{\sqrt{6}}{3}a$$

体積は，$V=\dfrac{1}{3}\cdot\triangle\text{BCD}\times\text{AH}=\dfrac{1}{3}\cdot\dfrac{\sqrt{3}}{4}a^2\cdot\dfrac{\sqrt{6}}{3}a=\dfrac{\sqrt{2}}{12}a^3$

内接球の半径がrだから，内接円の中心と正四面体の各面とが成す4つの三角錐の和が正四面体の体積と考えると，$4\times\left(\dfrac{1}{3}\times\dfrac{\sqrt{3}}{4}a^2\times r\right)=V$となるので，$\dfrac{\sqrt{3}}{3}a^2 r=\dfrac{\sqrt{2}}{12}a^3$

よって，$r = \dfrac{\frac{\sqrt{2}}{12}a^3}{\frac{\sqrt{3}}{3}a^2} = \dfrac{\sqrt{2}}{4\sqrt{3}}a = \dfrac{\sqrt{6}}{12}a$

問3　13個の白丸○と3つのしきりIで，

I○○○○○I○○○○○○I○○→$x=0$，$y=5$，$z=6$，$w=2$

のように対応させて考えると，負でない整数の組(x, y, z, w)は，

$\dfrac{(13+3)!}{13!3!} = \dfrac{16!}{13!3!} = \dfrac{16 \cdot 15 \cdot 14}{3 \cdot 2 \cdot 1} = 560$〔個〕

問4　正n ($n \geqq 5$)角形の1つの頂点で，対角線の組は${}_{n-3}\mathrm{C}_2$通りあるから，合計で，

$n \times {}_{n-3}\mathrm{C}_2 = n \times \dfrac{(n-3)(n-4)}{2!} = \dfrac{1}{2}n(n-3)(n-4)$〔組〕

問5　$f(x) = x^2 + 2mx + 1 = (x+m)^2 - m^2 + 1$

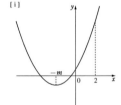
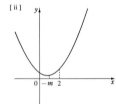
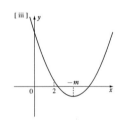

[i]　$-m < 0$すなわち$m > 0$のとき，$f(0) = 1 \geqq 0$で成り立つ。

[ii]　$0 \leqq -m < 2$すなわち$-2 < m \leqq 0$のとき，

$f(-m) = -m^2 + 1 \geqq 0$より，$-1 \leqq m \leqq 1$

よって，$-1 \leqq m \leqq 0$

[iii]　$-m \geqq 2$すなわち$m \leqq -2$のとき，

$f(2) = 4 + 4m + 1 \geqq 0$より，$m \geqq -\dfrac{5}{4}$

$m \leqq -2$だから，不適

[i]，[ii]，[iii]より，求めるmの値の範囲は，$m \geqq -1$

問6　図において，方べきの定理から，BD・BA＝BE・BC

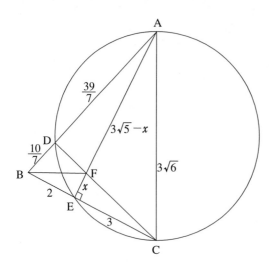

よって，BD×7＝2×5より，BD＝$\frac{10}{7}$，AD＝$\frac{39}{7}$

∠AEC＝90°より，AC²＝AE²＋EC²

よって，AE²＝$(3\sqrt{6})^2-3^2=45$より，AE＝$\sqrt{45}=3\sqrt{5}$

EF＝xとおくと，FA＝$3\sqrt{5}-x$

△ABEと直線CDにおいて，メネラウスの定理から，

$$\frac{AD}{DB}\cdot\frac{BC}{CE}\cdot\frac{EF}{FA}=1,\quad \frac{\frac{39}{7}}{\frac{10}{7}}\times\frac{5}{3}\times\frac{x}{3\sqrt{5}-x}=1,\quad 13x=2(3\sqrt{5}-x),$$

$x=\frac{2\sqrt{5}}{5}$

よって，EF＝$\frac{2\sqrt{5}}{5}$

∠AEB＝90°より，BF²＝BE²＋EF²＝$2^2+\left(\frac{2\sqrt{5}}{5}\right)^2=\frac{24}{5}$

ゆえに，BF＝$\sqrt{\frac{24}{5}}=\frac{2\sqrt{30}}{5}$

問7　$\tan\alpha=\frac{1}{4}$より，$\cos^2\alpha=\frac{1}{1+\tan^2\alpha}=\frac{1}{1+\frac{1}{16}}=\frac{16}{17}$，

$$\sin^2\alpha=1-\frac{16}{17}=\frac{1}{17}$$

$$与式=\frac{(1+\sin\alpha)^2+(1-\sin\alpha)^2}{(1-\sin\alpha)^2(1+\sin\alpha)^2}=\frac{2+2\sin^2\alpha}{(1-\sin^2\alpha)^2}$$

$$=\frac{2+\frac{2}{17}}{\left(1-\frac{1}{17}\right)^2}=\frac{\frac{36}{17}}{\frac{16^2}{17^2}}=\frac{153}{64}$$

問8　$x=6^{200}$とおいて，

$\log_{10}x=\log_{10}6^{200}=200\log_{10}6=200(\log_{10}2+\log_{10}3)$

$\qquad=200(0.3010+0.4771)=155.62$

よって，$155<\log_{10}x<156$ となるから，$10^{155}<x<10^{156}$

ゆえに，6^{200}は156桁の整数である。

問9　AIの延長で，BCとの交点をDとする。

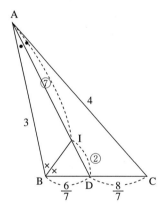

BD：DC＝AB：AC＝3：4

よって，$\vec{AD}=\dfrac{4\vec{AB}+3\vec{AC}}{3+4}=\dfrac{4}{7}\vec{AB}+\dfrac{3}{7}\vec{AC}$

また，$BD=\dfrac{6}{7}$，$DC=\dfrac{8}{7}$であり，

AI：ID＝AB：BD＝$3：\dfrac{6}{7}=7：2$

ゆえに，AI：AD＝7：9となるから，

$$\vec{AI}=\frac{7}{9}\vec{AD}=\frac{7}{9}\left(\frac{4}{7}\vec{AB}+\frac{3}{7}\vec{AC}\right)=\frac{4}{9}\vec{AB}+\frac{1}{3}\vec{AC}$$

問10　$f(x)=y=\sqrt{x^3+1}=(x^3+1)^{\frac{1}{2}}$とおいて微分して，

$$f'(x)=y'=\frac{1}{2}(x^3+1)^{-\frac{1}{2}}(x^3+1)'=\frac{3x^2}{2\sqrt{x^3+1}},\ f'(2)=\frac{3\cdot2^2}{2\sqrt{2^3+1}}=2$$

ゆえに，点(2, 3)を通る接線の方程式は，

$y-3=2(x-2)$より，$y=2x-1$

【2】問1　$y=(\sqrt{3}\sin x-\cos x)^2-2\sqrt{3}(\sqrt{3}\sin x-\cos x)$

よって　$y=t^2-2\sqrt{3}\,t$

問2　$t=\sqrt{3}\sin x-\cos x=2\sin\left(x-\frac{\pi}{6}\right)$

$0\leqq x\leqq\pi$から　$-\frac{\pi}{6}\leqq x-\frac{\pi}{6}\leqq\frac{5}{6}\pi$

よって　$-\frac{1}{2}\leqq\sin\left(x-\frac{\pi}{6}\right)\leqq1$

ゆえに　$-1\leqq t\leqq2$

問3　$y=t^2-2\sqrt{3}\,t$　…①　　$-1\leqq t\leqq2$　…②

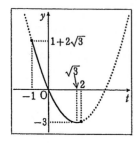

①を変形すると　$y=(t-\sqrt{3})^2-3$

②の範囲で，yは

$t=-1$で最大値$1+2\sqrt{3}$，

$t=\sqrt{3}$で最小値-3

をとる。

$t=-1$のとき $\sin\left(x-\dfrac{\pi}{6}\right)=-\dfrac{1}{2}$

よって $x-\dfrac{\pi}{6}=-\dfrac{\pi}{6}$ ゆえに $x=0$

$t=\sqrt{3}$ のとき $\sin\left(x-\dfrac{\pi}{6}\right)=\dfrac{\sqrt{3}}{2}$

よって $x-\dfrac{\pi}{6}=\dfrac{\pi}{3},\ \dfrac{2}{3}\pi$

ゆえに $x=\dfrac{\pi}{2},\ \dfrac{5}{6}\pi$

したがって，yは$x=0$で最大値$1+2\sqrt{3}$，

　　　$x=\dfrac{\pi}{2},\ \dfrac{5}{6}\pi$ で最小値-3をとる。

〈解説〉解答参照。

【3】問1　$a_1=S_1=3$　…①

$S_{n+1}-5S_n=3\cdot2^{n+1}-3$　…②に$n=1$を代入すると

$S_2-5S_1=9$ ゆえに $(3+a_2)-15=9$

よって　$a_2=21$　…③

また，$n\geqq2$のとき，②から　$S_n-5S_{n-1}=3\cdot2^n-3$　…④

②−④から　$(S_{n+1}-S_n)-5(S_n-S_{n-1})=3\cdot2^n$

ゆえに　$a_{n+1}-5a_n=3\cdot2^n$ すなわち　$a_{n+1}-5a_n=3\cdot2^n$

①，③より，この式は$n=1$のときも成り立つ。

よって，求める漸化式は　$a_{n+1}-5a_n=3\cdot2^n$

問2　[問1]より　$a_{n+1}=5a_n+3\cdot2^n$

両辺を2^{n+1}でわると

$\dfrac{a_{n+1}}{2^{n+1}}=\dfrac{5}{2}\cdot\dfrac{a_n}{2^n}+\dfrac{3}{2}$

$b_n=\dfrac{a_n}{2^n}$より　$b_{n+1}=\dfrac{5}{2}b_n+\dfrac{3}{2}$

$b_{n+1}+1=\dfrac{5}{2}(b_n+1)$

よって数列$\{b_n+1\}$は公比$\dfrac{5}{2}$，初項$b_1+1=\dfrac{a_1}{2}+1=\dfrac{5}{2}$の等比数列である。

したがって$b_n+1=\dfrac{5}{2}\cdot\left(\dfrac{5}{2}\right)^{n-1}$　　ゆえに　　$b_n=\left(\dfrac{5}{2}\right)^n-1$

問3　[問2]より　　$\dfrac{a_n}{2^n}=\left(\dfrac{5}{2}\right)^n-1$から　　$a_n=5^n-2^n$

$a_{100}=5^{100}-2^{100}=5^{100}-4^{50}$

ゆえに，a_{100}を4で割った余りは5^{100}を4で割った余りに等しい。

ここで，二項定理により

$5^{100}=(4+1)^{100}=4^{100}+{}_{100}C_1\cdot4^{99}+{}_{100}C_2\cdot4^{98}+\cdots+{}_{100}C_{98}\cdot4^2+{}_{100}C_{99}\cdot4+1$

したがって，5^{100}を4で割った余りは1であるから，a_{100}を4で割った余りは　1

〈解説〉問1　解答参照。

問2　2項間漸化式数列$c_{n+1}=pc_n+q$については，特性方程式

$t=pt+q=0$の解$t=\dfrac{q}{1-p}$（$p\neq1$）を用いて，

$c_{n+1}-\dfrac{q}{1-p}=p\left(c_n-\dfrac{q}{1-p}\right)$と変形して，これより，

数列$\left\{c_n-\dfrac{q}{1-p}\right\}$は初項$c_1-\dfrac{q}{1-p}$，公比$p$の等比数列として解けばよい。

なお，$p=1$のとき，数列$\{c_n\}$は等差数列である。　　[問3]　解答参照。

【4】解と係数の関係より

$\alpha+\beta=7$　…①　　　$\alpha\beta=5$　…②

ここで，「すべての自然数nについて$\alpha^n+\beta^n-7^n$は5の倍数である。」

…（＊1）

とおいて，（＊1）が成り立つことを数学的帰納法により示す。

（Ⅰ）　$n=1$，2のときについて調べる。

$n=1$のとき

$\alpha+\beta-7=7-7=0$　（①より）

$n=2$のとき

$$\alpha^2+\beta^2-7^2=(\alpha+\beta)^2-2\alpha\beta-49$$
$$=7^2-2\cdot5-49=-2\cdot5\quad(①,②より)$$

よって，$n=1$，2のとき，$\alpha^n+\beta^n-7^n$は，いずれも5の倍数である。

（Ⅱ）$n=k$，$n=k+1$（$k=1$，2，3，…）のとき，（＊1）が成り立つと仮定すると

$$\alpha^k+\beta^k-7^k=5L\quad\cdots③,\quad\alpha^{k+1}+\beta^{k+1}-7^{k+1}=5M\quad\cdots④$$

（L，Mは共に整数）とおける。

ここで，$n=k+2$のときについて調べると

$$\alpha^{k+2}+\beta^{k+2}-7^{k+2}=(\alpha+\beta)(\alpha^{k+1}+\beta^{k+1})-\alpha\beta(\alpha^k+\beta^k)-7^{k+2}$$
$$=7\cdot(5M+7^{k+1})-5\cdot(5L+7^k)-7^{k+2}\quad(③,④により)$$
$$=5(7M-5L-7^k)$$

ここで，$7M-5L-7^k$は整数より，$\alpha^{k+2}+\beta^{k+2}-7^{k+2}$は5の倍数である。

よって，$n=k+2$のときも（＊1）は成り立つ。

（Ⅰ），（Ⅱ）より（＊1）は成り立つ。

したがって，すべての自然数nについて$\alpha^n+\beta^n-7^n$は5の倍数である。

〈解説〉解答参照。

【5】問1　$I=\displaystyle\int e^{-x}\sin x dx$とすると

$$I=\int(-e^{-x})'\sin x dx=-e^{-x}\sin x-\int(-e^{-x})\cdot\cos x dx$$
$$=-e^{-x}\sin x+\int e^{-x}\cos x dx=-e^{-x}\sin x+\int(-e^{-x})'\cos x dx$$
$$=-e^{-x}\sin x-e^{-x}\cos x-\int(-e^{-x})\cdot(-\sin x)dx$$
$$=-e^{-x}(\sin x+\cos x)-\int e^{-x}\sin x dx$$
$$=-e^{-x}(\sin x+\cos x)-I$$

よって　$I=-\dfrac{1}{2}e^{-x}(\sin x+\cos x)+C$　（Cは積分定数）

問2　$(k-1)\pi\leqq x\leqq k\pi$　（kは自然数）において，$y=f(x)$とx軸で囲まれた部分の面積をS_kとする。

$$S_k=\int_{(k-1)\pi}^{k\pi}|e^{-x}\sin x|dx=\left|-\dfrac{1}{2}\Big[e^{-x}(\sin x+\cos x)\Big]_{(k-1)\pi}^{k\pi}\right|$$

$$= \left| -\frac{1}{2}\{ e^{-k\pi}\cos k\pi - e^{-(k-1)\pi}\cos(k-1)\pi \} \right|$$

$$= \frac{e^{-(k-1)\pi}}{2} |e^{-\pi}\cos k\pi - \cos(k-1)\pi|$$

$$= \frac{e^{-(k-1)\pi}}{2}\ (e^{-\pi}+1)$$

$$S_{k+1} = \int_{k\pi}^{(k+1)\pi} |e^{-x}\sin x| dx = \left| -\frac{1}{2}\Big[e^{-x}(\sin x + \cos x)\Big]_{k\pi}^{(k+1)\pi}\ \right|$$

$$= \left| -\frac{1}{2}\{ e^{-(k+1)\pi}\cos(k+1)\pi - e^{-k\pi}\cos k\pi \} \right|$$

$$= \frac{e^{-k\pi}}{2}|e^{-\pi}\cos(k+1)\pi - \cos k\pi| = \frac{e^{-k\pi}}{2}\ (e^{-\pi}+1)$$

よって，$S_{k+1} = e^{-\pi}S_k$

また，$S_1 = \int_0^\pi e^{-x}\sin x dx = -\frac{1}{2}\Big[e^{-x}(\sin x + \cos x)\Big]_0^\pi$

$$= -\frac{1}{2}(-e^{-\pi}-1) = \frac{1}{2}(e^{-\pi}+1)$$

よって$\{S_k\}$は公比$e^{-\pi}$，初項$\frac{1}{2}(e^{-\pi}+1)$の等比数列である。

$\displaystyle\lim_{n\to\infty} S(n) = S_1 + S_2 + \cdots + S_n + \cdots$

　　$0 < e^{-\pi} < 1$であるから

$\displaystyle\lim_{n\to\infty} S(n) = \frac{1}{2}(e^{-\pi}+1) \cdot \frac{1}{1-e^{-\pi}}$

$$= \frac{(1+e^{-\pi})}{2(1-e^{-\pi})}$$

〈解説〉解答参照。

2019年度　実施問題

【中学校】

【1】中学校学習指導要領解説　数学編(平成20年9月　文部科学省)について，次の[問1]，[問2]に答えよ。

[問1]　中学校数学科の4領域をすべて書け。

[問2]　次のア～エの文は，「第2章　数学科の目標及び内容　第3節各学年の内容」における各学年の「内容の取扱い」の一部である。それぞれ第何学年の内容の取扱いに示されているか，書け。

> ア　誤差や近似値，$a \times 10^n$の形の表現を取り扱うものとする。
> イ　円周角の定理の逆を取り扱うものとする。
> ウ　正方形，ひし形，長方形が平行四辺形の特別な形であることを取り扱うものとする。
> エ　自然数を素因数に分解することを取り扱うものとする。

(☆☆☆◎◎◎)

【2】次の[問1]～[問9]に答えよ。(ただし，[問2]～[問9]については，答えのみでよい。)

[問1]　次の図の $\overset{\frown}{AB}$ はある円の一部である。この円の中心Oを作図するには，どのようにすればよいか，簡潔に書け。

[問2]　x, yは実数とする。次の[　　]にあてはまるものを，あとのア～エの中から1つ選び，その記号を書け。

　x, yの少なくとも一方が無理数であることは，2数の積xyが無理数であるための[　　]。

65

ア　必要条件であるが十分条件ではない

イ　十分条件であるが必要条件ではない

ウ　必要十分条件である

エ　必要条件でも十分条件でもない

[問3]　$0 \leqq \theta < 2\pi$ のとき，方程式 $2\sin^2\theta + 3\cos\theta - 3 = 0$ を解け。

[問4]　a を整数とする。不等式 $2|x-a| < x-1$ を満たす整数 x がちょうど3個あるとき，a の値を求めよ。

[問5]　P地点とQ地点は1本の道で結ばれている。AさんはP地点からQ地点へ，BさんはQ地点からP地点にそれぞれ一定の速さで向かう。AさんとBさんがそれぞれP地点，Q地点を同時に出発したとき，2人は1時間後にQ地点から6kmの地点で出会った。また，AさんがQ地点に到着してから1時間30分後に，BさんはP地点に到着した。P地点からQ地点までの道のりを求めよ。

[問6]　関数 $f(x) = ax^2 - 2ax + 2$ $(0 \leqq x \leqq 3)$ の最小値が -1 であるとき，定数 a の値を求めよ。

[問7]　点Pは，正三角形ABCのいずれかの頂点にあり，1秒後には点Pが止まっている頂点と異なる2つの頂点のいずれかに，等しい確率で移動するものとする。点Pが頂点Aを出発するとき，5秒後に点Pが頂点Aに止まる確率を求めよ。

[問8]　不等式 $(\log_{\frac{1}{2}} x)^2 - \log_{\frac{1}{2}} 4x^2 \leqq 10$ を解け。

[問9]　曲線 $C : y = |x^2 - 4|$ と直線 $l : y = x + 2$ について，次の(1)，(2)に答えよ。

(1)　C と l の交点の座標を求めよ。

(2)　C と l で囲まれた部分の面積を求めよ。

(☆☆◎◎◎)

【3】AD//BCの台形ABCDがあり，2辺AB，CDの中点をそれぞれM，Nとする。このとき，MN//BC，$MN = \dfrac{1}{2}(AD + BC)$ であることを証明せよ。

ただし，中学3年生がノートに書く手本となるように，証明の根拠となることがらを適切に記述すること。なお，中点連結定理について

は学習しているものとする。

(☆☆◎◎◎)

【4】1辺の長さがaの正四面体に球が内接している。正四面体の体積をV_1，球の体積をV_2とするとき，$V_1 : V_2$を求めよ。

(☆☆◎◎◎)

【5】すべての自然数nについて，次の不等式が成り立つことを証明せよ。
$$1+\frac{1}{2}+\frac{1}{3}+\cdots+\frac{1}{n}\geq\frac{2n}{n+1}$$

(☆☆◎◎◎)

【6】△ABCの内部に点Pを$3\overrightarrow{PA}+4\overrightarrow{PB}+5\overrightarrow{PC}=\overrightarrow{0}$を満たすようにとる。△ABPの面積を$S_1$，△ABCの面積を$S_2$とするとき，$\frac{S_1}{S_2}$の値を求めよ。

(☆☆◎◎◎)

【高等学校】

【1】次の[問1]～[問10]に答えよ。(答えのみでよい。)

[問1]　$x^4-3x^2y^2+y^4$を因数分解せよ。

[問2]　xは実数とする。命題「$-3\leq x\leq 2$ならば$k-6\leq x\leq k+1$」が真であるような定数kの値の範囲を求めよ。

[問3]　$\sqrt{6-\sqrt{49-\sqrt{192}}}$を簡単にせよ。

[問4]　立方体のそれぞれの面を，異なる6色をすべて使って塗り分ける方法は何通りあるか，求めよ。ただし，立方体を回転させて，一致する塗り方は同じとみなす。

[問5]　AB＝6，BC＝7，CA＝8の△ABCがある。辺ACの中点をMとするとき，線分BMの長さを求めよ。

[問6]　aを整数とする。不等式$2|x-a|<x-1$を満たす整数xがちょうど3個あるとき，aの値を求めよ。

[問7]　2^2，$\sqrt[4]{3^4}$，$2^{\sqrt{3}}$，$3^{\sqrt{2}}$の大小について，不等号を用いて表せ。

[問8]　$0 \leqq x \leqq \pi$ のとき，$y = \cos x + \sqrt{3} \sin x$の最小値を求めよ。また，そのときの$x$の値を求めよ。

[問9]　$f(x) = 3x - 2\displaystyle\int_0^1 f(t)dt$を満たす関数$f(x)$を求めよ。

[問10]　$a_1 = 1$，$a_{n+1} = \dfrac{2(n+1)}{n}a_n$ $(n = 1, 2, 3, \cdots)$で定められる数列$\{a_n\}$の一般項を求めよ。

(☆☆☆◎◎◎)

【2】 △ABCの3辺BC，CA，ABをそれぞれ$m : n$に内分する点をそれぞれL，M，Nとする。ALとCNの交点をP，ALとBMの交点をQ，BMとCNの交点をRとする。△ABCの面積をSとするとき，△PQRの面積をSを用いて表せ。ただし，$m > 0$，$n > 0$，$m \neq n$とする。

(☆☆◎◎◎)

【3】 関数$f(x) = 2x^2 + 4x + 3$ $(x \geqq -1)$の逆関数を$g(x)$とする。このとき，次の[問1]～[問3]に答えよ。

[問1]　関数$g(x)$の定義域を求めよ。

[問2]　関数$g(x)$を求めよ。

[問3]　曲線$y = g(x)$上の点と直線$y = 2x - 1$の距離の最小値を求めよ。また，その最小値を与える$y = g(x)$上の点Pの座標を求めよ。

(☆☆◎◎◎)

【4】 $\displaystyle\lim_{x \to 0} \dfrac{\sin x}{x} = 1$を証明せよ。

(☆☆◎◎◎)

【5】 直線$y = x$と曲線$y = x^2 - x$とで囲まれる図形を，直線$y = x$の周りに1回転してできる回転体の体積Vを求めよ。

(☆☆◎◎◎)

解答・解説

【中学校】

【1】[問1] 数と式，図形，関数，資料の活用　　[問2] ア　第1学年
イ　第3学年　　ウ　第2学年　　エ　第3学年
〈解説〉各学年の目標及び内容についても，学習指導要領だけではなく，
学習指導要領解説とあわせて整理し，理解・記憶しておくようにする
とよい。

【2】[問1]　$\overgroup{\mathrm{AB}}$ 上に点Pをとり，線分APの垂直二等分線と線分BPの垂
直二等分線の交点をOとすればよい。　　[問2]　ア

[問3]　$\theta=0,\ \dfrac{\pi}{3},\ \dfrac{5}{3}\pi$　　[問4]　$a=4$　　[問5]　18km

[問6]　$a=3,\ -1$　　[問7]　$\dfrac{5}{16}$　　[問8]　$\dfrac{1}{16}\leqq x\leqq 4$

[問9]　(1)　$(-2,\ 0),\ (1,\ 3),\ (3,\ 5)$　　(2)　$\dfrac{17}{2}$

〈解説〉[問1]　解答参照。　　[問2]　命題「$x,\ y$共に有理数ならば，xyも有
理数である。」が真だから，対偶命題「xyが無理数ならば，$x,\ y$の少な
くともどちらか一方は無理数である。」も真になる。よって，該当す
るのは必要条件だから，ア

[問3]　$\cos\theta=c$とする。

与式より，$2(1-c^2)+3c-3=0$

整理して，$(2c-1)(c-1)=0$

よって，$c=\cos\theta=1,\ \dfrac{1}{2}$

$0\leqq\theta<2\pi$ より，$\theta=0,\ \dfrac{\pi}{3},\ \dfrac{5}{3}\pi$

[問4]　題意より，$a\geqq 1$

与式の両辺を2乗して移項すると，

$4(x-a)^2-(x-1)^2=3x^2-2(4a-1)x+4a^2-1<0$

よって，$\dfrac{1}{3}(2a+1)<x<2a-1$

ここで，$t=\dfrac{1}{3}(2a+1)$とおくと，$a=\dfrac{1}{2}(3t-1)$

$a\geqq1$より，$t\geqq1$　$2a-1=3t-2$

すなわち，$t<x<3t-2$　…①

ここで横軸をt軸，縦軸をx軸として，$x=t$，$x=3t-2$のグラフを描くと，$t>3$は題意を満たさないことが分かる。

$t=3$のとき，①より，$3<x<7$

よって，$x=4$，5，6となり，題意を満たす。このとき，$a=4$　…②

$t<3$のとき，題意を満たすのはグラフから，$x=3$，4，5となる$\dfrac{7}{3}<t<\dfrac{8}{3}$のときで，このとき，$3<a<\dfrac{7}{2}$　…③

②，③を元の不等式に当てはめると，いずれの場合も整数となるxはちょうど3個ある。

よって，aの値は，$a=4$，$3<a<\dfrac{7}{2}$

aは整数だから，$a=4$

[問5]　求める距離をx〔km〕，Aさんの時速をa〔km〕とする。

題意より，$a=x-6>0$　すなわち，$x>6$

AさんがBさんと出会ってからQ地点に着く時間は，$\dfrac{6}{a}=\dfrac{6}{x-6}$〔時間〕

その間にBさんが進む道のりは，題意よりBさんの時速は6kmだから，

$6\times\dfrac{6}{x-6}=\dfrac{36}{x-6}$〔km〕

AさんがQ地点に到着してからBさんが進んだ道のりは，題意より，

$6\times1.5=9$〔km〕

よって，題意より，$x=6+\dfrac{36}{x-6}+9$

展開整理して因数分解すると，$(x-3)(x-18)=0$

$x>6$だから，$x=18$〔km〕

[問6]　$f(x)=a(x-1)^2-a+2$

題意より，$a=0$のとき，$f(x)=2\neq-1$

よって，$a\neq0$

最小値を$m\,(=-1)$とする。

$a>0$のとき，

$m=f(1)=-a+2=-1$より，$a=3$

これは，$a>0$を満たす。

$a<0$のとき，

$m=f(3)=3a+2=-1$より，$a=-1$

これは，$a<0$を満たす。

よって，$a=3,\ -1$

[問7]　1つの頂点から他の頂点への移動の仕方は左右の2通りだから，全部で2^5通りある。そのうち題意を満たすのは，左4回右1回の5通りと，左1回右4回の5通りだから，求める確率は，

$$\frac{5+5}{2^5}=\frac{5}{16}$$

[問8]　$X=\log_{\frac{1}{2}}x$ とおくと，与式より，

$X^2-2X-8=(X+2)(X-4)\leqq0$

よって，

$-2\leqq X=\log_{\frac{1}{2}}x\leqq4$だから，$\dfrac{1}{16}\leqq x\leqq4$

[問9]　(1)　$y=f(x)=|x^2-4|=|(x+2)(x-2)|$

$y=g(x)=x+2$とする。

$x<-2,\ x>2$のとき，$y=f(x)=(x+2)(x-2)$

よって，$f(x)=g(x)$の解は，

$(x+2)(x-3)=0$　$x\neq-2$より，$x=3$

$-2\leqq x\leqq2$のとき，$y=f(x)=-(x+2)(x-2)$

よって，$f(x)=g(x)$の解は，

$(x+2)(x-1)=0$より，$x=-2,\ 1$

以上より，交点の座標は，$(-2,\ 0),\ (1,\ 3),\ (3,\ 5)$

(2)　(1)より，$\displaystyle\int_{-2}^{1}\{(-x^2+4)-(x+2)\}\,dx=\dfrac{\{1-(-2)\}^3}{6}=\dfrac{9}{2}$　$\cdots$①

$$\int_{1}^{2}\{(x+2)-(-x^2+4)\}dx=\int_{1}^{2}(x^2+x-2)dx$$
$$=\frac{1}{3}\Big[x^3\Big]_{1}^{2}+\frac{1}{2}\Big[x^2\Big]_{1}^{2}-2\Big[x\Big]_{1}^{2}$$
$$=\frac{7}{3}+\frac{3}{2}-2\quad\cdots②$$

$$\int_2^3 \{(x+2)-(x^2-4)\}dx = \int_2^3 (-x^2+x+6)dx$$

$$= -\frac{1}{3}\Big[x^3\Big]_2^3 + \frac{1}{2}\Big[x^2\Big]_2^3 + 6\Big[x\Big]_2^3$$

$$= -\frac{19}{3} + \frac{5}{2} + 6 \quad \cdots ③$$

よって，求める面積Sは，①＋②＋③より，

$$S = -\frac{19}{3} + \frac{7}{3} + \frac{3}{2} + \frac{5}{2} + \frac{9}{2} + 6 - 2 = \frac{17}{2}$$

【3】AからNを通る直線をひき，BCの延長線との交点をEとする。

△ANDと△ENCで

仮定より，DN＝CN　…①

AD//BCよりAD//BEだから，∠ADN＝∠ECN　…②

対頂角は等しいので

∠AND＝∠ENC　…③

①，②，③より，1組の辺とその両端の角がそれぞれ等しいので，

△AND≡△ENC

したがって，AD＝EC　…④，AN＝EN　…⑤

△ABEにおいて，MはABの中点，⑤よりNはAEの中点だから

MN//BE　つまり　MN//BC

また，MN＝$\frac{1}{2}$BEだから，MN＝$\frac{1}{2}$(EC＋BC)　…⑥

④，⑥よりMN＝$\frac{1}{2}$(AD＋BC)

したがって，MN//BC，MN＝$\frac{1}{2}$(AD＋BC)

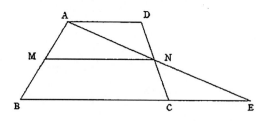

〈解説〉解答参照。

【4】正四面体の頂点をA，B，C，D，球の中心をOとする。

また，頂点Aから△BCDに垂線AHを下ろす。

△ABH，△ACH，△ADHはいずれも直角三角形で

AB＝AC＝AD，AHは共通より

△ABH≡△ACH≡△ADH

よってBH＝CH＝DH

ゆえに，Hは△BCDの外接円の中心である。

△BCDで正弦定理より

$2BH = \dfrac{a}{\sin 60^\circ}$　$BH = \dfrac{\sqrt{3}}{3}a$

AH⊥BHだから$AH = \sqrt{a^2 - \left(\dfrac{\sqrt{3}}{3}a\right)^2} = \dfrac{\sqrt{6}}{3}a$

また$\triangle BCD = \dfrac{1}{2}a^2 \sin 60^\circ = \dfrac{\sqrt{3}}{4}a^2$

正四面体の体積V_1は$V_1 = \dfrac{1}{3} \times \dfrac{\sqrt{3}}{4}a^2 \times \dfrac{\sqrt{6}}{3}a = \dfrac{\sqrt{2}}{12}a^3$　…①

球の半径をrとすると，正四面体の体積V_1は三角錐O－BCD 4個分であるから

$V_1 = \dfrac{1}{3} \times \dfrac{\sqrt{3}}{4}a^2 \times r \times 4 = \dfrac{\sqrt{3}}{3}a^2 r$　…②

①，②より$\dfrac{\sqrt{2}}{12}a^3 = \dfrac{\sqrt{3}}{3}a^2 r$

$$r = \dfrac{\sqrt{6}}{12}a$$

球の体積V_2は　$V_2 = \dfrac{4}{3}\pi \times \left(\dfrac{\sqrt{6}}{12}a\right)^3 = \dfrac{\sqrt{6}}{216}\pi a^3$

したがって

$V_1 : V_2 = \dfrac{\sqrt{2}}{12}a^3 : \dfrac{\sqrt{6}}{216}\pi a^3 = 18 : \sqrt{3}\,\pi$　　　答　$V_1 : V_2 = 18 : \sqrt{3}\,\pi$

〈解説〉解答参照。

【5】 すべての自然数 n について，$1+\dfrac{1}{2}+\dfrac{1}{3}+\cdots+\dfrac{1}{n}\geqq\dfrac{2n}{n+1}$ …① が成り立つことを，数学的帰納法で証明する。

(i) $n=1$ のとき，(左辺)－(右辺)$=1-\dfrac{2}{1+1}=1-1=0$

よって，$n=1$ のとき，①は成り立つ。

(ii) $k\geqq1$ として，$n=k$ のとき，①が成り立つと仮定すると，

$1+\dfrac{1}{2}+\dfrac{1}{3}+\cdots+\dfrac{1}{k}\geqq\dfrac{2k}{k+1}$ …②

$n=k+1$ のとき①の両辺の差を考えると，

$\left(1+\dfrac{1}{2}+\dfrac{1}{3}+\cdots+\dfrac{1}{k}+\dfrac{1}{k+1}\right)-\dfrac{2(k+1)}{k+2}$

$\geqq\dfrac{2k}{k+1}+\dfrac{1}{k+1}-\dfrac{2(k+1)}{k+2}$ （$\because$ ②より）

$=\dfrac{2k(k+2)+k+2-2(k+1)^2}{(k+1)(k+2)}$

$=\dfrac{k}{(k+1)(k+2)}>0$ （$\because$ $k\geqq1$）

すなわち，$1+\dfrac{1}{2}+\dfrac{1}{3}+\cdots+\dfrac{1}{k}+\dfrac{1}{k+1}>\dfrac{2(k+1)}{k+2}$

よって，$n=k+1$ のときも，①は成り立つ。

(i)，(ii)より，すべての自然数 n について，①は成り立つ

〈解説〉解答参照。

【6】 $3\overrightarrow{\mathrm{PA}}+4\overrightarrow{\mathrm{PB}}+5\overrightarrow{\mathrm{PC}}=\overrightarrow{0}$

$3(-\overrightarrow{\mathrm{AP}})+4(\overrightarrow{\mathrm{AB}}-\overrightarrow{\mathrm{AP}})+5(\overrightarrow{\mathrm{AC}}-\overrightarrow{\mathrm{AP}})=\overrightarrow{0}$

よって，$\overrightarrow{\mathrm{AP}}=\dfrac{4\overrightarrow{\mathrm{AB}}+5\overrightarrow{\mathrm{AC}}}{12}$

$=\dfrac{3}{4}\times\dfrac{4\overrightarrow{\mathrm{AB}}+5\overrightarrow{\mathrm{AC}}}{9}$

ここで，$\overrightarrow{\mathrm{AD}}=\dfrac{4\overrightarrow{\mathrm{AB}}+5\overrightarrow{\mathrm{AC}}}{9}$ とおくと，点Dは辺BCを5：4に内分する点である。

また，$\overrightarrow{AP}=\dfrac{3}{4}\overrightarrow{AD}$ より AP：AD＝3：4

したがって△ABP$=\dfrac{3}{4}$△ABD

$\qquad\qquad\quad=\dfrac{3}{4}\times\dfrac{5}{9}$△ABC

$\qquad\qquad\quad=\dfrac{5}{12}$△ABC

よって$\dfrac{S_1}{S_2}=\dfrac{5}{12}$

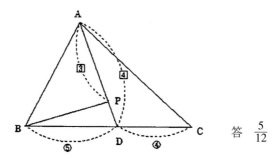

答　$\dfrac{5}{12}$

〈解説〉解答参照。

【高等学校】

【1】[問1]　$(x^2+xy-y^2)(x^2-xy-y^2)$　　　[問2]　$1\leqq k\leqq 3$

[問3]　$2-\sqrt{3}$　　　[問4]　30通り　　　[問5]　$BM=\dfrac{\sqrt{106}}{2}$

[問6]　$a=4$　　　[問7]　$2^{\sqrt{3}}<2^2<\sqrt[3]{3^4}<3^{\sqrt{2}}$　　　[問8]　$x=\pi$ のとき最小

値-1　　　[問9]　$f(x)=3x-1$　　　[問10]　$a_n=n\cdot 2^{n-1}$

〈解説〉[問1]　与式$=(x^2-y^2)^2-(xy)^2=(x^2+xy-y^2)(x^2-xy-y^2)$

[問2]　題意より，$k-6\leqq -3\leqq x\leqq 2\leqq k+1$

すなわち，$k-6\leqq -3$かつ $2\leqq k+1$

よって，$1\leqq k\leqq 3$

[問3]　与式$=\sqrt{(6-(2\sqrt{12}-1)}=\sqrt{7-2\sqrt{12}}=2-\sqrt{3}$

[問4]　円順列と同じように考えることができる。すなわち，ある1面を1色に決めると正反対の面の塗り方は5通りあり，その各々に対して

75

残り4面の塗り方は，$(6-2)!\div4=6$〔通り〕ある。よって，$5\times6=30$〔通り〕

[問5]　中線定理 $AB^2+BC^2=2(AM^2+BM^2)$ を用いて，題意より，

$2BM^2=53$　$BM>0$ より，$BM=\sqrt{\dfrac{53}{2}}=\dfrac{\sqrt{106}}{2}$

[問6]　題意より，$a\geqq1$

与式の両辺を2乗して移項すると，

$4(x-a)^2-(x-1)^2=3x^2-2(4a-1)x+4a^2-1<0$

よって，$\dfrac{1}{3}(2a+1)<x<2a-1$

ここで，$t=\dfrac{1}{3}(2a+1)$とおくと，$a=\dfrac{1}{2}(3t-1)$

$a\geqq1$より，$t\geqq1$　$2a-1=3t-2$

すなわち，$t<x<3t-2$　…①

ここで横軸をt軸，縦軸をx軸として，$x=t$，$x=3t-2$のグラフを描くと，$t>3$は題意を満たさないことが分かる。

$t=3$のとき，①より，$3<x<7$

よって，$x=4$，5，6となり，題意を満たす。

このとき，$a=4$　…②

$t<3$のとき，題意を満たすのはグラフから，$x=3$，4，5となる$\dfrac{7}{3}<t<\dfrac{8}{3}$のときで，このとき，$3<a<\dfrac{7}{2}$　…③

②，③を元の不等式に当てはめると，いずれの場合も整数となるxはちょうど3個ある。

よって，aの値は，$a=4$，$3<a<\dfrac{7}{2}$

aは整数だから，$a=4$

[問7]　$\log_{10}2^2=0.602$，$\dfrac{4}{3}\log_{10}3=\dfrac{4}{3}\times0.4771=0.6361$，

$\sqrt{3}\log_{10}2=1.732\times0.301=0.521332$，$\sqrt{2}\log_{10}3=1.414\times0.4771=0.6746194$

よって，$0.521332<0.602<0.6361<0.6746194$より，$2^{\sqrt{3}}<2^2<\sqrt[3]{3^4}<3^{\sqrt{2}}$

[問8]　与式を，$y=f(x)=2\sin\left(x+\dfrac{1}{6}\pi\right)$ とおくと題意より，$\dfrac{1}{6}\pi\leqq$

$$x+\frac{1}{6}\pi\leqq\frac{7}{6}\pi$$

よって最小値は，$f(\pi)=2\times\left(-\frac{1}{2}\right)=-1$

[問9]　$I=\int_0^1 f(t)dt$　…①　とおくと，$y=f(x)=3x-2I$　①に代入して，

$I=\int_0^1(3x-2I)dx=\left[\frac{3}{2}x^2-2Ix\right]_0^1=\frac{3}{2}-2I$　よって，$I=\frac{1}{2}$

ゆえに，$f(x)=3x-1$

[問10]　$b_n=\dfrac{a_n}{n}$とおくと，与式より，$b_{n+1}=2b_n$

よって，数列$\{b_n\}$は公比2の等比数列だから題意より，$b_n=2^{n-1}$

よって，$a_n=n\cdot 2^{n-1}$

【2】

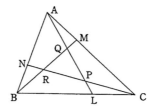

△ABLと直線CNにメネラウスの定理

$\dfrac{AN}{NB}\cdot\dfrac{BC}{CL}\cdot\dfrac{LP}{PA}=1$より

$\dfrac{m}{n}\cdot\dfrac{m+n}{n}\cdot\dfrac{LP}{PA}=1$

よって$\dfrac{PL}{PA}=\dfrac{n^2}{m(m+n)}$

これより，△CPAの面積をSで表すと

$\triangle CPA=\dfrac{n}{m+n}\cdot\dfrac{m(m+n)}{n^2+m^2+mn}S$

$\qquad\quad=\dfrac{mn}{m^2+mn+n^2}S$

　同様にして，△BCMと直線AL，△CANと直線BMから，それぞれ△AQB，△BRCの面積をSで表すと

$$\triangle AQB = \frac{mn}{m^2 + mn + n^2} S$$

$$\triangle BRC = \frac{mn}{m^2 + mn + n^2} S$$

したがって

$$\triangle PQR = S - \frac{3mn}{m^2 + mn + n^2} S = \frac{(m-n)^2}{m^2 + mn + n^2} S$$

〈解説〉解答参照。

【3】[問1]　$f(x) = 2x^2 + 4x + 3 = 2(x+1)^2 + 1$

したがって，$f(x) \geqq 1$

よって，関数$g(x)$の定義域は，$x \geqq 1$

[問2]　$y = 2(x+1)^2 + 1$ より $(x+1)^2 = \frac{1}{2} y - \frac{1}{2}$

$x + 1 \geqq 0$ より $x + 1 = \sqrt{\frac{1}{2}(y-1)}$

したがって，$x = \sqrt{\frac{1}{2}(y-1)} - 1$

よって，$g(x) = \sqrt{\frac{1}{2}(x-1)} - 1$

[問3]　点$P(x_1, y_1)$とすると，$x_1 \geqq 1$

点Pにおける曲線$y = g(x)$の接線の傾きが2となるので，$g'(x_1) = 2$

$g'(x) = \dfrac{1}{4\sqrt{\frac{1}{2}(x-1)}}$ から $\dfrac{1}{4\sqrt{\frac{1}{2}(x_1-1)}} = 2$

$\frac{1}{2}(x_1 - 1) = \frac{1}{64}$ より

$x_1 = \frac{33}{32},\ y_1 = -\frac{7}{8}$

よって，点Pは$\left(\dfrac{33}{32},\ -\dfrac{7}{8}\right)$

$\left(\dfrac{33}{32},\ -\dfrac{7}{8}\right)$と直線$y = 2x - 1$との距離は

$$\frac{\left|2 \times \frac{33}{32} - \left(-\frac{7}{8}\right) - 1\right|}{\sqrt{2^2 + (-1)^2}} = \frac{31}{16\sqrt{5}} = \frac{31\sqrt{5}}{80}$$

〈解説〉解答参照。

【4】 [1] $0<x<\dfrac{\pi}{2}$ のとき

次図のようにOA＝OB＝1である三角形，中心角がxである扇形OAB，
扇形OABの点Bにおける接線の直線OAとの交点をDとおく。

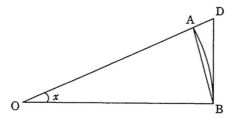

△OABの面積＜扇形OABの面積＜△ODBの面積となることから

$\dfrac{1}{2}\sin x<\dfrac{1}{2}x<\dfrac{1}{2}\tan x$

このことから，

$\sin x<x<\dfrac{\sin x}{\cos x}$

$\sin x>0$ より

$1<\dfrac{x}{\sin x}<\dfrac{1}{\cos x}$

$\cos x<\dfrac{\sin x}{x}<1$

$\lim\limits_{x\to+0}\cos x=1$ であることから，はさみうちの原理より

$\lim\limits_{x\to+0}\dfrac{\sin x}{x}=1$

[2] $-\dfrac{\pi}{2}<x<0$ のとき，

$x=-\theta$ とおくと $0<\theta<\dfrac{\pi}{2}$

$\lim\limits_{x\to-0}\dfrac{\sin x}{x}=\lim\limits_{\theta\to+0}\dfrac{\sin(-\theta)}{-\theta}=\lim\limits_{\theta\to+0}\dfrac{\sin\theta}{\theta}=1$

[1]，[2]より，

$\lim\limits_{x\to0}\dfrac{\sin x}{x}=1$

〈解説〉解答参照。

【5】 放物線上の点P(p, p^2-p)とおく。(ただし, $0 \leqq p \leqq 2$)

点Pから直線$y=x$に垂線PQを引き, PQ=h, OQ=t ($0 \leqq t \leqq 2\sqrt{2}$)とおく。

このとき

$$h = \frac{|p-(p^2-p)|}{\sqrt{2}} = \frac{2p-p^2}{\sqrt{2}}$$

$$t = \sqrt{2}\,p - h = \sqrt{2}\,p - \frac{2p-p^2}{\sqrt{2}} = \frac{p^2}{\sqrt{2}}$$

$$dt = \sqrt{2}\,p\,dp$$

t	0	→	$2\sqrt{2}$
p	0	→	2

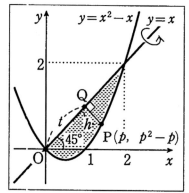

$$V = \pi \int_0^{2\sqrt{2}} h^2 dt = \pi \int_0^2 \frac{(2p-p^2)^2}{2} \cdot \sqrt{2}\,p\,dp$$

$$= \frac{\pi}{\sqrt{2}} \int_0^2 (4p^3 - 4p^4 + p^5)dp$$

$$= \frac{\pi}{\sqrt{2}} \cdot \frac{16}{15} = \frac{8\sqrt{2}}{15}\pi$$

〈解説〉解答参照。

2018年度　実施問題

【中学校】

【1】現行の中学校学習指導要領「数学」について，次の[問1]，[問2]に答えよ。

[問1]　次の文は，「第2　各学年の目標及び内容」から，「資料の活用」の一部を学年別に抜き出したものである。文中の(　①　)〜(　④　)にあてはまる語句を書け。

〔第1学年〕

　目的に応じて資料を収集し，コンピュータを用いたりするなどして表やグラフに整理し，(　①　)や資料の散らばりに着目してその資料の傾向を読み取ることができるようにする。

〔第2学年〕

　不確定な事象についての観察や(　②　)などの活動を通して，(　③　)について理解し，それを用いて考察し表現することができるようにする。

〔第3学年〕

　コンピュータを用いたりするなどして，母集団から(　④　)を取り出し，(　④　)の傾向を調べることで，母集団の傾向が読み取れることを理解できるようにする。

[問2]　現行の中学校学習指導要領「数学」には，次の①〜⑥の用語や記号を指導する学年が示されている。これらの用語や記号を初めて指導する学年を書け。

①　因数　　②　定義　　③　∽　　④　変域　　⑤　⊥

⑥　傾き

(☆☆◎◎◎◎)

【2】次の[問1]〜[問9]に答えよ。(答えのみでよい。)

[問1]　$4x^4 + y^4$を，実数の範囲で因数分解せよ。

[問2]　半径6cmの球に立方体が内接している。この立方体の1辺の長さを求めよ。

[問3]　$0 \leqq \theta < 2\pi$のとき，不等式 $-1 < \sqrt{3}\tan\theta < 3$を満たす$\theta$の範囲を求めよ。

[問4]　次の立体はすべての面が正三角形の六面体である。この立体が正六面体でない理由を，正多面体の定義を根拠に説明せよ。

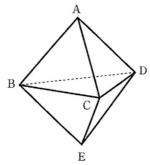

[問5]　12人の生徒を4人ずつ3組に分ける方法は，何通りあるか求めよ。

[問6]　不等式$x^2 + 7x + 10 < 0$を満たすすべてのxについて，不等式$x^2 - ax - 2a^2 > 0$が成り立つとき，定数aの値の範囲を求めよ。

[問7]　次の図のように，正方形ABCDの対角線BD上に点Eをとり，直線AEと辺CDの交点をF，直線AEと直線BCの交点をGとすると，DF＝CGとなった。このとき，図の中で，△DCGと面積の等しい三角形を，すべて求めよ。

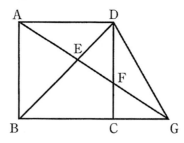

[問8]　0.4^{100}は，小数第何位に初めて0でない数字が現れるか求めよ。ただし，$\log_{10}2=0.3010$とする。

[問9]　2つの容器A，Bにそれぞれ4％と6％の食塩水が200gずつ入っている。それぞれの容器から食塩水を同時にxgずつ取り出し，それぞれ他方の容器に入れてよくかき混ぜる。さらにもう一度，同様の操作を行ったところ，Aの食塩水の濃度が4.75％になった。このとき，xの値を求めよ。

(☆☆☆◎◎◎◎)

【3】次の図のように，円Oの円周上に，3点A，B，Pをとる。このとき，

$$\angle APB = \frac{1}{2}\angle AOB$$

を証明せよ。ただし，中学校3年生がノートに書く手本となるように，証明の根拠となることがらを適切に記述すること。

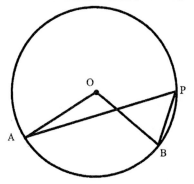

(☆☆◎◎◎)

【4】$2^x=5$を満たすxは無理数であることを証明せよ。

(☆☆☆◎◎◎)

【5】次の条件によって定められる数列$\{a_n\}$の一般項を求めよ。

$a_1=1$，$a_2=3$，$a_{n+2}+a_{n+1}-6a_n=0$

(☆☆☆◎◎◎)

【6】 $(x+5)^{70}$ を展開したとき，xの何乗の係数が最大になるか求めよ。

(☆☆☆☆◎◎◎)

【高等学校】

【1】 次の[問1]〜[問10]に答えよ。(答えのみでよい。)

[問1] 3^{1000} を13で割った余りを求めよ。

[問2] 5個の値10，11，15，17，aからなるデータの平均値が$a+1$と等しいとき，このデータの分散を求めよ。

[問3] $\dfrac{1}{1+\sqrt{2}+\sqrt{3}}+\dfrac{\sqrt{2-\sqrt{3}}}{2}$ を計算せよ。

[問4] 三角形ABCにおいて，辺ABを1：3に内分する点をP，辺BCを1：2に内分する点をQ，辺CAの中点をRとするとき，三角形ABCと三角形PQRの面積の比を最も簡単な整数で表せ。

[問5] $(x^2+2x-2)^6$ の展開式における，x^7 の項の係数を求めよ。

[問6] $\dfrac{1}{1\cdot3}+\dfrac{1}{2\cdot4}+\cdots\cdots+\dfrac{1}{n(n+2)}$ を求めよ。ただし，nは自然数とする。

[問7] $0\leqq x\leqq\pi$ のとき，不等式 $\sqrt{3}\sin x-\cos x<\sqrt{3}$ を解け。

[問8] 方程式 $\left(\log_2\sqrt{x}+\log_2 x^2+\log_2\dfrac{1}{x}\right)^2=9$ を解け。

[問9] 極限 $\displaystyle\lim_{x\to-\infty}(\sqrt{x^2+3x}+x)$ を求めよ。

[問10] $0\leqq x\leqq2\pi$ の範囲において，2つの曲線$y=\sin x$，$y=\cos x$で囲まれた部分の面積を求めよ。

(☆☆☆◎◎◎◎)

【2】 平面上で，線分ABを1：3に内分する点をO，線分ABを1：5に外分する点をCとする。直線AB上にない点Pを $\overrightarrow{PO}\perp\overrightarrow{PC}$ となるようにとる。$\overrightarrow{PA}=\overrightarrow{a}$，$\overrightarrow{PB}=\overrightarrow{b}$ とするとき，次の[問1]〜[問3]に答えよ。

[問1] $\overrightarrow{PO}$，$\overrightarrow{PC}$ を $\overrightarrow{a}$，$\overrightarrow{b}$ を用いて表せ。

[問2] $\overrightarrow{a}$ と $\overrightarrow{b}$ の内積 $\overrightarrow{a}\cdot\overrightarrow{b}$ を$|\overrightarrow{a}|$，$|\overrightarrow{b}|$を用いて表せ。

[問3]　PA＝1，三角形PABの面積が2のとき，PBの長さを求めよ。

(☆☆☆◎◎◎)

【3】n個のさいころを同時に投げ，出た目の最大値をX_nとする。このとき，次の[問1]〜[問3]に答えよ。ただし，使用するさいころの1から6までの目の出方は同様に確からしいものとする。

[問1]　X_nがk以下である確率をP_kとするとき，P_3, P_kをそれぞれ求めよ。ただし，$k＝1$, 2, 3, 4, 5, 6とする。

[問2]　$n＝2$のときのX_2の期待値を求めよ。

[問3]　X_nがkである確率Q_kを求めよ。また，$n＝3$のときX_3の期待値を求めよ。ただし，$k＝1$, 2, 3, 4, 5, 6とする。

(☆☆☆◎◎◎)

【4】xy平面において，点(x_0, y_0)と直線$ax＋by＋c＝0$の距離dは

$$d＝\frac{|ax_0＋by_0＋c|}{\sqrt{a^2＋b^2}}$$

で表されることを証明せよ。

(☆☆◎◎◎)

【5】定積分$\displaystyle\int_0^1 \frac{2x－1}{x^2＋x＋1}dx$を計算せよ。

(☆☆☆☆◎◎◎)

解答・解説

【中学校】

【1】[問1]　①　代表値　　②　実験　　③　確率　　④　標本

[問2]　①　第3学年　　②　第2学年　　③　第3学年　　④　第1学年
⑤　第1学年　　⑥　第2学年

〈解説〉問1　各学年が目標とすることがらや学習内容などを正確に理解
し，それと同時に，学習指導要領の文言も確実に覚えておきたい。ま
た，学習指導要領解説もセットにして理解を深めておくとよい。

問2　学習指導要領「数学」の用語と記号について，各学年の用語・
記号をしっかりと覚え，理解しておくこと。

【2】[問1]　$(2x^2+2xy+y^2)(2x^2-2xy+y^2)$　　　[問2]　$4\sqrt{3}$ cm

[問3]　$0\leqq\theta<\dfrac{\pi}{3}$，$\dfrac{5}{6}\pi<\theta<\dfrac{4}{3}\pi$，$\dfrac{11}{6}\pi<\theta<2\pi$

[問4]　正多面体は1つの頂点に集まる面の数が等しい立体であるが，
頂点Aに集まる面の数は3つ，頂点Cに集まる面の数は4つとなり，等し
くないから。　　　[問5]　5775通り　　　[問6]　$-1\leqq a\leqq 2$

[問7]　△ADF，△DEG，△ABE　　　[問8]　小数第40位

[問9]　$x=50$，150

〈解説〉[問1]　$4x^4+y^4=4x^4+4x^2y^2+y^4-4x^2y^2$
$$=(2x^2+y^2)^2-(2xy)^2$$
$$=(2x^2+2xy+y^2)(2x^2-2xy+y^2)$$

[問2]　立方体の1辺をx〔cm〕とすれば，

$x^2+(\sqrt{2}\,x)^2=12^2$　　　$x^2=48$　　　$x=\sqrt{48}=4\sqrt{3}$〔cm〕

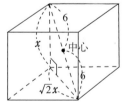

[問3]　$-\dfrac{1}{\sqrt{3}}<\tan\theta<\sqrt{3}$ から，次の図のようになり，

$0\leqq\theta<\dfrac{\pi}{3}$, $\dfrac{5}{6}\pi<\theta<\dfrac{4}{3}\pi$, $\dfrac{11}{6}\pi<\theta<2\pi$

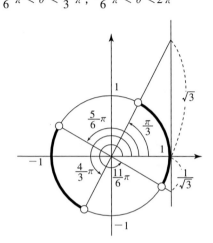

[問4]　次の2つの条件を満たす凸多面体を正多面体という。

[1]　どの面もすべて合同な正多角形である。

[2]　どの頂点にも面が同じ数だけ集まっている。

この問題の立体では，[2]に反していることになる。

なお，正多面体は，正四面体，正六面体(立方体)，正八面体，正十二面体，正二十面体の5種類である。

[問5]　4人ずつを選んで，組の区別はないから，

$_{12}C_4\times{}_8C_4\times{}_4C_4\times\dfrac{1}{3!}=5775$〔通り〕

[問6]　$(x+5)(x+2)<0$ より，$-5<x<-2$　…①

$x^2-ax-2a^2>0$, $(x+a)(x-2a)>0$

よって，$a>0$ のとき，$x<-a$, $x>2a$　…②

したがって，①⊂②となるためには，$-2\leqq-a$, $a\leqq2$

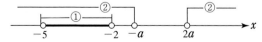

87

すなわち，$0 < a \leqq 2$

$a \leqq 0$のとき，$x < 2a,\ x > -a$　…③

したがって，①⊂③となるためには，$2a \geqq -2,\ a \geqq -1$

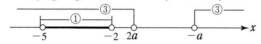

すなわち，$-1 \leqq a \leqq 0$

以上より，$-1 \leqq a \leqq 2$

[問7]　図のように，正方形の1辺の長さを2，DF＝CG＝aとして，座標軸を定めると，A(0, 2)，B(0, 0)，C(2, 0)，D(2, 2)，F(2, 2−a)，G(2＋a, 0)となる。

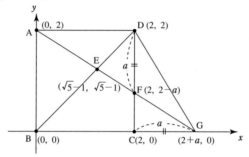

A，F，Gは一直線上にあるから，

$$\frac{2-a-2}{2-0} = \frac{0-2}{2+a-0}$$

$a^2 + 2a - 4 = 0$　　$a = -1 \pm \sqrt{5}$

$a > 0$より，$a = \sqrt{5} - 1$

直線AG：$y = \dfrac{-2}{\sqrt{5}+1}x + 2$

点Eは，$y = \dfrac{-2}{\sqrt{5}+1}x + 2$と$y = x$の交点より，

$x = y = \sqrt{5} - 1$　　∴　E($\sqrt{5}-1,\ \sqrt{5}-1$)

よって，

$$\triangle ABE = \frac{1}{2} \cdot AB \cdot (点Eの x座標 \sqrt{5}-1)$$

$$= \frac{1}{2} \cdot 2 \cdot (\sqrt{5}-1) = \sqrt{5}-1$$

また，

△DEG＝△BDG－△BEG，△ABE＝△BAG－△BEG，△BDG＝△BAG

だから，△DEG＝△ABE

一方，△ADF＝△DCG＝$\sqrt{5}-1$

ゆえに，△DCGと面積が等しい三角形は，△ADF，△DEG，△ABEである。

[問8] $X=0.4^{100}$とおいて，

$\log_{10}X=\log_{10}0.4^{100}=100\log_{10}\dfrac{4}{10}=100(\log_{10}4-\log_{10}10)$

$\qquad =100(2\log_{10}2-1)=100(0.6020-1)=-39.8$

よって，$10^{-40}<X<10^{-39}$であるから，

Xは小数第40位にはじめて0でない数が現れる。

[問9] 最初Aの中には，食塩が

$200\times\dfrac{4}{100}=8$〔g〕

ある。x〔g〕の食塩水を取り出したときに含まれる食塩の量は

$x\times\dfrac{4}{100}$〔g〕 …①

最初Bの中には，食塩が

$200\times\dfrac{6}{100}=12$〔g〕

ある。x〔g〕の食塩水を取り出したときに含まれる食塩の量は

$x\times\dfrac{6}{100}$〔g〕 …②

Aに②を含む食塩水を加えたとき，Aの中の食塩の量は

$8-\dfrac{4}{100}x+\dfrac{6}{100}x=8+\dfrac{1}{50}x$〔g〕 …③

したがって，Aの食塩水の濃度は

$\left(8+\dfrac{1}{50}x\right)\times\dfrac{1}{200}\times100=\dfrac{400+x}{100}$〔％〕 …④

Bに①を含む食塩水を加えたとき，Bの中の食塩の量は

$12-\dfrac{6}{100}x+\dfrac{4}{100}x=12-\dfrac{1}{50}x$〔g〕

したがって，Bの食塩水の濃度は

$\left(12-\dfrac{1}{50}x\right)\times\dfrac{1}{200}\times100=\dfrac{600-x}{100}$〔％〕 …⑤

さらにもう一度，同様の操作を行って，Aの中にある濃度④の食塩水からx〔g〕を取り出したときに含まれる食塩の量は

$$x \times \frac{400+x}{100} \times \frac{1}{100} \text{〔g〕} \quad \cdots ⑥$$

Bの中にある濃度⑤の食塩水からx〔g〕を取り出したときに含まれる食塩の量は

$$x \times \frac{600-x}{100} \times \frac{1}{100} \text{〔g〕} \quad \cdots ⑦$$

よって，2度目の操作を終えたときのAの中にある食塩水の濃度は，③，⑥，⑦より，

$$\left\{ 8 + \frac{1}{50}x - \left(x \times \frac{400+x}{100} \times \frac{1}{100} \right) + \left(x \times \frac{600-x}{100} \times \frac{1}{100} \right) \right\} \times \frac{1}{200} \times 100 = 4.75$$

$$8 + \frac{1}{50}x - \frac{x}{10000}\{400+x-(600-x)\} = 9.5$$

$$\frac{1}{50}x - \frac{x}{10000}(2x-200) = 1.5$$

$$200x - 2x^2 + 200x = 15000$$

$$x^2 - 200x + 7500 = 0$$

$$(x-50)(x-150) = 0$$

ゆえに，$x = 50, \ 150$

【3】[証明]

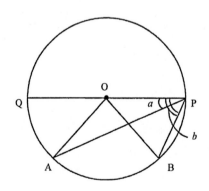

半直線POと円Oとの交点をQとする。

∠QPA＝a，∠QPB＝bとすると

△OAPで，OP＝OAより ∠OPA＝∠OAP＝a

三角形の1つの外角は，その隣にない2つの内角の和に等しいから，

∠QOA＝2aとなる。

また，△OBPで，OP＝OBより ∠OPB＝∠OBP＝b

よって∠QOB＝2b

∠APB＝∠QPB－∠QPA＝$b-a$ …①

∠AOB＝∠QOB－∠QOA＝2b－2a＝2($b-a$) …②

①，②より ∠APB＝$\dfrac{1}{2}$∠AOB

〈解説〉円周角の定理を3つに場合分けして証明するなかの1つである。

　　　　他の2つの場合についても，証明しておこう。

【4】[証明]

　　　2^x＝5を満たす有理数xが存在すると仮定すると

　　　$2^{\frac{m}{n}}$＝5となる自然数m，nが存在する。ただし，m，nは互いに素

　　　$2^{\frac{m}{n}}$＝5の両辺をn乗すると2^m＝5^n

　　　2^mは偶数であるが，5^nは奇数となり矛盾する。

　　　したがって，2^x＝5を満たすxは無理数である。

〈解説〉背理法はよく使われる証明方法なので，しっかり理解しておくこと。

【5】$a_{n+2}+a_{n+1}-6a_n=0$ …①

　　　①より

　　　$a_{n+2}-2a_{n+1}=-3(a_{n+1}-2a_n)$

　　　$a_2-2a_1=1$より

　　　$a_{n+1}-2a_n=(-3)^{n-1}$ …②

　　　また，①より

　　　$a_{n+2}+3a_{n+1}=2(a_{n+1}+3a_n)$

　　　$a_2+3a_1=6$より

$a_{n+1}+3a_n=6\cdot2^{n-1}=3\cdot2^n\cdots③$

③−②より　$5a_n=3\cdot2^n-(-3)^{n-1}$

$a_n=\dfrac{3\cdot2^n-(-3)^{n-1}}{5}$

〈解説〉3項間漸化式$a_{n+2}+pa_{n+1}+qa_n=0$については，

特性方程式$t^2+pt+q=0$が異なる解α，βをもてば，

$a_{n+2}-\beta a_{n+1}=\alpha(a_{n+1}-\beta a_n)$

$a_{n+2}-\alpha a_{n+1}=\beta(a_{n+1}-\alpha a_n)$

と変形ができ，数列$\{a_{n+1}-\beta a_n\}$，$\{a_{n+1}-\alpha a_n\}$が等比数列になることから求めることができる。

【6】$(x+5)^{70}$の展開式の一般項は，${}_{70}C_k5^{70-k}\cdot x^k$　$(0\le k\le70，k$は整数$)$

x^kの項の係数をa_kとすると$a_k={}_{70}C_k\cdot5^{70-k}$

このとき，$0\le k\le69$の任意の整数kに対して

$\dfrac{a_{k+1}}{a_k}=\dfrac{{}_{70}C_{k+1}\cdot5^{69-k}}{{}_{70}C_k\cdot5^{70-k}}$

$=\dfrac{1}{5}\times\dfrac{70!}{(69-k)!(k+1)!}\times\dfrac{(70-k)!k!}{70!}$

$=\dfrac{70-k}{5(k+1)}$

(1) $\dfrac{70-k}{5(k+1)}<1$とすると$70-k<5(k+1)$を解いて$10.8\cdots<k$

よって　$11\le k\le69$のとき$a_k>a_{k+1}$

(2) $\dfrac{70-k}{5(k+1)}>1$とすると$70-k>5(k+1)$を解いて$10.8\cdots>k$

よって　$0\le k\le10$のとき$a_k<a_{k+1}$

(1)，(2)より$a_0<a_1<\cdots<a_{10}<a_{11}>a_{12}>\cdots>a_{70}$

したがって，a_{11}が最大，すなわちx^{11}の係数が最大となる。

〈解説〉$(x+5)^{70}$の展開式の一般項${}_{70}C_k5^{70-k}\cdot x^k$ $(0\le k\le70，k$は整数$)$について，x^kの係数${}_{70}C_k\cdot5^{70-k}$の最大値を求めればよいのである。

それには，$a_k={}_{70}C_k\cdot5^{70-k}$とおいて，$\dfrac{a_{k+1}}{a_k}<1$，$\dfrac{a_{k+1}}{a_k}>1$について調べていけばよい。

【高等学校】

【1】[問1] 3　　[問2] 6.8　　[問3] $\dfrac{1}{2}$

[問4] △ABC：△PQR＝24：7　　[問5] －288

[問6] $\dfrac{n(3n+5)}{4(n+1)(n+2)}$　　[問7] $0\leqq x<\dfrac{\pi}{2},\ \dfrac{5}{6}\pi<x\leqq\pi$

[問8] $x=\dfrac{1}{4},\ 4$　　[問9] $-\dfrac{3}{2}$　　[問10] $2\sqrt{2}$

〈解説〉[問1]　$3^1\equiv3\ (\mathrm{mod}\ 13),\ 3^3\equiv27\equiv1\ (\mathrm{mod}\ 13)$

$3^{1000}\equiv(3^3)^{333}\cdot3\equiv1^{333}\cdot3\equiv3(\ \mathrm{mod}\ 13)$

ゆえに，3^{1000}を13で割った余りは3である。

[問2]　$\dfrac{10+11+15+17+a}{5}=a+1$ より，$a=12$

ゆえに，分散は

$\dfrac{1}{5}(10^2+11^2+15^2+17^2+12^2)-(13)^2=\dfrac{34}{5}=6.8$

[問3]　$\dfrac{1}{1+\sqrt{2}+\sqrt{3}}=\dfrac{1+\sqrt{2}-\sqrt{3}}{(1+\sqrt{2}+\sqrt{3})(1+\sqrt{2}-\sqrt{3})}$

$=\dfrac{1+\sqrt{2}-\sqrt{3}}{(1+\sqrt{2})^2-(\sqrt{3})^2}=\dfrac{1+\sqrt{2}-\sqrt{3}}{2\sqrt{2}}$

$=\dfrac{\sqrt{2}+2-\sqrt{6}}{4}$

$\sqrt{2-\sqrt{3}}=\sqrt{\dfrac{4-2\sqrt{3}}{2}}=\sqrt{\dfrac{(\sqrt{3}-\sqrt{1})^2}{2}}=\dfrac{\sqrt{3}-1}{\sqrt{2}}=\dfrac{\sqrt{6}-\sqrt{2}}{2}$

ゆえに，与式$=\dfrac{\sqrt{2}+2-\sqrt{6}}{4}+\dfrac{\dfrac{\sqrt{6}-\sqrt{2}}{2}}{2}=\dfrac{1}{2}$

[問4]　BC＝a，CA＝b，AB＝c，△ABC＝S，△APR＝S_1，△BPQ＝S_2，△CQR＝S_3とすると，

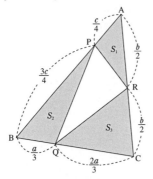

$S=\dfrac{1}{2}\cdot b\cdot c\cdot \sin A=\dfrac{bc\sin A}{2}$，　$S_1=\dfrac{1}{2}\cdot \dfrac{b}{2}\cdot \dfrac{c}{4}\cdot \sin A=\dfrac{bc\sin A}{16}$

よって，$S_1=\dfrac{S}{8}$

同様にして，

$S=\dfrac{1}{2}\cdot c\cdot a\cdot \sin B=\dfrac{ca\sin B}{2}$，　$S_2=\dfrac{1}{2}\cdot \dfrac{3c}{4}\cdot \dfrac{a}{3}\cdot \sin B=\dfrac{ca\sin B}{8}$

よって，$S_2=\dfrac{S}{4}$

$S=\dfrac{1}{2}\cdot a\cdot b\cdot \sin C=\dfrac{ab\sin C}{2}$，　$S_3=\dfrac{1}{2}\cdot \dfrac{2a}{3}\cdot \dfrac{b}{2}\cdot \sin C=\dfrac{ab\sin C}{6}$

よって，$S_3=\dfrac{S}{3}$

△PQR＝△ABC－（△APR＋△BPQ＋△CQR）

$$=S-\left(\dfrac{S}{8}+\dfrac{S}{4}+\dfrac{S}{3}\right)=S-\dfrac{17}{24}S=\dfrac{7}{24}S$$

ゆえに，△ABC：△PQR＝$S:\dfrac{7}{24}S=24:7$

[問5]　$\{x^2+(2x-2)\}^6$の展開式で一般項は

$_6C_r(x^2)^{6-r}(2x-2)^r=_6C_r\,x^{12-2r}\cdot 2^r\cdot (x-1)^r$

さらに，$(x-1)^r$について，一般項は，$_rC_s\,x^{r-s}(-1)^s$

よって，$_6C_r\,x^{12-2r}\cdot 2^r\cdot _rC_s\,x^{r-s}(-1)^s=_6C_r\cdot _rC_s\cdot 2^r\cdot (-1)^s\cdot x^{12-r-s}$

x^7の係数であるから，$12-r-s=7$，$r+s=5$

$r \geqq s$より，$(r, s)=(5, 0), (4, 1), (3, 2)$

ゆえに，係数は

$_6C_5 \cdot {}_5C_0 \cdot 2^5 \cdot (-1)^0 + {}_6C_4 \cdot {}_4C_1 \cdot 2^4 \cdot (-1)^1 + {}_6C_3 \cdot {}_3C_2 \cdot 2^3 \cdot (-1)^2$

$=192-960+480=-288$

(別解)　$(x^2+2x-2)^6$の展開式の一般項は

$$\frac{6!}{p!q!r!}(x^2)^p(2x)^q(-2)^r = \frac{6!}{p!q!r!}2^q(-2)^r x^{2p+q}, \quad ただし，p+q+r=6$$

x^7の係数であるから，$2p+q=7$

これより，$(p, q, r)=(1, 5, 0), (2, 3, 1), (3, 1, 2)$

ゆえに，係数は

$$\frac{6!}{1!5!0!} \cdot 2^5 \cdot (-2)^0 + \frac{6!}{2!3!1!} \cdot 2^3 \cdot (-2)^1 + \frac{6!}{3!1!2!} \cdot 2^1 \cdot (-2)^2$$

$=192-960+480=-288$

[問6]　$\dfrac{1}{k(k+2)}=\dfrac{1}{2}\left(\dfrac{1}{k}-\dfrac{1}{k+2}\right)$であるから，

$$\frac{1}{1 \cdot 3}+\frac{1}{2 \cdot 4}+\frac{1}{3 \cdot 5}+\cdots+\frac{1}{(n-2)n}+\frac{1}{(n-1)(n+1)}+\frac{1}{n(n+2)}$$

$$=\frac{1}{2}\left(\frac{1}{1}-\frac{1}{3}\right)+\frac{1}{2}\left(\frac{1}{2}-\frac{1}{4}\right)+\frac{1}{2}\left(\frac{1}{3}-\frac{1}{5}\right)+\cdots$$

$$+\frac{1}{2}\left(\frac{1}{n-2}-\frac{1}{n}\right)+\frac{1}{2}\left(\frac{1}{n-1}-\frac{1}{n+1}\right)+\frac{1}{2}\left(\frac{1}{n}-\frac{1}{n+2}\right)$$

$$=\frac{1}{2} \cdot \frac{1}{1}+\frac{1}{2} \cdot \frac{1}{2}-\frac{1}{2} \cdot \frac{1}{n+1}-\frac{1}{2} \cdot \frac{1}{n+2}$$

$$=\frac{3(n+1)(n+2)-2(n+2)-2(n+1)}{4(n+1)(n+2)}$$

$$=\frac{n(3n+5)}{4(n+1)(n+2)}$$

[問7]　$\sqrt{3}\sin x-\cos x=2\sin\left(x-\dfrac{\pi}{6}\right)$

よって，$2\sin\left(x-\dfrac{\pi}{6}\right)<\sqrt{3}$　　　$\sin\left(x-\dfrac{\pi}{6}\right)<\dfrac{\sqrt{3}}{2}$

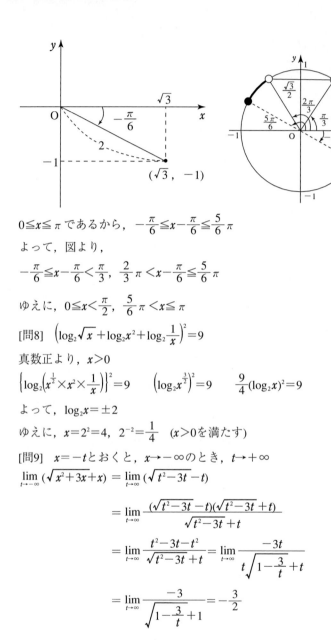

$0 \leqq x \leqq \pi$ であるから, $-\dfrac{\pi}{6} \leqq x - \dfrac{\pi}{6} \leqq \dfrac{5}{6}\pi$

よって, 図より,

$-\dfrac{\pi}{6} \leqq x - \dfrac{\pi}{6} < \dfrac{\pi}{3}, \quad \dfrac{2}{3}\pi < x - \dfrac{\pi}{6} \leqq \dfrac{5}{6}\pi$

ゆえに, $0 \leqq x < \dfrac{\pi}{2}, \quad \dfrac{5}{6}\pi < x \leqq \pi$

[問8] $\left(\log_2 \sqrt{x} + \log_2 x^2 + \log_2 \dfrac{1}{x}\right)^2 = 9$

真数正より, $x > 0$

$\left\{\log_2\left(x^{\frac{1}{2}} \times x^2 \times \dfrac{1}{x}\right)\right\}^2 = 9 \qquad \left(\log_2 x^{\frac{3}{2}}\right)^2 = 9 \qquad \dfrac{9}{4}(\log_2 x)^2 = 9$

よって, $\log_2 x = \pm 2$

ゆえに, $x = 2^2 = 4, \quad 2^{-2} = \dfrac{1}{4} \quad (x > 0$を満たす$)$

[問9] $x = -t$ とおくと, $x \to -\infty$ のとき, $t \to +\infty$

$\displaystyle \lim_{t \to -\infty}(\sqrt{x^2 + 3x} + x) = \lim_{t \to \infty}(\sqrt{t^2 - 3t} - t)$

$\displaystyle \qquad\qquad = \lim_{t \to \infty}\dfrac{(\sqrt{t^2 - 3t} - t)(\sqrt{t^2 - 3t} + t)}{\sqrt{t^2 - 3t} + t}$

$\displaystyle \qquad\qquad = \lim_{t \to \infty}\dfrac{t^2 - 3t - t^2}{\sqrt{t^2 - 3t} + t} = \lim_{t \to \infty}\dfrac{-3t}{t\sqrt{1 - \dfrac{3}{t}} + t}$

$\displaystyle \qquad\qquad = \lim_{t \to \infty}\dfrac{-3}{\sqrt{1 - \dfrac{3}{t}} + 1} = -\dfrac{3}{2}$

[問10] 図より，求める面積をSとすると，

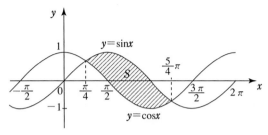

$$S=\int_{\frac{\pi}{4}}^{\frac{5\pi}{4}}(\sin x-\cos x)dx=\left[-\cos x-\sin x\right]_{\frac{\pi}{4}}^{\frac{5\pi}{4}}$$
$$=-\cos\frac{5\pi}{4}-\sin\frac{5\pi}{4}+\cos\frac{\pi}{4}+\sin\frac{\pi}{4}=2\sqrt{2}$$

【2】 [問1]　$\overrightarrow{PO}=\dfrac{3}{4}\overrightarrow{a}+\dfrac{1}{4}\overrightarrow{b}$ ，　$\overrightarrow{PC}=\dfrac{5}{4}\overrightarrow{a}-\dfrac{1}{4}\overrightarrow{b}$

[問2]　$\overrightarrow{PO}\perp\overrightarrow{PC}$ より $\overrightarrow{PO}\cdot\overrightarrow{PC}=0$

$$\left(\frac{3}{4}\overrightarrow{a}+\frac{1}{4}\overrightarrow{b}\right)\cdot\left(\frac{5}{4}\overrightarrow{a}-\frac{1}{4}\overrightarrow{b}\right)=0$$

$$15|\overrightarrow{a}|^2+2\overrightarrow{a}\cdot\overrightarrow{b}-|\overrightarrow{b}|^2=0$$

よって，　$\overrightarrow{a}\cdot\overrightarrow{b}=-\dfrac{15|\overrightarrow{a}|^2}{2}+\dfrac{|\overrightarrow{b}|^2}{2}$

[問3]　$\dfrac{1}{2}\sqrt{|\overrightarrow{a}|^2|\overrightarrow{b}|^2-(\overrightarrow{a}\cdot\overrightarrow{b})^2}=2$ と $|\overrightarrow{a}|=1$，[問2]より

$$|\overrightarrow{b}|^4-34|\overrightarrow{b}|^2+289=0$$

$$(|\overrightarrow{b}|^2-17)^2=0 \qquad |\overrightarrow{b}|^2=17$$

$|\overrightarrow{b}|\geqq0$ より $|\overrightarrow{b}|=\sqrt{17}$

よって，PB$=\sqrt{17}$

〈解説〉[問1]　$\overrightarrow{PO} = \dfrac{3 \cdot \overrightarrow{a} + 1 \cdot \overrightarrow{b}}{1+3} = \dfrac{3}{4}\overrightarrow{a} + \dfrac{1}{4}\overrightarrow{b}$

$\overrightarrow{PC} = \dfrac{-5 \cdot \overrightarrow{a} + 1 \cdot \overrightarrow{b}}{1-5} = \dfrac{5}{4}\overrightarrow{a} - \dfrac{1}{4}\overrightarrow{b}$

[問2]　解答参照。

[問3]　△PABの面積が2より，$\dfrac{1}{2}\sqrt{|\overrightarrow{a}|^2|\overrightarrow{b}|^2 - (\overrightarrow{a} \cdot \overrightarrow{b})^2} = 2$

よって，$|\overrightarrow{a}|^2|\overrightarrow{b}|^2 - (\overrightarrow{a} \cdot \overrightarrow{b})^2 = 16$ となる。

【3】[問1]　最大値X_nが3以下である確率は$P_3 = \left(\dfrac{3}{6}\right)^n = \left(\dfrac{1}{2}\right)^n$

また，X_nがk以下である確率は$P_k = \left(\dfrac{k}{6}\right)^n$

[問2]　X_2 $(k=1, 2, 3, 4, 5, 6)$は次の表になるから

k	1	2	3	4	5	6
1	1	2	3	4	5	6
2	2	2	3	4	5	6
3	3	3	3	4	5	6
4	4	4	4	4	5	6
5	5	5	5	5	5	6
6	6	6	6	6	6	6

X_2の期待値は

$1 \times \dfrac{1}{36} + 2 \times \dfrac{3}{36} + 3 \times \dfrac{5}{36} + 4 \times \dfrac{7}{36} + 5 \times \dfrac{9}{36} + 6 \times \dfrac{11}{36}$

$= \dfrac{161}{36}$

[問3]　$k=1$のとき$Q_1 = P_1 = \left(\dfrac{1}{6}\right)^n$

$k=2, 3, 4, 5, 6$のとき

$Q_k = P_k - P_{k-1} = \left(\dfrac{k}{6}\right)^n - \left(\dfrac{k-1}{6}\right)^n$であり

これは，$k=1$のときも成り立つ。

したがって，$Q_k = \left(\dfrac{k}{6}\right)^n - \left(\dfrac{k-1}{6}\right)^n$

X_3の期待値は

$$\sum_{k=1}^{6} kQ_k = \sum_{k=1}^{6} k\left\{\left(\frac{k}{6}\right)^3 - \left(\frac{k-1}{6}\right)^3\right\} = 6 - \sum_{k=1}^{5}\left(\frac{k}{6}\right)^3$$

$$= 6 - \frac{1}{6^3}\sum_{k=1}^{5} k^3 = 6 - \frac{1}{6^3}\left(\frac{1}{2}\cdot 5\cdot 6\right)^2 = \frac{119}{24}$$

〈解説〉[問1]　n個のさいころにおいて，P_kは1からkまでの目が出ればよいからその確率は$\left(\frac{k}{6}\right)^n$となる。

[問2]　2個のさいころにおいて，出る目(1から6まで)の最大値を調べ，それぞれの確率を求めてから，期待値を計算する。

[問3]　X_nがkである確率は，X_nがk以下の確率からX_nが$k-1$以下の確率を引けばよいから，

$$Q_k = P_k - P_{k-1} = \left(\frac{k}{6}\right)^n - \left(\frac{k-1}{6}\right)^n$$

である。

また，X_3の期待値の計算では，次のようにしてもよい。

$$\sum_{k=1}^{6} kQ_k = \sum_{k=1}^{6} k\left\{\left(\frac{k}{6}\right)^3 - \left(\frac{k-1}{6}\right)^3\right\}$$

$$= 1\left\{\left(\frac{1}{6}\right)^3 - \left(\frac{0}{6}\right)^3\right\} + 2\left\{\left(\frac{2}{6}\right)^3 - \left(\frac{1}{6}\right)^3\right\} + 3\left\{\left(\frac{3}{6}\right)^3 - \left(\frac{2}{6}\right)^3\right\}$$

$$+ 4\left\{\left(\frac{4}{6}\right)^3 - \left(\frac{3}{6}\right)^3\right\} + 5\left\{\left(\frac{5}{6}\right)^3 - \left(\frac{4}{6}\right)^3\right\} + 6\left\{\left(\frac{6}{6}\right)^3 - \left(\frac{5}{6}\right)^3\right\}$$

$$= 6 - \frac{1}{6^3}(1^3 + 2^3 + 3^3 + 4^3 + 5^3)$$

$$= 6 - \frac{1}{6^3}\left(\frac{5\cdot 6}{2}\right)^2 = \frac{119}{24}$$

【4】(証明)　図のように点P(x_0, y_0)から直線l：$ax+by+c=0$に下ろした
垂線とlとの交点をH(x_1, y_1)とすると

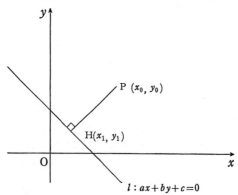

$\overrightarrow{\mathrm{PH}}=(x_1-x_0,\ y_1-y_0)$

lの法線ベクトルを$\overrightarrow{n}$とすると，　$\overrightarrow{n}=(a,\ b)$

$\overrightarrow{\mathrm{PH}}\,/\!/\,\overrightarrow{n}$ より $\overrightarrow{\mathrm{PH}}=t\overrightarrow{n}$ (tは実数)

$x_1-x_0=at,\ y_1-y_0=bt$ …①

また，Hはl上の点であるから

$ax_1+by_1+c=0$

①より $a(at+x_0)+b(bt+y_0)+c=0$

$t=\dfrac{-ax_0-by_0-c}{a^2+b^2}$ …②

$d=|\overrightarrow{\mathrm{PH}}|=|t\overrightarrow{n}|=|t|\cdot|\overrightarrow{n}|=|t|\sqrt{a^2+b^2}$

②より $d=\dfrac{|-ax_0-by_0-c|}{a^2+b^2}\sqrt{a^2+b^2}$

$\qquad\qquad=\dfrac{|ax_0+by_0+c|}{\sqrt{a^2+b^2}}$

以上より

$d=\dfrac{|ax_0+by_0+c|}{\sqrt{a^2+b^2}}$で表される。

〈解説〉点$P(x_0, y_0)$から直線$l : ax+by+c=0$に下ろした垂線とlとの交点を$H(x_1, y_1)$として考えることである。そして，直線$l : ax+by+c=0$に垂直なベクトル(法線ベクトル)$\vec{n}=(a, b)$を用いると，$\overrightarrow{PH}$ // $\vec{n}$であるから，$\overrightarrow{PH}=t\vec{n}$とおけて，$d=|\overrightarrow{PH}|=|t\vec{n}|=|t| \cdot |\vec{n}|$であり，$t$の値が求まれば導ける。

また，次の(別解)のように，点$P(x_0, y_0)$を通り，直線$l : ax+by+c=0$に垂直な直線の方程式を求め，連立方程式から，交点Hの座標を求め，PとHの2点間の距離を求めることにより，dの長さを求めてもよい。

(別解)　点$P(x_0, y_0)$を通り直線$l : ax+by+c=0$に垂直な直線の方程式は
$b(x-x_0)-a(y-y_0)=0$

この2直線の交点Hの座標を求める。

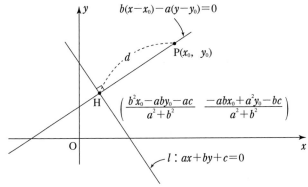

$ax+by=-c$ …①

$bx-ay=bx_0-ay_0$ …②

とおくと，①×a+②×bより，

$(a^2+b^2)x=-ac+b^2x_0-aby_0$

①×b-②×aより，

$(a^2+b^2)y=-bc-abx_0+a^2y_0$

よって，$x=\dfrac{b^2x_0-aby_0-ac}{a^2+b^2}$，$y=\dfrac{-abx_0+a^2y_0-bc}{a^2+b^2}$

したがって，

$$d^2 = \left(\frac{b^2 x_0 - ab y_0 - ac}{a^2 + b^2} - x_0\right)^2 + \left(\frac{-ab x_0 + a^2 y_0 - bc}{a^2 + b^2} - y_0\right)^2$$

$$= \frac{1}{(a^2 + b^2)^2}\left[\{-a(ax_0 + by_0 + c)\}^2 + \{-b(ax_0 + by_0 + c)\}^2\right]$$

$$= \frac{(a^2 + b^2)(ax_0 + by_0 + c)^2}{(a^2 + b^2)^2} = \frac{(ax_0 + by_0 + c)^2}{a^2 + b^2}$$

ゆえに，$d > 0$ より

$$d = \sqrt{\frac{(ax_0 + by_0 + c)^2}{a^2 + b^2}} = \frac{|ax_0 + by_0 + c|}{\sqrt{a^2 + b^2}}$$

【5】 $\displaystyle\int_0^1 \frac{2x-1}{x^2 + x + 1}dx = \int_0^1 \left(\frac{2x+1}{x^2 + x + 1} - \frac{2}{x^2 + x + 1}\right)dx$ とすると

$$\int_0^1 \frac{2x+1}{x^2 + x + 1}dx = \left[\log(x^2 + x + 1)\right]_0^1 = \log 3 \quad \cdots①$$

$$\int_0^1 \frac{1}{x^2 + x + 1}dx = \int_0^1 \frac{1}{\left(x + \frac{1}{2}\right)^2 + \left(\frac{\sqrt{3}}{2}\right)^2}\,dx$$

$$= \frac{4}{3}\int_0^1 \frac{1}{\left(\frac{2}{\sqrt{3}}x + \frac{1}{\sqrt{3}}\right)^2 + 1}\,dx \quad \cdots②$$

$\dfrac{2}{\sqrt{3}}x + \dfrac{1}{\sqrt{3}} = \tan\theta$ とおいて x を θ で微分すると

$$\frac{dx}{d\theta} = \frac{\sqrt{3}}{2}\frac{1}{\cos^2\theta}$$

x	0	1
θ	$\frac{\pi}{6}$	$\frac{\pi}{3}$

②より

$$\int_0^1 \frac{1}{x^2 + x + 1}dx = \frac{4}{3}\int_{\frac{\pi}{6}}^{\frac{\pi}{3}} \frac{1}{1 + \tan^2\theta} \cdot \frac{\sqrt{3}}{2} \cdot \frac{1}{\cos^2\theta}d\theta$$

$$= \frac{2\sqrt{3}}{3}\int_{\frac{\pi}{6}}^{\frac{\pi}{3}} d\theta = \frac{2\sqrt{3}}{3}\left[\theta\right]_{\frac{\pi}{6}}^{\frac{\pi}{3}} = \frac{\sqrt{3}}{9}\pi \quad \cdots③$$

①，③より $\displaystyle\int_0^1 \frac{2x-1}{x^2 + x + 1}dx = \log 3 - \frac{2\sqrt{3}}{9}\pi$

〈解説〉 $\dfrac{2x-1}{x^2+x+1}=\dfrac{2x+1}{x^2+x+1}-\dfrac{2}{x^2+x+1}$ と変形して積分するところがポイントである。

$$\int \frac{2x+1}{x^2+x+1}dx = \int \frac{(x^2+x+1)'}{x^2+x+1}dx$$

$$=\log|x^2+x+1|+C$$

なお，定積分 $\displaystyle\int_0^1 \dfrac{1}{x^2+x+1}dx$ については，

$\dfrac{4}{3}\displaystyle\int_0^1 \dfrac{1}{\left(\dfrac{2}{\sqrt{3}}x+\dfrac{1}{\sqrt{3}}\right)^2+1}dx$ と変形して， $\dfrac{2}{\sqrt{3}}x+\dfrac{1}{\sqrt{3}}=\tan\theta$ とおき，

置換積分をすることで求めることができる。

直接の積分では， $\displaystyle\int \dfrac{1}{1+x^2}dx=\tan^{-1}x+C$ の公式を用いて，次のようにして計算ができる。

$$\frac{4}{3}\int_0^1 \frac{1}{1+\left(\dfrac{2}{\sqrt{3}}x+\dfrac{1}{\sqrt{3}}\right)^2}dx = \frac{4}{3}\left[\frac{\sqrt{3}}{2}\tan^{-1}\left(\frac{2}{\sqrt{3}}x+\frac{1}{\sqrt{3}}\right)\right]_0^1$$

$$=\frac{2\sqrt{3}}{3}\left(\tan^{-1}\sqrt{3}-\tan^{-1}\frac{1}{\sqrt{3}}\right)$$

$$=\frac{2\sqrt{3}}{3}\left(\frac{\pi}{3}-\frac{\pi}{6}\right)=\frac{\sqrt{3}}{9}\pi$$

2017年度　実施問題

【中学校】

【1】現行の中学校学習指導要領「数学」について，次の[問1]，[問2]に
答えよ。

[問1]　次の文は，「第1　目標」である。文中の（　①　）～（　⑤　）に
あてはまる語句を書け。

> 　　数学的活動を通して，数量や図形などに関する（　①　）な概
> 念や原理・法則についての理解を深め，数学的な表現や処理
> の仕方を習得し，事象を（　②　）に考察し表現する能力を高め
> るとともに，数学的活動の（　③　）や数学のよさを実感し，そ
> れらを（　④　）して考えたり（　⑤　）したりしようとする態度
> を育てる。

[問2]　次の①～⑤の文は，「第2　各学年の目標及び内容」の一部であ
る。それぞれ第何学年の目標と示されているか，書け。

> ①　目的に応じて資料を収集して整理し，その資料の傾向を
> 　読み取る能力を培う。
> ②　基本的な平面図形の性質について，観察，操作や実験な
> 　どの活動を通して理解を深めるとともに，図形の性質の考
> 　察における数学的な推論の必要性と意味及びその方法を理
> 　解し，論理的に考察し表現する能力を養う。
> ③　具体的な事象を調べることを通して，一次関数について
> 　理解するとともに，関数関係を見いだし表現し考察する能
> 　力を養う。
> ④　平面図形や空間図形についての観察，操作や実験などの
> 　活動を通して，図形に対する直観的な見方や考え方を深め
> 　るとともに，論理的に考察し表現する能力を培う。

⑤　数の平方根について理解し，数の概念についての理解を深める。また，目的に応じて計算したり式を変形したりする能力を伸ばすとともに，二次方程式について理解し用いる能力を培う。

(☆☆◎◎◎◎◎)

【2】次の[問1]〜[問7]に答えよ。(答えのみでよい。)

[問1]　次の方程式を解け。

$$|x| + |x-1| = 3x$$

[問2]　$\dfrac{\sqrt{2} + \sqrt{3} - \sqrt{5}}{\sqrt{2} - \sqrt{3} + \sqrt{5}}$ の分母を有理化せよ。

[問3]　648の正の約数の個数と，その約数の総和を求めよ。

[問4]　図のように，半径3の円Oと半径5の円O'が点Aで外接している。点Aを通り，線分OO'と30°をなす直線をひき，円O，O'との交点をそれぞれP，Qとする。また，点Pから円O'に接線を引き，接点をRとする。このとき，PRの長さを求めよ。

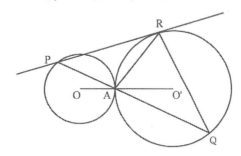

[問5]　$0 \leqq \theta < 2\pi$ のとき，次の方程式を解け。

$$\sin^2 \theta + \sqrt{3} \sin \theta \cos \theta = 1$$

[問6]　$(x^2 + 2x - 1)^6$ の展開式における，x^4 の項の係数を求めよ。

[問7]　曲線 $y = x^3 - 5x^2 + 5x + 8$ と，その曲線上の点(3，5)における接線で囲まれた図形の面積を求めよ。

(☆☆☆◎◎◎◎)

【３】 AB＝c，BC＝a，CA＝bである△ABCで，$a^2＋b^2＝c^2$の関係が成り立つとき，∠C＝90°になることを証明せよ。

　　ただし，中学3年生がノートに書く手本となるように，証明の根拠となることがらを適切に記述すること。なお，三平方の定理については学習しているものとする。

（☆☆☆○○○○）

【４】 $\sqrt{2}$ が無理数であることを証明せよ。ただし，nを自然数とするとき，n^2が偶数ならば，nは偶数であることを用いてよいものとする。

（☆☆☆○○○）

【５】 四角形ABCDの辺AB，BC，CD，DAの長さをそれぞれa，b，c，dとする。四角形ABCDが円に外接するとき，数列a，b，c，dが等差数列であることと等比数列であることは必要十分条件であることを示せ。

（☆☆☆☆○○○）

【６】 さいころを3回投げて，出た目の数を順にa，b，cとするとき，xの二次方程式$abx^2－12x＋c＝0$が重解をもつ確率を求めよ。

（☆☆☆○○○○）

解答・解説

【中学校】

【１】[問1] ①　基礎的　②　数理的　③　楽しさ　④　活用　⑤　判断　[問2] ①　第1学年　②　第2学年　③　第2学年　④　第1学年　⑤　第3学年

〈解説〉[問1]　教科の目標は，正確に書けるように全文を覚える必要が

ある。また，解説もセットにして理解を深めておくこと。 [問2] 各文章は，①は第1学年1目標の(4)，②は第2学年1目標の(2)，③は第2学年1目標の(3)，④は第1学年1目標の(2)，⑤は第3学年1目標の(1)である。各学年が目標とすることがらや学習内容などを正確に理解し，それと同時に，学習指導要領の文言も確実に覚えておきたい。

【2】[問1] $x=\dfrac{1}{3}$ [問2] $\dfrac{\sqrt{15}-\sqrt{6}}{3}$ [問3] 20個 1815

[問4] $PR=6\sqrt{2}$ [問5] $\theta=\dfrac{\pi}{6}$, $\dfrac{\pi}{2}$, $\dfrac{7}{6}\pi$, $\dfrac{3}{2}\pi$ [問6] 15

[問7] $\dfrac{64}{3}$

〈解説〉[問1] 方程式$|x|+|x-1|=3x$について，絶対値の性質を考えると，

$$|x|\begin{cases} x & (x\geqq0) \\ -x & (x<0) \end{cases}, \quad |x-1|\begin{cases} x-1 & (x\geqq1) \\ -x+1 & (x<1) \end{cases} \quad \text{と表せる。}$$

（ⅰ）$x<0$のとき，方程式は，$-x-x+1=3x$より，これを解くと，$x=\dfrac{1}{5}$ これは，$x<0$に適さない。

（ⅱ）$0\leqq x<1$のとき，方程式は，$x-x+1=3x$より，これを解くと，$x=\dfrac{1}{3}$ これは，$0\leqq x<1$を満たす。

（ⅲ）$x\geqq1$のとき，方程式は，$x+x-1=3x$より，これを解くと，$x=-1$ これは，$x\geqq1$に適さない。

（ⅰ），（ⅱ），（ⅲ）より，求める方程式の解は，$x=\dfrac{1}{3}$

[問2] $\dfrac{\sqrt{2}+\sqrt{3}-\sqrt{5}}{\sqrt{2}-\sqrt{3}+\sqrt{5}}$について，分母・分子に$(\sqrt{2}-\sqrt{3})-\sqrt{5}$をかけると，

$$\frac{\sqrt{2}+\sqrt{3}-\sqrt{5}}{\sqrt{2}-\sqrt{3}+\sqrt{5}}=\frac{\sqrt{2}+\sqrt{3}-\sqrt{5})(\sqrt{2}-\sqrt{3}-\sqrt{5})}{(\sqrt{2}-\sqrt{3})^2-(\sqrt{5})^2}$$

$$=\frac{(\sqrt{2}-\sqrt{5})^2-(\sqrt{3})^2}{2-2\sqrt{6}+3-5}=\frac{(2-2\sqrt{10}+5)-3}{-2\sqrt{6}}$$

$$=\frac{2\sqrt{10}-4}{2\sqrt{6}}=\frac{\sqrt{10}-2}{\sqrt{6}}$$

次に，分母・分子に$\sqrt{6}$をかけると，

$$\frac{\sqrt{10}-2}{\sqrt{6}}=\frac{\sqrt{60}-2\sqrt{6}}{6}=\frac{2\sqrt{15}-2\sqrt{6}}{6}=\frac{\sqrt{15}-\sqrt{6}}{3}$$

[問3]　ある数を素因数分解したとき，$p^n \times q^m \times r^l \times \cdots (p,\ q,\ r$は素数$)$と表される場合，この数の約数の個数は，$(n+1) \times (m+1) \times (l+1) \times \cdots$で求められる。また，この数の約数の総和は，$(p^0+p^1+p^2+\cdots\cdots+p^n) \times (q^0+q^1+q^2+\cdots\cdots+q^m) \times (r^0+r^1+r^2+\cdots\cdots+r^l) \times \cdots$　で求められる。これより，648を素因数分解すると，$648=2^3 \times 3^4$より，求める約数の個数は，$(3+1) \times (4+1)=4 \times 5=20$〔個〕

また，648の約数の総和は，

$(2^0+2^1+2^2+2^3) \times (3^0+3^1+3^2+3^3+3^4)=(1+2+4+8) \times (1+3+9+27+81)=1815$

[問4]　図のように，中心O，O′から線分AP，AQに対して垂線をひき，それぞれの交点をT，Sとする。

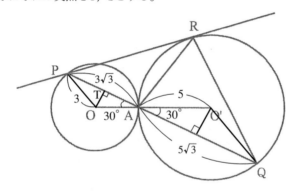

∠OAP＝∠O′AQ＝30°，∠OTA＝∠O′SA＝90°であるから，

△OATと△O′ASについて，

OA：OT：AT＝O′A：O′S：AS＝2：1：$\sqrt{3}$ が成り立つ。

また，△OAPと△O′AQは二等辺三角形であるので，

AP＝2AT，AQ＝2ASとなる。

以上から，AP，ASの長さをそれぞれ求めると，

$AP=2AT=2 \times OA \times \dfrac{\sqrt{3}}{2}=2 \times 3 \times \dfrac{\sqrt{3}}{2}=3\sqrt{3}$　…①

$AQ=2AS=2\times O'A\times\dfrac{\sqrt{3}}{2}=2\times5\times\dfrac{\sqrt{3}}{2}=5\sqrt{3}$　…②

さらに，図において方べきの定理を用いると，$PR^2=PA\times PQ$が成り立つので，①，②の値より，$PR^2=AP\times(AP+AQ)=3\sqrt{3}\times(3\sqrt{3}+5\sqrt{3})=72$　　$PR>0$より，$PR=6\sqrt{2}$

[問5]　倍角と半角の公式より，

$\sin^2\theta+\sqrt{3}\sin\theta\cos\theta=\dfrac{1-\cos2\theta}{2}+\dfrac{\sqrt{3}}{2}\sin2\theta=\dfrac{\sqrt{3}}{2}\sin2\theta-\dfrac{1}{2}\cos2\theta+\dfrac{1}{2}$

$\sqrt{\left(\dfrac{\sqrt{3}}{2}\right)^2+\left(\dfrac{1}{2}\right)^2}=1$より，$\cos\alpha=\dfrac{\sqrt{3}}{2}$，$\sin\alpha=\dfrac{1}{2}$となる$\alpha$は，

$\alpha=\dfrac{\pi}{6}$（$-\pi\leqq\alpha\leqq\pi$）

よって，与えられた方程式の左辺を合成すると，

$\dfrac{\sqrt{3}}{2}\sin2\theta-\dfrac{1}{2}\cos2\theta+\dfrac{1}{2}=\left(\cos\dfrac{\pi}{6}\sin2\theta-\sin\dfrac{\pi}{6}\cos2\theta\right)+\dfrac{1}{2}$

$=\sin\left(2\theta-\dfrac{\pi}{6}\right)+\dfrac{1}{2}$

これより，$\sin\left(2\theta-\dfrac{\pi}{6}\right)+\dfrac{1}{2}=1$　$\Leftrightarrow$　$\sin\left(2\theta-\dfrac{\pi}{6}\right)=\dfrac{1}{2}$

$0\leqq\theta<2\pi$より，$-\dfrac{\pi}{6}\leqq2\theta-\dfrac{\pi}{6}<\dfrac{23}{6}\pi$　となるから，求めるθの値は，

$2\theta-\dfrac{\pi}{6}=\dfrac{\pi}{6},\ \dfrac{5}{6}\pi,\ \dfrac{13}{6}\pi,\ \dfrac{17}{6}\pi$　$\Leftrightarrow$　$\theta=\dfrac{\pi}{6},\ \dfrac{\pi}{2},\ \dfrac{7}{6}\pi,\ \dfrac{3}{2}\pi$　となる。

[問6]　$(x^2+2x-1)^6$の展開式における一般項は，$\dfrac{6!}{p!\cdot q!\cdot r!}\cdot(x^2)^p\cdot(2x)^q\cdot(-1)^r$と表せる。（ただし，$0\leqq p,\ q,\ r\leqq6$，$p+q+r=6$）

$\dfrac{6!}{p!\cdot q!\cdot r!}\cdot(x^2)^p\cdot(2x)^q\cdot(-1)^r=\dfrac{6!}{p!\cdot q!\cdot r!}\cdot x^{2p}\cdot2^qx^q\cdot(-1)^r$

$=\dfrac{6!}{p!\cdot q!\cdot r!}\cdot(-1)^r\cdot2^q\cdot x^{2p+q}$

この一般項がx^4となる場合，$2p+q=4$となることから，以下のような場合に分ける。

（i）　$p=0$，$q=4$のとき，$p+q+r=6$より，$r=2$である。

　　　よって，x^4の係数は，$\dfrac{6!}{0! \cdot 4! \cdot 2!} \cdot (-1)^2 \cdot 2^4 = 240$

（ii）　$p=1$，$q=2$のとき，$p+q+r=6$より，$r=3$である。

　　　よって，x^4の係数は，$\dfrac{6!}{1! \cdot 2! \cdot 3!} \cdot (-1)^3 \cdot 2^2 = -240$

（iii）　$p=2$，$q=0$のとき，$p+q+r=6$より，$r=4$である。

　　　よって，x^4の係数は，$\dfrac{6!}{2! \cdot 0! \cdot 4!} \cdot (-1)^4 \cdot 2^0 = 15$

これらから，（ⅰ），（ⅱ），（ⅲ）の和がx^4の係数となるので，

$240 + (-240) + 15 = 15$

したがって，x^4の係数は15である。

[問7]　曲線の方程式$y = x^3 - 5x^2 + 5x + 8$についてxで微分すると，

$y' = 3x^2 - 10x + 5$

この式に接点のx座標の$x=3$を代入すると，接線の傾きは2となるから，

接線の方程式は，$y = 2(x-3) + 5$より，$y = 2x - 1$

曲線と接線の接点以外の交点のx座標は，$x^3 - 5x^2 + 5x + 8 = 2x - 1$より，

$x^3 - 5x^2 + 3x + 9 = 0$とすると，$x = -1$のとき，

$(-1)^3 - 5 \times (-1)^2 + 3 \times (-1) + 9 = 0$となるから，因数定理により，

$x^3 - 5x^2 + 3x + 9 = 0 \iff (x+1)(x-3)^2 = 0$

よって，接点以外の交点のx座標は$x = -1$である。

これらより，曲線と接線で囲まれた部分の面積をSとすると，

$$S = \int_{-1}^{3} \{(x^3 - 5x^2 + 5x + 8) - (2x - 1)\}dx = \int_{-1}^{3}(x^3 - 5x^2 + 3x + 9)dx \quad \cdots\cdots(*)$$

$$= \left[\frac{1}{4}x^4 - \frac{5}{3}x^3 + \frac{3}{2}x^2 + 9x\right]_{-1}^{3}$$

$$= \frac{1}{4}(81-1) - \frac{5}{3}(27+1) + \frac{3}{2}(9-1) + 9(3+1) = \frac{64}{3}$$

(*)　曲線と接線の接点のx座標が3で，曲線と接線の接点以外の交点のx座標が-1，接線の傾きが2となり正であることから，$-1 \leqq x \leqq 3$の区間においては，曲線が接線の上側に存在している。

【3】(証明) △ABCについて,

仮定より, $a^2+b^2=c^2$ …①

また, 直角をはさむ2辺の長さがa, bで$\angle C'=90°$である$\triangle A'B'C'$において, 斜辺の長さをxとすると, 三平方の定理より, $a^2+b^2=x^2$ …②

①, ②から, $x^2=c^2$

$x>0$, $c>0$であるから, $x=c$

3辺がそれぞれ等しいから, $\triangle ABC \equiv \triangle A'B'C'$

よって, $\angle C=\angle C'=90°$ (証明終)

〈解説〉問題文に, 「中学3年生がノートに書く手本となるように」とあるので, 証明の根拠はていねいに示すこと。特に, 「$x>0$, $c>0$であるから」などは忘れがちである。

【4】(証明) $\sqrt{2}$ が無理数でないと仮定すると,

1以外に正の公約数をもたない自然数a, bを用いて, $\sqrt{2}=\dfrac{a}{b}$と表される。

このとき, $a=\sqrt{2}\,b$ …①

両辺を2乗すると, $a^2=2b^2$

よって, a^2は偶数であるから, aも偶数となる。

ゆえに, aはある自然数cを用いて,

$a=2c$ …② と表される。

②を①に代入すると, $4c^2=2b^2$ すなわち, $b^2=2c^2$

よって, b^2は偶数であるから, bも偶数となる。

これらより, a, bはともに偶数であり, 1以外の公約数2をもつ。

これは, aとbが1以外に公約数をもたないことに矛盾する。

したがって, $\sqrt{2}$ は無理数である。 (証明終)

〈解説〉[1] 「$\sqrt{2}$ が無理数でない」と仮定する。 [2] [1]の仮定のもとで, 矛盾を導く。 [3] 矛盾が生じたのは, [1]を仮定したからである。 [4] したがって, 「$\sqrt{2}$ は無理数である」が成り立つ。

こうした流れによる背理法を用いる証明方法はよく使われるので, 覚えておくこと。

【5】(証明)　数列a，b，c，dが等差数列であるとき，公差をtとすると，

$b=a+t$，$c=b+t=a+2t$，$d=c+t=a+3t$　とおける。

また，四角形ABCDは円に外接するから，

AB＋CD＝BC＋DA　……(*)

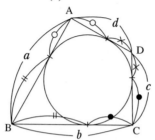

(*)より，$a+(a+2t)=(a+t)+(a+3t)$が成り立つから，

$2a+2t=2a+4t$　⇔　$t=0$

このとき，$a=b=c=d$となり，公比が1の等比数列となる。

逆に，a，b，c，dが等比数列であるとき，公比をrとすると

$b=ar$，$c=br=ar^2$，$d=cr=ar^3$　とおける。

(*)より，$a+ar^2=ar+ar^3$が成り立つから，

$a(1+r^2)=ar(1+r^2)$　⇔　$a(1-r)(1+r^2)=0$

$a\neq0$，$1+r^2\neq0$だから，$r=1$のとき，$a=b=c=d$となり，公差0の等差数列となる。

すなわち，4辺の長さがa，b，c，dである四角形ABCDが円に外接するとき，数列a，b，c，dが等差数列であることと等比数列であることは必要十分条件である。　　(証明終)

〈解説〉解答参照。

【6】さいころを3回投げたときの目の出方の総数は，$6^3=216$〔通り〕

2次方程式　$abx^2-12x+c=0$　の判別式をDとすると，重解をもつための条件は，$\dfrac{D}{4}=(-6)^2-abc=0$

すなわち，$36-abc=0$　⇔　$abc=36$

さいころを3回投げたとき，その目の積が36となるのは，目の組み合

わせが, (1, 6, 6), (2, 3, 6), (3, 3, 4) となる場合である。

よって, $\dfrac{3!}{2!}+3!+\dfrac{3!}{2!}=3+6+3=12$ 〔通り〕

したがって, 求める確率は, $\dfrac{12}{216}=\dfrac{1}{18}$

〈解説〉解答参照。

2016年度　実施問題

【中学校】

【1】現行の中学校学習指導要領「数学」について，次の　[問1]，[問2]
に答えよ。

[問1]　次の文は，「第2　各学年の目標及び内容」における「第1学年
　　目標」の一部である。文中の(　①　)～(　⑤　)にあてはまる語句
　　を書け。

　　　平面図形や空間図形についての(　①　)，(　②　)や(　③　)など
　　の活動を通して，図形に対する直観的な見方や考え方を深めるとと
　　もに，(　④　)に考察し(　⑤　)する能力を培う。

[問2]　次の文は，「第3　指導計画の作成と内容の取扱い」の一部であ
　　る。文中の(　①　)～(　⑤　)にあてはまる語句を書け。

　3　数学的活動の指導に当たっては，次の事項に配慮するものとす
　　る。

　　(1)　数学的活動を楽しめるようにするとともに，数学を学習する
　　　ことの(　①　)や数学の(　②　)などを実感する機会を設ける
　　　こと。

　　(2)　自ら課題を見いだし，解決するための(　③　)を立て，実践
　　　し，その結果を評価・改善する機会を設けること。

　　(3)　数学的活動の過程を振り返り，レポートにまとめ発表するこ
　　　となどを通して，その成果を(　④　)する機会を設けること。

　4　課題学習とは，生徒の数学的活動への取組を促し思考力，判断
　　力，表現力等の育成を図るため，各領域の内容を(　⑤　)したり
　　日常の事象や他教科等での学習に関連付けたりするなどして見い
　　だした課題を解決する学習であり，この実施に当たっては各学年
　　で指導計画に適切に位置付けるものとする。

（☆☆○○○○）

【2】 次の[問1]～[問10]に答えよ。(答えのみでよい。)

[問1] $3x^2-2y^2+5xy+11x+y+6$を因数分解せよ。

[問2] $\dfrac{1}{4-\sqrt{14}}$の整数部分をa，小数部分をbとするとき，$a^2+2ab+4b^2$の値を求めよ。

[問3] 2直線$x+\sqrt{3}y+2=0$，$x-y=1$のなす鋭角を求めよ。

[問4] △ABCの辺ABを1：2に内分する点をD，辺BCを4：3に内分する点をEとし，AEとCDの交点をFとする。このとき，CF：FDを求めよ。

[問5] 9人の子どもを3人ずつ，3つの組に分ける方法は何通りあるか，求めよ。

[問6] 直角を挟む2辺の和が20cmである直角三角形のうち，斜辺の長さが最小である直角三角形の斜辺の長さを求めよ。

[問7] $0\leqq\theta<2\pi$のとき，方程式$\sin2\theta+\cos\theta=0$を解け。

[問8] 放物線$y=x^2-4x+3$と，この放物線上の点$(4,3)$，$(0,3)$における2つの接線で囲まれた図形の面積を求めよ。

[問9] 次の和Sを求めよ。
$$S=\dfrac{1}{1\cdot4}+\dfrac{1}{4\cdot7}+\dfrac{1}{7\cdot10}+\cdots+\dfrac{1}{(3n-2)(3n+1)}$$

[問10] 直線$3x-2y+12=0$に関して，点$(-3,5)$と対称な点の座標を求めよ。

(☆☆◎◎◎◎)

【3】次の図のように，鋭角三角形ABCの頂点Aから辺BCに下ろした垂線をADとし，点Dから辺AB，ACに下ろした垂線をそれぞれDE，DFとする。

　このとき，4点B，C，F，Eは1つの円周上にあることを証明せよ。

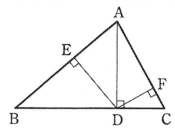

(☆☆☆◎◎◎)

【4】1以上30以下の分数のうち，分母が5である既約分数の総和を求めよ。

(☆☆☆◎◎◎)

【5】nが整数のとき，$2n^3-3n^2+n$は6の倍数であることを証明せよ。

(☆☆☆◎◎◎)

【6】不等式$2\log_3 x-4\log_x 27\leqq 5$を解け。

(☆☆☆☆◎◎◎)

【高等学校】

【1】次の[問1]〜[問8]に答えよ。(答えのみでよい。)

[問1]　データ　6　10　4　3　14　2　7　8　について第3四分位数を求めよ。

[問2]　三角形ABCにおいて　辺ABを3：2に内分する点をP，辺ACを5：2に外分する点をQ，直線PQと辺BCの交点をRとするときBR：RCを求めよ。

[問3]　iを虚数単位とする。$\left(\dfrac{2}{\sqrt{3}-i}\right)^{2015}$を簡単にせよ。

[問4]　3つの数$x-2$，$x+1$，$x+7$がこの順で等比数列となるとき，xの

値を求めよ。

[問5]　極限値 $\lim_{x \to 1} \dfrac{\sin \pi x}{x-1}$ を求めよ。

[問6]　$\sqrt{1 + \dfrac{\sqrt{3}}{2}}$ の整数部分をa，小数部分をbとするとき，$\dfrac{1}{a+b}$ $+ \dfrac{1}{a-b}$ の値を求めよ。

[問7]　$0 < x \leqq 2\pi$ のとき，方程式$\sin 3x - \sin x = 0$を解け。

[問8]　2進法の積$11101_{(2)} \times 101_{(2)}$の計算の結果を，2進法で表せ。

(☆☆◎◎◎◎)

【2】3次方程式$x^3 + 6ax + b = 0$が$a - 3i$を解にもつとき，実数a，bの値と，そのときの実数解を求めよ。ただし，iは虚数単位とする。

(☆☆◎◎◎◎)

【3】座標空間内に4点A，B，C，Dがある。点Aの座標は$(1, 0, 0)$，点Bの座標は$(-1, 0, 0)$である。また，点Cはxy平面上の$y < 0$の領域にあり，点Dは座標空間内の$z > 0$の領域にある。4点A，B，C，Dを結んでできる立体が正四面体となるとき，次の[問1]〜[問3]に答えよ。

[問1]　点C，Dの座標をそれぞれ求めよ。

[問2]　△ABCの重心をEとする。線分DEを3：1に内分する点Gの座標を求めよ。

[問3]　△AGDの面積を求めよ。

(☆☆☆☆◎◎◎)

【4】複素数$z = x + yi$が$1 \leqq z + \dfrac{1}{z} \leqq 6$を満たすとき，$z$の存在範囲を複素数平面上に図示せよ。ただし，$x$，$y$は実数とする。

(☆☆☆◎◎◎)

【5】中が見えないAとBの2つの袋があり，Aの袋には赤玉が2個，白玉が5個，Bの袋には赤玉がm個，白玉がn個入っている。

このとき，Aの袋から3個の玉を取り出し，それらをすべてBの袋に

入れる。その後，Bの袋から2個の玉を同時に取り出すとき，赤玉が1個，白玉が1個である確率Pが最大となるmとnの値を求めよ。ただし，mとnは自然数で$m+n=4$とする。

(☆☆☆◎◎◎)

【6】xy平面上において，楕円$x^2+\dfrac{y^2}{3}=1$の$x \geqq 0$，$y \geqq 0$の部分を曲線Cとする。$x_1 > 0$，$y_1 > 0$とし，曲線C上に点$P(x_1, y_1)$をとり，点Pにおける曲線Cの法線をℓとする。

このとき，次の[問1]～[問3]に答えよ。

[問1]　法線ℓとx軸との交点を$(x_2, 0)$とするとき，x_2をx_1，y_1を用いて表せ。

[問2]　$x_1 = \cos\theta$，$y_1 = \sqrt{3}\sin\theta\left(0 < \theta < \dfrac{\pi}{2}\right)$と表す。このとき，曲線Cと法線$\ell$および$x$軸とで囲まれた部分の面積$S(\theta)$は，

$$S(\theta) = [\quad ア \quad]\sin\theta\cos\theta + [\quad イ \quad]\int_{\cos\theta}^{1}\sqrt{1-x^2}\,dx$$

と表すことができる。[　ア　]，[　イ　]にあてはまる数を求めよ。

ただし，求める過程を記述せよ。

[問3]　面積$S(\theta)$の最大値を求めよ。

(☆☆☆☆◎◎◎)

解答・解説

【中学校】

【1】[問1]　①　観察　　②　操作　　③　実験　　④　論理的
⑤　表現　　[問2]　①　意義　　②　必要性　　③　構想
④　共有　　⑤　総合

〈解説〉[問1]　問題の文は，〔第1学年〕の「内容」のB図形に対応した目標である。〔第1学年〕のA数と式，C関数，D資料の活用について，また，他の学年についても目標と内容がどのように対応しているかを確

118

認しておくこと。 [問2] 問題の文は「指導計画の作成と内容の取扱い」の3数学的活動の指導に当たっての配慮事項と，4課題学習の記述であるが，1は指導計画の作成に当たっての配慮事項，2は内容の取扱いについての配慮事項が記述されている。それぞれを確認しておくこと。なお，自分で空欄を設けるなどして，用語を正確に書けるように日頃から演習しておくことが大切である。その際には，学習指導要領解説もセットで理解を深めること。

【2】[問1] $(x+2y+3)(3x-y+2)$ [問2] $21-\sqrt{14}$ [問3] $75°$

[問4] $CF:FD=9:4$ [問5] 280通り [問6] $10\sqrt{2}$ cm

[問7] $\dfrac{\pi}{2}, \dfrac{7}{6}\pi, \dfrac{3}{2}\pi, \dfrac{11}{6}\pi$ [問8] $\dfrac{16}{3}$ [問9] $\dfrac{n}{3n+1}$

[問10] $\left(\dfrac{3}{13}, \dfrac{37}{13}\right)$

〈解説〉[問1] $3x^2-2y^2+5xy+11x+y+6$
$$=3x^2+(5y+11)x-(2y^2-y-6)$$
$$=3x^2+(5y+11)x-(2y+3)(y-2)$$
$$=(x+2y+3)\{3x-(y-2)\}$$
$$=(x+2y+3)(3x-y+2)$$

[問2] $\dfrac{1}{4-\sqrt{14}}=\dfrac{4+\sqrt{14}}{16-\sqrt{14}}=2+\dfrac{\sqrt{14}}{2}$

ここで，$\sqrt{9}<\sqrt{14}<\sqrt{16}$より，

$\dfrac{3}{2}<\dfrac{\sqrt{14}}{2}<2$

$\dfrac{7}{2}<2+\dfrac{\sqrt{14}}{2}<4$

よって，整数部分aは，3

小数部分bは，$b=2+\dfrac{\sqrt{14}}{2}-a$

$$=\dfrac{\sqrt{14}}{2}-1$$

したがって，

$a^2+2ab+4b^2$

$$=(a+2b)^2-2ab$$
$$=(3+\sqrt{14}-2)^2-2\cdot3\cdot\left(\frac{\sqrt{14}}{2}-1\right)$$
$$=15+2\sqrt{14}-3(\sqrt{14}-2)$$
$$=21-\sqrt{14}\text{である。}$$

[問3]　$x+\sqrt{3}\,y+2=0$より，$y=-\dfrac{1}{\sqrt{3}}x-\dfrac{2}{\sqrt{3}}$

$x-y=1$より，$y=x-1$

この2直線がx軸の正の部分となす角を，それぞれθ_1，θ_2とおく。

$\tan\theta_1=-\dfrac{1}{\sqrt{3}}$より，

$\therefore$　$\theta_1=150°$

$\tan\theta_2=1$より，

$\therefore$　$\theta_2=45°$

よって，2直線のなす角は，$150°-45°=105°$である。

求めるのは，なす角のうち鋭角の方なので，$180°-105°=75°$である。

[問4]

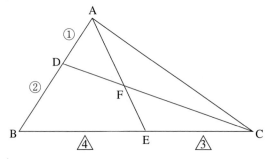

$\triangle$CBDにメネラウスの定理を用いて，

$$\frac{CE}{EB}\cdot\frac{BA}{AD}\cdot\frac{DF}{FC}=1$$

$$\frac{3}{4}\cdot\frac{3}{1}\cdot\frac{DF}{FC}=1$$

$$\frac{DF}{FC}=\frac{4}{9}$$

よって，CF：FD$=9：4$である。

[問5]　3つの組に区別はないので，

$$\frac{{}_9C_3 \times {}_6C_3 \times {}_3C_3}{3!} = \frac{\dfrac{9 \cdot 8 \cdot 7}{3 \cdot 2} \times \dfrac{6 \cdot 5 \cdot 4}{3 \cdot 2}}{3 \times 2} = 280 \text{〔通り〕である。}$$

[問6]　直角をはさむ2辺のうち，1辺の長さをx〔cm〕とおくと，斜辺の長さは，

$$\sqrt{x^2 + (20-x)^2}$$
$$= \sqrt{2x^2 - 40x + 400}$$
$$= \sqrt{2(x-10)^2 + 200}$$

よって，$x = 10$のとき最小値$\sqrt{200} = 10\sqrt{2}$〔cm〕である。

[問7]　$\sin 2\theta + \cos \theta = 0$

$2\sin \theta \cdot \cos \theta + \cos \theta = 0$

$\cos \theta (2\sin \theta + 1) = 0$

$\therefore \quad \cos \theta = 0, \ \sin \theta = -\dfrac{1}{2}$

$\theta = \dfrac{\pi}{2}, \ \dfrac{3}{2}\pi, \ \dfrac{7}{6}\pi, \ \dfrac{11}{6}\pi \quad (\because \ 0 \leqq \theta < 2\pi)$である。

[問8]　$y = x^2 - 4x + 3$より，$y' = 2x - 4$

点$(4, 3)$における接線の方程式は，

$y = (2 \cdot 4 - 4)(x - 4) + 3$

$\quad = 4x - 13$

点$(0, 3)$における接線の方程式は，

$y = (2 \cdot 0 - 4)(x - 0) + 3$

$\quad = -4x + 3$

この2接線の交点のx座標は，

$4x - 13 = -4x + 3$

$\qquad 8x = 16$

$\qquad x = 2$

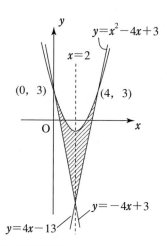

よって，求める面積は，

$$\int_0^2 \{(x^2-4x+3)-(-4x+3)\}dx + \int_2^4 \{(x^2-4x+3)-(4x-13)\}dx$$

$$=\int_0^2 x^2dx + \int_2^4 (x^2-8x+16)dx$$

$$=\left[\frac{x^3}{3}\right]_0^2 + \left[\frac{x^3}{3}-4x^2+16x\right]_2^4$$

$$=\frac{8}{3}+\frac{64}{3}-64+64-\left(\frac{8}{3}-16+32\right)$$

$$=\frac{64}{3}-16$$

$$=\frac{16}{3}である。$$

[問9]　$S=\dfrac{1}{3}\left\{\left(\dfrac{1}{1}-\dfrac{1}{4}\right)+\left(\dfrac{1}{4}-\dfrac{1}{7}\right)+\cdots+\left(\dfrac{1}{3n-2}-\dfrac{1}{3n+1}\right)\right\}$

$\qquad\qquad =\dfrac{1}{3}\left(1-\dfrac{1}{3n+1}\right)$

$\qquad\qquad =\dfrac{1}{3}\cdot\dfrac{3n+1-1}{3n+1}$

$\qquad\qquad =\dfrac{n}{3n+1}である。$

[問10]　点$(-3,\ 5)$をP，求める点を$Q(a,\ b)$とおく。

線分PQの中点$\left(\dfrac{a-3}{2},\ \dfrac{b+5}{2}\right)$は，

直線$3x-2y+12=0$上にあるので代入して，

$$3 \cdot \frac{a-3}{2} - 2 \cdot \frac{b+5}{2} + 12 = 0$$

$$3a - 2b + 5 = 0 \quad \cdots ①$$

直線$3x-2y+12=0$，すなわち，$y = \frac{3}{2}x + 6$とPQは直交するので，

$$\frac{3}{2} \cdot \frac{b-5}{a+3} = -1$$

$$3b - 15 = -2a - 6$$

$$2a + 3b - 9 = 0 \quad \cdots ②$$

①×3＋②×2より，

$$9a - 6b + 15 = 0$$
$$+) \ 4a + 6b - 18 = 0$$
$$\overline{13a \qquad -3 = 0}$$

$$a = \frac{3}{13}$$

②に代入して，$\frac{6}{13} + 3b - 9 = 0$

$$3b = \frac{111}{13}$$

$$b = \frac{37}{13}$$

よって求める点の座標は$\left(\frac{3}{13}, \frac{37}{13}\right)$である。

【3】(証明)　∠AED＝90°，∠DFA＝90°であるから，

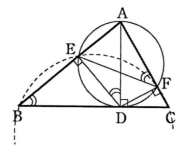

∠AED＋∠DFA＝90°＋90°＝180°

よって，四角形AEDFの対角の和が180°になるので，

四角形AEDFは円に内接する。

このとき，$\overparen{AE}$ に対する円周角より，

∠AFE＝∠ADE　…①

また，∠ABD＝180°−(90°＋∠BAD)

$\qquad\qquad$＝90°−∠BAD　…②

△ADEにおいて，

∠ADE＝180°−(90°＋∠EAD)＝90°−∠BAD　…③

②，③より，∠ABD＝∠ADE　…④

①，④から，∠AFE＝∠ABD

したがって，四角形EBCFの1つの外角が，それと隣りあう内角の対角と等しいので，四角形EBCFは円に内接する。

つまり，4点B，C，F，Eは1つの円周上にある。

(証明終)

〈解説〉解答参照。

【4】(解)

1以上30以下で，分母が5であるものを小さい順に書き並べると，

$$\frac{5}{5},\ \frac{6}{5},\ \frac{7}{5},\ \frac{8}{5},\ \frac{9}{5},\ \frac{10}{5},\ \frac{11}{5},\ \cdots,\ \frac{149}{5},\ \frac{150}{5}$$

これは，初項 $\frac{5}{5}$＝1，末項 $\frac{150}{5}$＝30，公差 $\frac{1}{5}$ の等差数列である。

この数列の項数は，150−5＋1＝146であるから，その和 S は，

$S＝\dfrac{1}{2}\cdot146\cdot(1＋30)＝2263$

次に，上の数列で既約分数でない項を順に書き並べると，

$$\frac{5}{5},\ \frac{10}{5},\ \frac{15}{5},\ \cdots,\ \frac{150}{5}$$

すなわち，1，2，3，…，30となり

これは，初項1，末項30，公差1の等差数列である。

この整列の項数は30であるから，その和 T は，

$T＝\dfrac{1}{2}\cdot30\cdot(1＋30)＝465$

したがって，求める既約分数の和は

$S−T＝2263−465$

＝1798

答え　1798

〈解説〉解答参照。

【5】(証明)　$2n^3-3n^2+n=n(n-1)(2n-1)$　…〔A〕とおく。

[1]　〔A〕において，n，$n-1$は連続した整数であるから，どちらか一方は偶数である。

よって，$n(n-1)$は2の倍数であり，〔A〕は2の倍数である。

[2]　mを整数とする。$n=3m$，$n=3m+1$，$n=3m+2$の場合を確かめる。

$n=3m$のとき〔A〕は明らかに3の倍数である。

$n=3m+1$のとき$n-1=3m$から，〔A〕は3の倍数である。

$n=3m+2$のとき$2n-1=6m+3=3(2m+1)$から，〔A〕は3の倍数である。

[1], [2]より，〔A〕は6の倍数である。

(証明終)

〈解説〉$2n^3-3n^2+n$

$=n(2n^2-3n+1)$

$=n(n-1)(2n-1)$

$=n(n-1)\{(n-2)+(n+1)\}$

$=n(n-1)(n-2)+(n+1)n(n-1)$

$n(n-1)(n-2)$は連続する3整数の積なので，2の倍数，かつ，3の倍数，すなわち6の倍数である。

$(n+1)n(n-1)$も同様にして，6の倍数である。

よって，与えられた式は6の倍数である。

【6】$\log_x27=\dfrac{\log_3 27}{\log_3 x}=\dfrac{3}{\log_3 x}$であるから，不等式は，

$2\log_3 x-\dfrac{12}{\log_3 x}\leqq 5$　…①

[1]　真数，底の条件から，$0<x<1$のとき，$\log_3 x<0$

①の両辺に$\log_3 x$をかけて，　$2(\log_3 x)^2 - 12 \geqq 5\log_3 x$

$\qquad\qquad\qquad 2(\log_3 x)^2 - 5\log_3 x - 12 \geqq 0$

$\qquad\qquad\qquad (\log_3 x - 4)(2\log_3 x + 3) \geqq 0$

$\log_3 x < 0$より，$\log_3 x - 4 < 0$であるから，$2\log_3 x + 3 \leqq 0$

よって，$\log_3 x \leqq -\dfrac{3}{2}$

底3は1より大きいから，$x \leqq 3^{-\frac{3}{2}}$　ゆえに，$x \leqq \dfrac{\sqrt{3}}{9}$

これと$0 < x < 1$から，共通範囲は$0 < x \leqq \dfrac{\sqrt{3}}{9}$

[2]　真数，底の条件から，$x > 1$のとき，$\log_3 x > 0$

①の両辺に$\log_3 x$をかけて，　$2(\log_3 x)^2 - 12 \leqq 5\log_3 x$

$\qquad\qquad\qquad 2(\log_3 x)^2 - 5\log_3 x - 12 \leqq 0$

$\qquad\qquad\qquad (\log_3 x - 4)(2\log_3 x + 3) \leqq 0$

$\log_3 x > 0$より，$2\log_3 x + 3 > 0$だから，$\log_3 x - 4 \leqq 0$

よって，$0 < \log_3 x \leqq 4$で底3は1より大きいから，

$3^0 < x \leqq 3^4$　すなわち，$1 < x \leqq 81$

[1]，[2]から解は，$0 < x \leqq \dfrac{\sqrt{3}}{9}$，$1 < x \leqq 81$

答え　$0 < x \leqq \dfrac{\sqrt{3}}{9}$，$1 < x \leqq 81$

〈解説〉解答参照。

【高等学校】

【1】[問1]　9　　　[問2]　5：3　　　[問3]　$\dfrac{\sqrt{3}}{2} - \dfrac{1}{2}i$　　　[問4]　5

[問5]　$-\pi$　　　[問6]　$\dfrac{4\sqrt{3}}{3}$　　　[問7]　$\dfrac{\pi}{4}$，$\dfrac{3}{4}\pi$，π，$\dfrac{5}{4}\pi$，$\dfrac{7}{4}\pi$，

2π　　　[問8]　$10010001_{(2)}$

〈解説〉[問1]　8個のデータを値の小さい順に並べると，

2，3，4，6，7，8，10，14なので，第3四分位数は，$\dfrac{8+10}{2} = 9$である。

[問2]

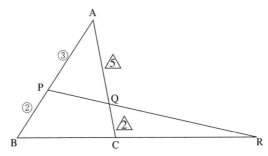

△ABCにメネラウスの定理を用いて，

$$\frac{AP}{PB} \cdot \frac{BR}{RC} \cdot \frac{CQ}{QA} = 1$$

$$\frac{3}{2} \cdot \frac{BR}{RC} \cdot \frac{2}{5} = 1$$

$$\frac{BR}{RC} = \frac{5}{3}$$

よって，BR：RC＝5：3である。

[問3] $\frac{2}{\sqrt{3}-i} = \frac{\sqrt{3}}{2} + \frac{1}{2}i$なので，

これを極形式で表すと，$\cos\frac{\pi}{6} + i\sin\frac{\pi}{6}$である。

ド・モアブルの定理を用いて，

$$\left(\frac{2}{\sqrt{3}-i}\right)^{2015}$$

$$= \left(\cos\frac{\pi}{6} + i\sin\frac{\pi}{6}\right)^{2015}$$

$$= \left(\cos\frac{\pi}{6}\times 2015\right) + i\sin\left(\frac{\pi}{6}\times 2015\right)$$

$$= \cos\frac{5}{6}\pi + i\sin\frac{5}{6}\pi$$

$$= \frac{\sqrt{3}}{2} - \frac{1}{2}i である。$$

[問4] 条件より，

$$(x+1)^2 = (x-2)(x+7)$$

$$x^2 + 2x + 1 = x^2 + 5x - 14$$

$$15 = 3x$$

.

127

$\therefore$　$x=5$である。

[問5]　$x-1=t$とおくと，$x=t+1$

これは，$x\to1$のとき$t\to0$であるので，

$$与式=\lim_{t\to0}\frac{\sin\pi(t+1)}{t}$$

$$=\lim_{t\to0}\frac{\sin(\pi+\pi t)}{t}$$

$$=\lim_{t\to0}\frac{-\sin\pi t}{t}$$

$$=-\lim_{t\to0}\frac{\sin\pi t}{\pi t}\times\pi$$

$$=-\pi\quad である。$$

[問6]　$$\sqrt{1+\frac{\sqrt{3}}{2}}=\sqrt{\frac{2+\sqrt{3}}{2}}$$

$$=\sqrt{\frac{4+2\sqrt{3}}{4}}$$

$$=\frac{\sqrt{4+2\sqrt{3}}}{2}$$

$$=\frac{\sqrt{3}+1}{2}である。$$

ここで，$\sqrt{1}<\sqrt{3}<\sqrt{4}$

$1+1<\sqrt{3}+1<2+1$

$1<\dfrac{\sqrt{3}+1}{2}<\dfrac{3}{2}$なので，

$\dfrac{\sqrt{3}+1}{2}$の整数部分aは1である。

よって，小数部分bは，$b=\dfrac{\sqrt{3}+1}{2}-a=\dfrac{\sqrt{3}-1}{2}$　である。

したがって，

$$\frac{1}{a+b}+\frac{1}{a-b}=\frac{1}{1+\dfrac{\sqrt{3}-1}{2}}+\frac{1}{1-\dfrac{\sqrt{3}-1}{2}}$$

$$=\frac{2}{2+\sqrt{3}-1}+\frac{2}{2-\sqrt{3}+1}$$

$$= \frac{2}{1+\sqrt{3}} + \frac{2}{3-\sqrt{3}}$$

$$= \sqrt{3} - 1 + 1 + \frac{1}{3}\sqrt{3}$$

$$= \frac{4}{3}\sqrt{3} \ \text{である。}$$

[問7]　$\sin 3x - \sin x = 0$

$$\frac{1}{2}\cos\frac{3x+x}{2}\sin\frac{3x-x}{2} = 0$$

$$\frac{1}{2}\cos 2x \cdot \sin x = 0$$

∴　$\cos 2x = 0$　または，$\sin x$ である。

$0 < x \leqq 2\pi$ より，$0 < 2x \leqq 4\pi$ の範囲で，

$\cos 2x = 0$ を解いて，

$$2x = \frac{\pi}{2}, \ \frac{3}{2}\pi, \ \frac{5}{2}\pi, \ \frac{7}{2}\pi$$

∴　$x = \frac{\pi}{4}, \ \frac{3}{4}\pi, \ \frac{5}{4}\pi, \ \frac{7}{4}\pi$

$0 < x \leqq 2\pi$ の範囲で $\sin x = 0$ を解いて，

$x = \pi, \ 2\pi$

よって，$x = \frac{\pi}{4}, \ \frac{3}{4}\pi, \ \pi, \ \frac{5}{4}\pi, \ \frac{7}{4}\pi, \ 2\pi$ である。

[問8]　$11101_{(2)}$ は，10進数で表わすと，

$2^4 + 2^3 + 2^2 + 2^0 = 29$

$101_{(2)}$ は，10進数で表わすと，

$2^2 + 2^0 = 5$

よって，与式を計算した結果は10進数で $29 \times 5 = 145$ である。

これを2進数で表して，$10010001_{(2)}$　である。

```
2)145
2) 72 …1  ↑
2) 36 …0
2) 18 …0
2)  9 …0
2)  4 …1
2)  2 …0
    1 …0
```

【２】 3次方程式$x^3+6ax+b=0$ …①が$x=a-3i$を解にもつと，
$x=a+3i$も①の解である。

①の実数解をaとすると，解と係数の関係から，

$a+(a-3i)+(a+3i)=0$ …②

$a(a-3i)+(a-3i)(a+3i)+(a+3i)a=6a$ …③

$a(a-3i)(a+3i)=-b$ … ④

②から，$a=-2a$　これを③に代入して整理すると，

$a^2+2a-3=0$

よって，$(a+3)(a-1)=0$から　$a=-3,\ 1$

$a=-3$のとき，$a=6$であるから，④より，

$b=-108$

$a=1$のとき，$a=-2$であるから，④より，

$b=20$

ゆえに，

$a=-3$，$b=-108$，実数解は$x=6$

$a=1$，$b=20$，実数解は$x=-2$

〈解説〉解答参照。

【３】

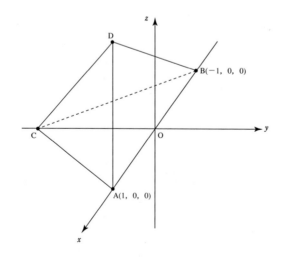

[問1]　c$(a,\ b,\ 0)$とおく$(b<0)$。

△ABCは正三角形なので,

$AC^2=AB^2$,　よって,　$(a-1)^2+b^2=4$　…①

$BC^2=AB^2$,　よって,　$(a+1)^2+b^2=4$　…②

①−②より,　$(a-1)^2=(a+1)^2$

$$a-1=\pm(a+1)$$
$$a=1\pm(a+1)$$
$$\therefore\quad a=a+2,\ -a$$

$a=a+2$は不成立なので,　$a=0$である。

①より,　$b=\sqrt{3}$　（∵　$b<0$）

よって,　C$(0,\ -\sqrt{3},\ 0)$である。

次に,　D$(p,\ q,\ r)$とおく。

$DA^2=-DB^2$より,　$(p-1)^2+q^2+r^2=(p+1)^2+q^2+r^2$

$$(p-1)^2=(p+1)^2$$
$$p-1=\pm(p+1)$$
$$p=1\pm(p+1)$$
$$\therefore\quad p=p+2,\ -p$$

$p=p+2$は不成立なので,　$p=0$　である。

・$DC^2=DA^2$より,　$p^2+(q+\sqrt{3})^2+r^2=(p-1)^2+q^2+r^2$

これに,　$p=0$を代入して$q=-\dfrac{\sqrt{3}}{3}$

・$DA^2=AB^2$より,　$(p-1)^2+q^2+r^2=4$

これに,　$p=0,\ q=-\dfrac{\sqrt{3}}{3}$を代入して,　$r=\dfrac{2\sqrt{6}}{3}$

よって,　D$\left(0,\ -\dfrac{\sqrt{3}}{3},\ \dfrac{2\sqrt{6}}{3}\right)$である。

[問2]　[問1]とCE：EO＝2：1より,　Eの座標は,　$\left(0,\ -\dfrac{\sqrt{3}}{3},\ 0\right)$

よって,　点Gの座標は,

$$\left(0,\ \dfrac{-\dfrac{\sqrt{3}}{3}+3\left(-\dfrac{\sqrt{3}}{3}\right)}{3+1},\ \dfrac{\dfrac{2\sqrt{6}}{3}}{3+1}\right)$$

すなわち，$\left(0, \ -\dfrac{\sqrt{3}}{3}, \ \dfrac{\sqrt{6}}{6}\right)$

[問3]　△ADEは直角三角形であるから，三平方の定理より，

$AD^2 = DE^2 + AE^2$

よって，$2^2 = \left(\dfrac{2\sqrt{6}}{3}\right)^2 + AE^2$　これを解いて，$AE = \dfrac{2\sqrt{3}}{3}$

よって求める面積は，

$\dfrac{3}{4}△ADE = \dfrac{3}{4}\left(\dfrac{1}{2} \cdot DE \cdot AE\right) = \dfrac{3}{4} \cdot \dfrac{1}{2} \cdot \dfrac{2\sqrt{6}}{3} \cdot \dfrac{2\sqrt{3}}{3} = \dfrac{\sqrt{2}}{2}$

〈解説〉解答参照。

【4】 $z + \dfrac{1}{z} = x + yi + \dfrac{1}{x+yi} = x + yi + \dfrac{x-yi}{x^2+y^2}$

$\qquad\qquad = \left(x + \dfrac{x}{x^2+y^2}\right) + \left(y - \dfrac{y}{x^2+y^2}\right)i$　…①

$z + \dfrac{1}{z}$ は，実数だから，$y - \dfrac{y}{x^2+y^2} = 0$

$y\left(1 - \dfrac{1}{x^2+y^2}\right) = 0$

$y(x^2+y^2-1) = 0$

すなわち，$y=0$ または，$x^2+y^2=1$

i)　$y=0$ のとき，$z=x+yi$ に代入して，$z=x$ だから，

$1 \le x + \dfrac{1}{x} \le 6$　明らかに $x>0$ だから，

$x \le x^2 + 1 \le 6x$

つまり，$\begin{cases} x^2 - x + 1 \ge 0 \\ x^2 - 6x + 1 \le 0 \end{cases}$

$x^2 - x + 1 = \left(x - \dfrac{1}{2}\right)^2 + \dfrac{3}{4} > 0$ は常に成り立つ。

また，$x^2 - 6x + 1 \le 0$ から，$3 - 2\sqrt{2} \le x \le 3 + 2\sqrt{2}$

ii)　$x^2+y^2=1$ のとき，①に代入して，$z + \dfrac{1}{z} = 2x$ より，$1 \le 2x \le 6$

ゆえに，$\dfrac{1}{2} \le x \le 3$　…②

また，$y^2 = 1 - x^2 \ge 0$ より，$0 \ge (x+1)(x-1)$

ゆえに，$-1 \le x \le 1$　…③

②，③より，$\dfrac{1}{2}\leqq x\leqq 1$

i), ii)より，

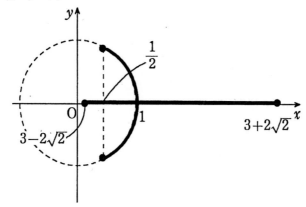

〈解説〉解答参照。

【5】Aの袋から3個の玉を取り出す方法は，次の[1]，[2]，[3]のいずれか
で，これらは互いに排反である。

[1]　Aの袋から赤玉2個，白玉1個を取り出す

[2]　Aの袋から赤玉1個，白玉2個を取り出す

[3]　Aの袋から白玉3個を取り出す

[1]のときの確率　$\dfrac{{}_2C_2\cdot{}_5C_1}{{}_7C_3}=\dfrac{1}{7}$

[2]のときの確率　$\dfrac{{}_2C_1\cdot{}_5C_2}{{}_7C_3}=\dfrac{4}{7}$

[3]のときの確率　$\dfrac{{}_5C_3}{{}_7C_3}=\dfrac{2}{7}$

よって，[1]の場合，Bの袋には赤玉$(m+2)$個，白玉$(n+1)$個入ってい
るから，Bの袋から赤玉1個，白玉1個を取り出す確率は，

$\dfrac{1}{7}\times\dfrac{(m+2)(n+1)}{{}_7C_2}=\dfrac{(m+2)(n-1)}{147}$

[2]の場合，Bの袋には赤玉$(m+1)$個，白玉$(n+2)$個入っているから，B
の袋から赤玉1個，白玉1個を取り出す確率は，

$$\frac{4}{7} \times \frac{(m+1)(n+2)}{{}_7\mathrm{C}_2} = \frac{4(m+1)(n+2)}{147}$$

[3]の場合，Bの袋には赤玉m個，白玉$(n+3)$個入っているから，Bの袋から赤玉1個，白玉1個を取り出す確率は，

$$\frac{2}{7} \times \frac{m(n+3)}{{}_7\mathrm{C}_2} = \frac{2m(n+3)}{147}$$

したがって，求める確率は，

$$P = \frac{(m+2)(n+1)}{147} + \frac{4(m+1)(n+2)}{147} + \frac{2m(n+3)}{147}$$

$$= \frac{7mn+15m+6n+10}{147}$$

$m+n=4$から，$n=4-m$

よって，$7mn+15m+6n+10$

$$= 7m(4-m)+15m+6(4-m)+10$$

$$= -7m^2+37m+34$$

$$= -7\left(m-\frac{37}{14}\right)^2 + 7 \cdot \left(\frac{37}{14}\right)^2 + 34 \quad \cdots ①$$

ここで，$\dfrac{5}{2} < \dfrac{37}{14} < 3$であり，$m=1$，$2$，$3$のいずれかであるから，①は

$m=3$のとき最大となる。

このとき，Pも最大となるから，求めるmとnの値は，

$m=3$，$n=4-3=1$

〈解説〉解答参照。

【6】[問1]　点Pにおける接線の方程式は，$x_1 x + \dfrac{y_1 y}{3} = 1$

よって，点Pにおける法線ℓの方程式は，

$$\frac{y_1}{3}(x-x_1) - x_1(y-y_1) = 0$$

$y=0$とすると，$y_1(x-x_1) + 3x_1 y_1 = 0$

$y_1 > 0$であるから，$x-x_1+3x_1 = 0$

ゆえに，$x = -2x_1$　　　したがって，$x_2 = -2x_1$

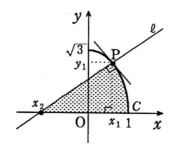

[問2] 曲線Cを表す方程式は，$y=\sqrt{3(1-x^2)}$ $(x\geqq0)$

よって，[問1]の図から，

$$S(\theta)=\frac{1}{2}(x_1-x_2)y_1+\int_{x_1}^{1}\sqrt{3(1-x^2)}dx=\frac{1}{2}\cdot3x_1\,y_1+\sqrt{3}\int_{x_1}^{1}\sqrt{1-x^2}\,dx$$

$$=\frac{3}{2}\cos\theta\cdot\sqrt{3}\sin\theta+\sqrt{3}\int_{\cos\theta}^{1}\sqrt{1-x^2}dx$$

$$=\frac{3\sqrt{3}}{2}\sin\theta\cos\theta+\sqrt{3}\int_{\cos\theta}^{1}\sqrt{1-x^2}dx$$

ア　$\dfrac{3\sqrt{3}}{2}$　　イ　$\sqrt{3}$

[問3]　[問2]から，

$$S'(\theta)=\frac{3\sqrt{3}}{2}(\cos^2\theta-\sin^2\theta)+\sqrt{3}\cdot\frac{d}{d\theta}\int_{\cos\theta}^{1}\sqrt{1-x^2}\,dx$$

$$=\frac{3\sqrt{3}}{2}\cos2\theta+\sqrt{3}\cdot\sqrt{1-\cos^2\theta}\times(\cos\theta)'$$

$$=\frac{3\sqrt{3}}{2}\cos2\theta+\sqrt{3}\cdot\sin^2\theta\quad(\because\quad\sin\theta>0)$$

$$=\frac{3\sqrt{3}}{2}\cos2\theta+\sqrt{3}\frac{1-\cos2\theta}{2}$$

$$=\frac{\sqrt{3}}{2}(3\cos2\theta+1-\cos2\theta)$$

$$=\frac{\sqrt{3}}{2}(2\cos2\theta+1)$$

$S'(\theta)=0$とすると，$\cos2\theta=-\dfrac{1}{2}$

$0<2\theta<\pi$であるとき，$2\theta=\dfrac{2}{3}\pi$

よって，$\theta = \dfrac{\pi}{3}$

$0 < \theta < \dfrac{\pi}{2}$における$S(\theta)$の増減表は，次のようになる。

θ	0	……	$\dfrac{\pi}{3}$	……	$\dfrac{\pi}{2}$
$S'(\theta)$		$+$	0	$-$	
$S(\theta)$		↗	極大	↘	

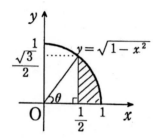

よって，$S(\theta)$は$\theta = \dfrac{\pi}{3}$のとき最大となる。

$$S\left(\dfrac{\pi}{3}\right) = \dfrac{3\sqrt{3}}{2} \cdot \dfrac{\sqrt{3}}{2} \cdot \dfrac{1}{2} + \sqrt{3} \int_{\frac{1}{2}}^{1} \sqrt{1-x^2}\,dx$$

ここで，$\displaystyle\int_{\frac{1}{2}}^{1} \sqrt{1-x^2}\,dx$は図の斜線部分の面積を表すから，

$$\pi \cdot 1^2 \cdot \dfrac{1}{6} - \dfrac{1}{2} \cdot \dfrac{1}{2} \cdot \dfrac{\sqrt{3}}{2} = \dfrac{\pi}{6} - \dfrac{\sqrt{3}}{8}$$

よって，最大値は，$\dfrac{\sqrt{3}}{4}\left(\dfrac{3\sqrt{3}}{2} + \dfrac{2\pi}{3} - \dfrac{\sqrt{3}}{2}\right) = \dfrac{9 + 2\sqrt{3}\,\pi}{12}$

〈解説〉解答参照。

2015年度　　実施問題

【中学校】

【1】次の[問1]〜[問10]に答えよ。(答えのみでよい。)

[問1]　$\dfrac{1}{7}$を小数で表したとき，小数第100位の数字を求めよ。

[問2]　平行四辺形ABCDにおいて，辺CD上にCE：ED＝1：3となる点Eをとり，線分BDと線分AEの交点を点Fとし，直線AEと直線BCの交点を点Gとする。このとき，AF：FE：EGを求めよ。

[問3]　次の図のように円A，B，Cはそれぞれ直線lに接し，円A，B，Cは互いに外接している。

　　　円Aの半径が4cm，円Bの半径が9cmのとき，円Cの半径を求めよ。

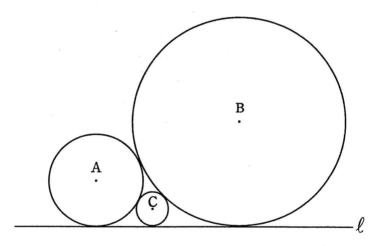

[問4]　不等式|2x−5|＜x+1を解け。

[問5]　分数式$\dfrac{a^4+a^3b-ab^3-b^4}{a^3-a^2b-ab^2+b^3}$を約分せよ。ただし，$a\neq b$とする。

[問6]　座標平面上の3点A(−3，−1)，B(1，3)，C(−1，6)を頂点とする△ABCの面積を求めよ。

[問7]　$\log_{10}2=a$，$\log_{10}3=b$のとき，$\log_3 32$をaとbを用いて表せ。

[問8]　$2\sin^2\theta+\cos\theta-1=0$　$(0\leqq\theta<2\pi)$を解け。

[問9]　曲線$y=-x^2+x+2$と2つの直線$y=x+1$，$x=2$のすべてに囲まれた図形の面積を求めよ。

[問10]　硬貨を10枚投げるとき，3枚以上表が出る確率を求めよ。

(☆◯◯◯)

【2】次の図のように，正三角形ACDと正三角形CBEで，点Bと点D，点Aと点Eををそれぞれ結び，その交点をPとする。

　このとき，∠APC＝∠BPCを証明せよ。

　その際，中学生がノートに書く手本となるように，証明の根拠となることがらを適切に記述すること。

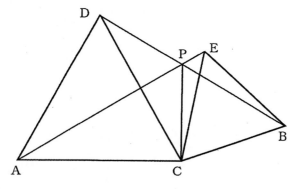

(☆☆◯◯◯)

【3】次の図の曲線は，$y=\dfrac{a}{x}(a>0，x>0)$のグラフである。

　この曲線上に，2点A，Bをとって原点とそれぞれ結ぶ。また，A，Bからx軸におろした垂線とx軸との交点をそれぞれC，Dとし，線分OBと線分ACとの交点をEとする。

　また，図1の線分OA，OBと曲線ABに囲まれた図形の面積をS_1，図2の線分AC，CD，DBと曲線ABに囲まれた図形の面積をS_2とする。

　このとき，$S_1=S_2$であることを証明せよ。

図1

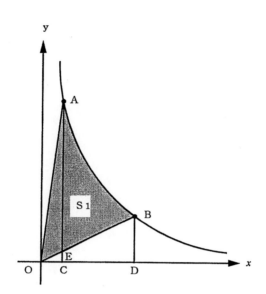

図2

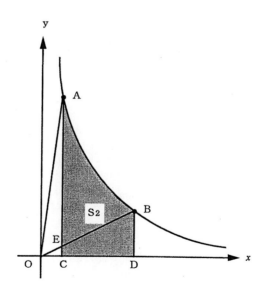

(☆☆○○○)

【4】実数a, b, cで, $a+b+c=1$, $abc=ab+bc+ca$のとき, a, b, cのうち, 少なくとも1つは1に等しいことを示せ。

(☆☆☆◎◎◎)

【5】1辺の長さが2の正六角形ABCDEFにおいて, 辺BCの中点をMとし, 辺DE上にAN⊥FMとなるようにNをとる。$\overrightarrow{AB} = \vec{a}$, $\overrightarrow{AF} = \vec{b}$として, $\overrightarrow{AN}$を$\vec{a}$, $\vec{b}$で表せ。

(☆☆☆◎◎◎)

【6】△ABCにおいて, $\dfrac{AB}{7}=\dfrac{BC}{5}=\dfrac{CA}{3}$のとき, この三角形の最大の角とその大きさを求めよ。

(☆☆◎◎◎)

【7】数列$\dfrac{1}{1}$, $\dfrac{1}{2}$, $\dfrac{2}{2}$, $\dfrac{1}{3}$, $\dfrac{2}{3}$, $\dfrac{3}{3}$, $\dfrac{1}{4}$, $\dfrac{2}{4}$, $\dfrac{3}{4}$, $\dfrac{4}{4}$, $\dfrac{1}{5}$, $\dfrac{2}{5}$, $\dfrac{3}{5}$, …について, 次の[問1], [問2]に答えよ。

[問1]　$\dfrac{7}{10}$は第何項か求めよ。(答えのみでよい。)

[問2]　第1000項までの和を求めよ。

(☆☆☆◎◎◎)

【8】次の[問1]〜[問3]に答えよ。

[問1]　次の文は, 現行の中学校学習指導要領「数学」に示されている「第2　各学年の目標及び内容」の, 第3学年の目標の一部である。
（　①　）,（　②　）にあてはまる語句を書け。

　　数の（　①　）について理解し, 数の概念についての理解を深める。また, 目的に応じて計算したり式を変形したりする能力を伸ばすとともに,（　②　）について理解し用いる能力を培う。

[問2]　次の文は, 現行の中学校学習指導要領「数学」に示されている「第2　各学年の目標及び内容」の, 第2学年及び第3学年の内容に示

されている数学的活動である。

（　①　）～（　④　）にあてはまる語句を書け。

ア　既習の数学を基にして，数や図形の性質などを見いだし，
（　①　）活動

イ　日常生活や（　②　）で数学を利用する活動

ウ　数学的な表現を用いて，（　③　）を明らかにし（　④　）説明し
伝え合う活動

[問3]　次の表は，小学校算数科と中学校数学科の領域間の関連を表し
たものである。このとき，（　①　）～（　④　）にあてはまる中学校
数学科の領域を書け。

小学校算数科の領域と主な内容		中学校数学科の領域
A　数と計算	・数の概念	（①）
	・整数，小数，分数の計算	
B　量と測定	・重さ，速さなど生活に必要な量と測定	（②）
	・長さ，面積，体積など図形の計量	
C　図形	・図形の性質	
D　数量関係	・□，△，a，x などを用いた式	（①）
	・伴って変わる数量の関係	（③）
	・比例，反比例	
	・場合の数	（④）
	・資料の整理	

(☆☆○○○)

【高等学校】

【1】次の[問1]～[問8]に答えよ。(答えのみでよい)

[問1]　x^4+4を有理数の範囲で因数分解せよ。

[問2]　2160の正の約数について，次の(1)，(2)に答えよ。

(1)　約数の個数を求めよ。

(2)　約数の総和を求めよ。

[問3]　図のようにAB＝5，BC＝6，CA＝4の△ABCがある。△ABCの内
心をIとし，直線AIと辺BCの交点をDとするとき，AI：IDを求めよ。

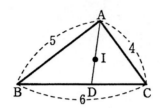

[問4]　5個の数字0，1，2，3，4を重複なく使ってできる5桁の数を，小さい方から順に並べたとき，31024は何番目の数か，求めよ。

[問5]　$(1+x+x^2+\cdots+x^{10})^3$ の展開式における x^{10} の項の係数を求めよ。

[問6]　整式 x^{2015} を x^2+1 で割った余りを求めよ。

[問7]　座標平面上において点A(1，0)を通り，直線 $x=-1$ に接する円の中心をP(x，y)とする。このとき，点Pの軌跡の方程式を求めよ。

[問8]　極限値 $\displaystyle\lim_{x\to-\infty}(\sqrt{x^2+x+x})$ を求めよ。

(☆◯◯◯)

【2】$0°\leqq x\leqq 90°$ のとき，$\dfrac{1}{2-\sin^2x}+\dfrac{1}{2-\cos^2x}$ の最大値と最小値を求めよ。また，そのときの x の値を求めよ。

(☆☆◯◯◯)

【3】図のように，OA＝3，OB＝4，AB＝$\sqrt{11}$ の△OABがある。頂点Oから辺ABに垂線OHを下ろし，辺OBを2：1に内分する点をMとし，線分OHと線分AMの交点をPとする。

$\overrightarrow{\text{OA}}=\overrightarrow{a}$，$\overrightarrow{\text{OB}}=\overrightarrow{b}$ とするとき，次の[問1]，[問2]に答えよ。

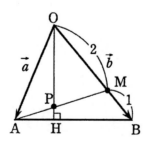

[問1]　内積 $\vec{a} \cdot \vec{b}$ を求めよ。

[問2]　$\overrightarrow{OH}$, $\overrightarrow{OP}$ をそれぞれ $\vec{a}$, $\vec{b}$ を用いて表せ。

(☆☆◎◎◎)

【4】 n が自然数のとき，3^n と $5n+2$ の大小を比較せよ。

(☆☆☆◎◎◎)

【5】 2次の正方行列 $A = \begin{pmatrix} a & b \\ c & d \end{pmatrix}$ が等式 $A^2 - 3A + 2E = O$ を満たすとき，$a+d$ と $ad-bc$ の値の組を求めよ。

ただし，E は2次の単位行列，O は2次の零行列とする。

(☆☆◎◎◎)

【6】 放物線 $y=x^2$ を y 軸のまわりに1回転して得られる曲面を内面とする容器がある。この容器に深さが h になるまで水を注いだときの水の体積を V とする。

このとき，次の[問1], [問2]に答えよ。

[問1]　V を h の式で表せ。

[問2]　この容器に単位時間あたり4の割合で水を注ぐとき，水の体積が π となった瞬間の水面の上昇する速さを求めよ。

(☆☆☆◎◎◎)

解答・解説

【中学校】

【 1 】[問1]　8　　　[問2]　AF：FE：EG＝12：9：7　　　[問3]　1.44cm(ま

たは，$\dfrac{36}{25}$cm)　　　[問4]　$\dfrac{4}{3}<x<6$　　　[問5]　$\dfrac{a^2+ab+b^2}{a-b}$　　　[問6]　10

[問7]　$\dfrac{5a}{b}$　　　[問8]　$\theta=0,\ \dfrac{2}{3}\pi,\ \dfrac{4}{3}\pi$　　　[問9]　$\dfrac{4}{3}$

[問10]　$\dfrac{121}{128}$

〈解説〉[問1]　$\dfrac{1}{7}=0.\dot{1}4285\dot{7}$ より小数第6n位ずつ循環する小数である。(n

は自然数)

6×16＝96より，小数第96位の数字は7と分かるので，

小数第97位の数字は1，小数第98位の数字は4，小数第99位の数字は2，

したがって，小数第100位の数字は8となる。

[問2]　△AED∽△GEC，DE：EC＝3：1より，

AE：EG＝3：1＝21：7…①

さらに，△ABF∽△EDF，AB：ED＝4：3より，

AF：EF＝4：3＝12：9…②

①，②より，AF：FE：EG＝12：9：7

[問3]　円A，B，Cの中心をそれぞれ，点A，B，Cとし，

円A，B，Cと直線lとの接点をそれぞれ，点D，E，Fとする。

点Aから線分BEに垂線を引き，その交点をGとすると，

△AGBについて三平方の定理より，$AB^2=AG^2+BG^2$

$(4+9)^2=AG^2+(9-4)^2$　　　これを解くと，AG＝12

次に，円Cの半径をrとする。

点Cから線分ADに垂線を引き，その交点をHとすると，

△AHCについて三平方の定理より，$AC^2=AH^2+CH^2$

$(4+r)^2=(4-r)^2+CH^2$より，$CH=4\sqrt{r}$

点Cから線分BEに垂線を引き，その交点をGとすると，

△BCIについて三平方の定理より，$BC^2 = BG^2 + CI^2$

$(9+r)^2 = (9-r)^2 + CI^2$ より，$CI = 6\sqrt{r}$

$AG = CH + CI$ より，$4\sqrt{r} + 6\sqrt{r} = 12$

$\sqrt{r} = \dfrac{6}{5}$ より，$r = \dfrac{36}{25}$ 〔cm〕

[問4]　i)　$2x-5 \geqq 0$ のとき $x \geqq \dfrac{5}{2}$　…①

また，$2x-5 < x+1$ より，$x < 6$ …②

①かつ②より，$\dfrac{5}{2} \leqq x < 6$ …③

ii)　$2x-5 < 0$ のとき，$x < \dfrac{5}{2}$　…④

また，$-2x+5 < x+1$ より，$x > \dfrac{4}{3}$　…⑤

④かつ⑤より，$\dfrac{4}{3} < x < \dfrac{5}{2}$　…⑥

③または⑥より，$\dfrac{4}{3} < x < 6$

[問5]　(与式) $= \dfrac{(a^4-b^4)+(a^3b-ab^3)}{(a^3+b^3)-(a^2b+ab^2)} = \dfrac{(a^2+b^2)(a^2-b^2)+ab(a^2-b^2)}{(a+b)(a^2-ab+b^2)-ab(a+b)}$

$= \dfrac{(a^2-b^2)(a^2+b^2+ab)}{(a+b)(a^2-ab+b^2-ab)} = \dfrac{(a+b)(a-b)(a^2+ab+b^2)}{(a+b)(a^2-2ab+b^2)}$

$= \dfrac{(a+b)(a-b)(a^2+ab+b^2)}{(a+b)(a-b)^2} = \dfrac{a^2+ab+b^2}{a-b}$

[問6]　$\vec{AB} = (4,\ 4)$，$\vec{AC} = (2,\ 7)$ より，

(△ABCの面積) $= \dfrac{1}{2}|4\times7 - 2\times4| = 10$

[問7]　$\log_3 32 = \dfrac{\log_{10}32}{\log_{10}3} = \dfrac{\log_{10}2^5}{\log_{10}3} = \dfrac{5\log_{10}2}{\log_{10}3} = \dfrac{5a}{b}$

[問8]　$\sin^2\theta = 1 - \cos^2\theta$ より，

$2(1-\cos^2\theta) + \cos\theta - 1 = 0$

$2\cos^2\theta - \cos\theta - 1 = 0$

$(2\cos\theta + 1)(\cos\theta - 1) = 0$

$\cos \theta = -\dfrac{1}{2}$, 1　よって，$0 \leqq \theta < 2\pi$ より，$\theta = 0$, $\dfrac{2}{3}\pi$, $\dfrac{4}{3}\pi$

[問9]　$y = -x^2 + x + 2$ と $y = x + 1$ の交点を求めると，

$-x^2 + x + 2 = x + 1$ より，$x^2 = 1$　よって，$x = \pm 1$

つまり，$(1, \ 2)$, $(-1, \ 0)$

よって，グラフに表わすと次の図の様になり，

斜線部分の面積を求めればよい。

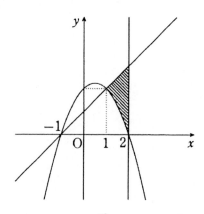

$\displaystyle \int_1^2 \{(x+1) - (-x^2 + x + 2)\}dx = \int_1^2 (x^2 - 1)dx = \left[\dfrac{x^3}{3} - x\right]_1^2 = \dfrac{4}{3}$

[問10]　硬貨を10枚投げるとき，

1枚も表が出ない確率は，$\left(\dfrac{1}{2}\right)^{10} = \dfrac{1}{1024}$

1枚だけ表が出る確率は，${}_{10}C_1 \left(\dfrac{1}{2}\right)^1 \left(\dfrac{1}{2}\right)^9 = \dfrac{10}{1024}$

2枚だけ表が出る確率は，${}_{10}C_2 \left(\dfrac{1}{2}\right)^2 \left(\dfrac{1}{2}\right)^8 = \dfrac{45}{1024}$

以上より，表が2枚以下出る確率は，$\dfrac{1 + 10 + 45}{1024} = \dfrac{7}{128}$

したがって，表が3枚以上出る確率は，$1 - \dfrac{7}{128} = \dfrac{121}{128}$

【2】[証明]

　　△ACE と △DCB について，

　　正三角形の辺の長さは等しいことより，AC＝DC，CE＝CB，

　　∠ACE＝60°＋∠DCE，同様に∠DCB＝60°＋∠DCE より，

　　∠ACE＝∠DCB

　　以上より2辺とその間の角が等しいので，△ACE≡△DCB

　　よって，∠CAP＝∠CDP，∠CEP＝∠CBP と分かるので，

　　円周角の定理の逆より，

　　4点 A，C，P，D と4点 C，B，E，P は，それぞれが1つの円周上にある。

　　したがって，∠APC＝∠ADC＝60°，∠BPC＝∠BEC＝60°，となるので，

　　∠APC＝∠BPC が成り立つ。

[証明終]

〈解説〉解答参照。

【3】[証明]

　　△OAC，△OBDの面積は，それぞれ

　　$\triangle OAC = \dfrac{1}{2} \times OC \times AC$ …①

　　$\triangle OBD = \dfrac{1}{2} \times OD \times BD$ …②

　　ここで2点A，Bは曲線$y = \dfrac{a}{x}$上の点だから，

　　$OC \times AC = OD \times BD$ …③

　　よって，①，②，③より

　　△OAC＝△OBD

　　したがって，△OAE＝四角形CDBE …④

　　また，線分AE，BE，曲線ABで囲まれた図形の面積をS_3とすると，

　　$S_1 = \triangle OAE + S_3$ …⑤

　　$S_2 = $四角形CDBE$ + S_3$ …⑥

　　④，⑤，⑥より，$S_1 = S_2$である。

[証明終]

〈解説〉(別解)

[証明]

点A，B のx座標をそれぞれ，α，β とする。

$$S_1 = \frac{1}{2}\alpha \times \frac{a}{\alpha} + S_2 - \frac{1}{2}\beta \times \frac{a}{\beta} = \frac{a}{2} + S_2 - \frac{a}{2} = S_2$$

[証明終]

【4】[証明]

$a+b+c=1$ より，

$a+b=1-c$ …①

$c=1-a-b$ …②

$abc=ab+bc+ca$ を変形していくと，

$ab+bc+ca-abc=0$

$ab-abc+bc+ca=0$

$ab(1-c)+c(a+b)=0$ …③

①，③ より，

$ab(1-c)+c(1-c)=0$

$(1-c)(ab+c)=0$

さらに，②を代入して，

$(1-c)(ab+1-a-b)=0$

$(1-c)(ab-a+1-b)=0$

$(1-c)\{a(b-1)+1-b\}=0$

$(1-c)(1-b)(1-a)=0$

a，b，c は実数より，$a=1$ または $b=1$ または $c=1$ と分かるので，

a，b，c のうち，少なくとも 1つは 1に等しいといえる。

[証明終]

〈解説〉解答参照。

【5】Nは辺DE上にあるから，

$$\overrightarrow{\mathrm{DN}} = k\,\overrightarrow{\mathrm{DE}}\ (0 \leqq k \leqq 1)\text{とおける}$$

$\overrightarrow{AN} = \overrightarrow{AD} + \overrightarrow{DN}$

$\quad = 2(\vec{a} + \vec{b}) + k(-\vec{a})$

$\quad = (2-k)\vec{a} + 2\vec{b}$

$\overrightarrow{FM} = \overrightarrow{FA} + \overrightarrow{AB} + \overrightarrow{BM}$

$\quad = -\vec{b} + \vec{a} + \dfrac{1}{2}(\vec{a} + \vec{b})$

$\quad = \dfrac{3}{2}\vec{a} - \dfrac{1}{2}\vec{b}$

ここで，$\overrightarrow{AN} \perp \overrightarrow{FM}$ だから，

$\overrightarrow{AN} \cdot \overrightarrow{FM} = 0$

$\{(2-k)\vec{a} + 2\vec{b}\} \cdot \left(\dfrac{3}{2}\vec{a} - \dfrac{1}{2}\vec{b}\right) = 0$

$\{(2-k)\vec{a} + 2\vec{b}\} \cdot (3\vec{a} - \vec{b}) = 0$

$3(2-k)|\vec{a}|^2 + (k+4)\vec{a} \cdot \vec{b} - 2|\vec{b}|^2 = 0 \quad \cdots ①$

$|\vec{a}|^2 = 2^2, \ |\vec{b}|^2 = 2^2$

$\vec{a} \cdot \vec{b} = |\vec{a}| \cdot |\vec{b}| \cdot \cos\dfrac{2}{3}\pi$ より

$\vec{a} \cdot \vec{b} = 2 \times 2 \times \left(-\dfrac{1}{2}\right) = -2$

これらを①に代入して，$3(2-k) \times 4 + (k+4) \times (-2) - 2 \times 4 = 0$

$24 - 12k - 2k - 8 - 8 = 0$

$-14k = -8$

$\quad k = \dfrac{4}{7}$

したがって，$\overrightarrow{AN} = \left(2 - \dfrac{4}{7}\right)\vec{a} + 2\vec{b}$

$\qquad\qquad\qquad = \dfrac{10}{7}\vec{a} + 2\vec{b}$

答え　$\overrightarrow{AN} = \dfrac{10}{7}\vec{a} + 2\vec{b}$

〈解説〉(別解)　DN：NE$=t：1-t$ とおくと，

$\overrightarrow{AN}=(1-t)\overrightarrow{AD}+t\overrightarrow{AE}$

$\quad=(1-t)\times2(\overrightarrow{AB}+\overrightarrow{AF})+t(\overrightarrow{AF}+\overrightarrow{FE})$

$\quad=(1-t)\times2(\overrightarrow{a}+\overrightarrow{b})+t(\overrightarrow{b}+\overrightarrow{a}+\overrightarrow{b})$

$\quad=(2-t)\overrightarrow{a}+2\overrightarrow{b}\quad\cdots①$

$\overrightarrow{FM}=\overrightarrow{AM}-\overrightarrow{AF}$

$\quad=\overrightarrow{AB}+\overrightarrow{BM}-\overrightarrow{AF}$

$\quad=\overrightarrow{a}+\dfrac{1}{2}(\overrightarrow{a}+\overrightarrow{b})-\overrightarrow{b}$

$\quad=\dfrac{3}{2}-\dfrac{1}{2}\overrightarrow{b}$

AN⊥FM より，$\overrightarrow{AN}\cdot\overrightarrow{FM}=0$ となるので，

$\left\{(2-t)\overrightarrow{a}+2\overrightarrow{b}\right\}\cdot\left(\dfrac{3}{2}\overrightarrow{a}-\dfrac{1}{2}\overrightarrow{b}\right)=0$

$\dfrac{3}{2}(2-t)|\overrightarrow{a}|^2+\dfrac{4+t}{2}\overrightarrow{a}\cdot\overrightarrow{b}-|\overrightarrow{b}|^2=0$

ここで，$|\overrightarrow{a}|=|\overrightarrow{b}|=2$，$\overrightarrow{a}\cdot\overrightarrow{b}=2\times2\times\cos120°=-2$ より，

$\dfrac{3}{2}(2-t)\times\dfrac{4+t}{2}\times(-2)-4=0$

これを解くと，$t=\dfrac{4}{7}$

よって，①に代入して，

$\overrightarrow{AN}=\dfrac{10}{7}\overrightarrow{a}+2\overrightarrow{b}$

【6】$\dfrac{AB}{7}=\dfrac{BC}{5}=\dfrac{CA}{3}=k$ (k は実数)とおくと，

AB$=7k$，BC$=5k$，CA$=3k$ となり，AB が最大の辺と分かる。

したがって，最大の角はその対角なので，∠C と分かる。

△ABC について余弦定理より，

$$\cos\angle C = \frac{BC^2 + CA^2 - AB^2}{2 \times BC \times CA}$$

$$= \frac{25k^2 + 9k^2 - 49k^2}{2 \times 5k \times 3k}$$

$$= \frac{-15k^2}{30k^2}$$

$$= -\frac{1}{2}$$

$0° < \angle C < 180°$ より，$\angle C = 120°$

よって，最大の角は C で，その大きさは $\angle C = 120°$

〈解説〉解答参照。

【7】[問1] 第52項　　[問2] $\frac{1}{1}$ ｜ $\frac{1}{2}$, $\frac{2}{2}$ ｜ $\frac{1}{3}$, $\frac{2}{3}$, $\frac{3}{3}$ ｜ $\frac{1}{4}$, $\frac{2}{4}$, $\frac{3}{4}$, $\frac{4}{4}$ ｜ $\frac{1}{5}$, $\frac{2}{5}$, $\frac{3}{5}$, $\frac{4}{5}$, $\frac{5}{5}$ ｜ … のように群に分ける。

初項から第n群の末項までの項の総数は，

$1 + 2 + \cdots + n = \frac{1}{2}n(n+1)$

$\frac{1}{2}n(n+1)$ について，$n=44$ のとき990，$n=45$ のとき1035となり

第1000項は第45群の10番目の項とわかる。

また，第k群の和は，

$\frac{1}{k} + \frac{2}{k} + \cdots + \frac{k}{k} = \frac{1}{k} \times \frac{1}{2}k(k+1)$

$= \frac{1}{2}(k+1)$

よって，1000項までの和は，

$\sum_{k=1}^{44} \frac{1}{2}(k+1) + \left(\frac{1}{45} + \frac{2}{45} + \cdots + \frac{10}{45}\right)$

$= \frac{1}{2} \times \left(\frac{1}{2} \times 44 \times 45 + 44\right) + \frac{1}{45} \times \frac{1}{2} \times 10 \times 11$

$= \frac{4664}{9}$

答え　$\frac{4664}{9}$

〈解説〉[問1]　分母が n の数列のかたまりを 第 n 群とする。(n は自然数)

$\dfrac{7}{10}$ は第10群の7番目の項と分かる。

第9群までの項の総数は，$1+2+3+\cdots+9=45$ [項]

したがって，

$\dfrac{7}{10}$ は，$45+7=52$

よって，第52項

[問2]　第 n 群までの項の総数は，$1+2+3+\cdots+n=\dfrac{n(n+1)}{2}$ [項]

この総数が1000を越えない範囲で n の最大値を求めると，

第44群までの項の総数は，$n=44$ のときより，$\dfrac{44\times45}{2}=990$ [項]

第45群までの項の総数は，$n=45$ のときより，$\dfrac{45\times46}{2}=1035$ [項]

したがって，第1000項は第45群の10番目の項と分かる。

まずは，第44群までの項の総和を求めていくと，

第 k 群の項の総和は，

$\dfrac{1}{k}+\dfrac{2}{k}+\dfrac{3}{k}+\cdots+\dfrac{k}{k}=\dfrac{1}{k}\times\dfrac{k(k+1)}{2}=\dfrac{k+1}{2}$

したがって，第44群までの項の総和は，

$\displaystyle\sum_{k=1}^{44}\dfrac{k+1}{2}=\dfrac{1}{2}(\dfrac{1}{2}\times44\times45+44)=517$

さらに，第45群の初めの10項を足せばよいので，

$517+\dfrac{1}{45}+\dfrac{2}{45}+\dfrac{3}{45}+\cdots+\dfrac{10}{45}=517+\dfrac{1}{45}\times\dfrac{10\times11}{2}=517+\dfrac{11}{9}=\dfrac{4664}{9}$

【8】[問1]　①　平方根　　②　二次方程式　　[問2]　①　発展させる　②　社会　　③　根拠　　④　筋道立てて　　[問3]　①　数と式　②　図形　　③　関数　　④　資料の活用

〈解説〉[問1]　「数と式」についての目標である。学年によって，どのように発展しているかをまとめておこう。　[問2]　〔数学的活動〕については，第2学年と第3学年とは同じであるが，第1学年だけが異なっていることに注意しよう。どう異なっているかを確認しておくこ

と。 [問3] 問題は，『中学校学習指導要領解説　数学編』の第2章第2節「1　内容構成の考え方」「(2)領域の構成　4領域について」に記載されている表である。

【高等学校】

【1】[問1]　$(x^2+2x+2)(x^2-2x+2)$　　　[問2] (1)　40個　　(2)　7440

[問3]　AI：ID＝3：2　　　[問4]　55番目　　　[問5]　66　　　[問6]　$-x$

[問7]　$y^2=4x$　　　[問8]　$-\dfrac{1}{2}$

〈解説〉[問1]　$x^4+4 = x^4+4x^2+4-4x^2=(x^2+2)^2-(2x)^2$

$$=(x^2+2-2x)(x^2+2+2x)$$

$$=(x^2-2x+2)(x^2+2x+2)$$

[問2]　(1)　$2160=2^4\times3^3\times5$ より，約数の個数は，

$(4+1)\times(3+1)\times(1+1)=5\times4\times2=40$〔個〕

(2)　約数の総和は，

$(2^4+2^3+2^2+2^1+1)(3^3+3^2+3^1+1)(5+1)=31\times40\times6=7440$

[問3]　$\angle BAD=\angle CAD$ なので，角の二等分線と辺の比の関係より，

AB：AC＝BD：CD

つまり，BD：CD＝5：4

よって，BD$=6\times\dfrac{5}{9}=\dfrac{10}{3}$

次に，△ABD について，

$\angle ABI=\angle DBI$ なので，角の二等分線と辺の比の関係より，

BA：BD＝AI：DI

つまり，AI：ID$=5:\dfrac{10}{3}=3:2$

[問4]　31024 より小さい数がいくつあるかを考える。

10000の位が1または2となる数は，

$2\times4\times3\times2\times1=48$〔個〕

10000の位が3かつ1000の位が0となる数は，

$3\times2\times1=6$〔個〕

31024は10000の位が3かつ1000の位が1となる数の一番小さい数より，

31024は小さい方から$48+6+1=55$〔番目〕

[問5]　$(1+x+x^2+\cdots+x^{10})(1+x+x^2+\cdots+x^{10})(1+x+x^2+\cdots+x^{10})$

の展開式の中で，x^{10}となる組み合わせと，出てくる個数をまとめると，

$1\times1\times x^{10}$は$\dfrac{3!}{2!}=3$〔個〕，$1\times x\times x^9$は$3!=6$〔個〕，$1\times x^2\times x^8$は$3!=6$〔個〕

$1\times x^3\times x^7$は$3!=6$〔個〕，$1\times x^4\times x^6$は$3!=6$〔個〕，$1\times x^5\times x^5$は$\dfrac{3!}{2!}=3$〔個〕

$x\times x\times x^8$は$\dfrac{3!}{2!}=3$〔個〕，$x\times x^2\times x^7$は$3!=6$〔個〕，$x\times x^3\times x^6$

は$3!=6$〔個〕

$x\times x^4\times x^5$は$3!=6$〔個〕，$x^2\times x^2\times x^6$は$\dfrac{3!}{2!}=3$〔個〕，$x^2\times x^3\times x^5$は$3!=6$〔個〕

$x^2\times x^4\times x^4$は$\dfrac{3!}{2!}=3$〔個〕，$x^3\times x^3\times x^4$は$\dfrac{3!}{2!}=3$〔個〕

以上より，$3+6+6+6+6+3+3+6+6+6+3+6+3+3=66$[個]

[問6]　x^{2015}をx^2+1で割った商を$Q(x)$，余りを$ax+b$とおくと，

$x^{2015}=(x^2+1)Q(x)+ax+b$　…①

ここで$x^2+1=0$となる$x=i$を①に代入して，

$i^{2015}=ai+b$

$i\times i^{2014}=ai+b$

$i\times(-1)^{1007}=ai+b$

$-i=ai+b$　a，bは実数であることより，$a=-1$，$b=0$

以上より，求める余りは，$-x$

(別解)　x^{2015}をx^2+1で割ると，商には，

$x^{2013}-x^{2011}+x^{2009}-x^{2007}+\cdots-x^3+x$が現れる。

最後の項xとx^2+1との計算は，$x\times(x^2+1)=x^3+x$となり，

余り部分は，$-x$

[問7]　問題の条件より，$x\geqq0$と分かる。

また，円が直線$x=-1$と接することより，円の半径は$x+1$となる。

よって，$PA=x+1$なので，$PA^2=(x+1)^2$

点P$(x,\ y)$を中心とする円が，点A$(1,\ 0)$を通るため，

$(1-x^2)+(0-y)^2=(x+1)^2$

これを整理して，$y^2=4x$

つまり，点Pの軌跡は放物線$y^2=4x$

[問8]　$\displaystyle\lim_{x\to-\infty}(\sqrt{x^2+x}+x)=\lim_{x\to-\infty}\dfrac{(\sqrt{x^2+x}+x)(\sqrt{x^2+x}-x)}{\sqrt{x^2+x}-x}$

$$= \lim_{x \to -\infty} \frac{(x^2+x)-x^2}{\sqrt{x^2+x}-x} = \lim_{x \to -\infty} \frac{x}{\sqrt{x^2+x}-x}$$

$$= \lim_{x \to -\infty} \frac{x}{|x|\sqrt{1+\frac{1}{x}}-x} = \lim_{x \to -\infty} \frac{x}{-x\sqrt{1+\frac{1}{x}}-x} \quad (\because \ x<0 \text{より}, \ |x|=-x)$$

$$= \lim_{x \to -\infty} \frac{x}{-\sqrt{1+\frac{1}{x}}-x} = -\frac{1}{2}$$

【2】 $\sin x = t$ とおくと，$0° \leqq x \leqq 90°$ のとき $0 \leqq t \leqq 1$

$$\frac{1}{2-\sin^2 x} + \frac{1}{2-\cos^2 x}$$

$$= \frac{1}{2-\sin^2 x} + \frac{1}{2-(1-\sin^2 x)}$$

$$= \frac{1}{2-t^2} + \frac{1}{1+t^2}$$

$$= \frac{1+t^2+2-t^2}{(2-t^2)(1+t^2)}$$

$$= \frac{3}{-t^4+t^2+2}$$

ここで，$z = -t^4+t^2+2$ とおく。

$$z = -t^4+t^2+2 = -\left(t^2-\frac{1}{2}\right)^2 + \frac{9}{4}$$

$0 \leqq t \leqq 1$ であるから $0 \leqq t^2 \leqq 1$

よって，$z = -\left(t^2-\frac{1}{2}\right)^2 + \frac{9}{4}$ の

$0 \leqq t^2 \leqq 1$ における z の最大値，最小値を考えると，

グラフより，$2 \leqq -t^4+t^2+2 \leqq \frac{9}{4}$

ゆえに，$\dfrac{4}{9} \leqq \dfrac{1}{-t^4+t^2+2} \leqq \dfrac{1}{2}$

よって，$\dfrac{4}{3} \leqq \dfrac{3}{-t^4+t^2+2} \leqq \dfrac{3}{2}$

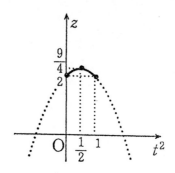

(i)　$\dfrac{3}{-t^4+t^2+2}=\dfrac{3}{2}$のとき，最大となり，

このとき，$t^2=0,\ 1$である。$0\leqq t\leqq 1$より，$t=0,\ 1$

すなわち，$\sin x=0,\ 1$のときで，

$0°\leqq x\leqq 90°$より$x=0°,\ 90°$

(ii)　$\dfrac{3}{-t^4+t^2+2}=\dfrac{4}{3}$のとき，最小となり，

このとき，$t^2=\dfrac{1}{2}$である。$0\leqq t\leqq 1$より$t=\dfrac{\sqrt{2}}{2}$

すなわち，$\sin x=\dfrac{\sqrt{2}}{2}$のときで，$0°\leqq x\leqq 90°$より$x=45°$

よって，$x=0°,\ 90°$のとき，最大値$\dfrac{3}{2}$

$\qquad\qquad x=45°$のとき，最小値$\dfrac{4}{3}$

〈解説〉(別解)　$k=\dfrac{1}{2-\sin^2 x}+\dfrac{1}{2-\cos^2 x}$　とする。

$k=\dfrac{2-\cos^2 x+2-\sin^2 x}{(2-\sin^2 x)(2-\cos^2 x)}=\dfrac{3}{2+\sin^2 x\cos^2 x}$

$\quad=\dfrac{3}{2+\dfrac{1}{4}\sin^2 2x}$　$\left(\because\quad \sin x\cos x=\dfrac{1}{2}\sin 2x\right)$

$\quad=\dfrac{12}{8+\sin^2 2x}$

ここで，$0°\leqq x\leqq 90°$より，$0°\leqq 2x\leqq 180°$

つまり，$0 \leqq \sin 2x \leqq 1$　　よって，$0 \leqq \sin^2 2x \leqq 1$ より，$8 \leqq 8 + \sin^2 2x \leqq 9$

よって，$\dfrac{12}{9} \leqq \dfrac{12}{8 + \sin^2 2x} \leqq \dfrac{12}{8}$　　つまり，$\dfrac{4}{3} \leqq k \leqq \dfrac{3}{2}$

$k = \dfrac{4}{3}$ のとき，$\sin 2x = 1$ より，$2x = 90°$　　よって，$x = 45°$

$k = \dfrac{3}{2}$ のとき，$\sin 2x = 0$ より，$2x = 0°,\ 180°$　　よって，$x = 0°,\ 90°$

以上より，

$x = 45°$ のとき，最小値 $\dfrac{4}{3}$

$x = 0°,\ 90°$ のとき，最大値 $\dfrac{3}{2}$

【3】[問1]　$|\overrightarrow{AB}|^2 = |\overrightarrow{OB} - \overrightarrow{OA}|^2 = |\vec{b} - \vec{a}|^2 = |\vec{b}|^2 - 2\vec{a} \cdot \vec{b} + |\vec{a}|^2$

　　　　　　　　$= 4^2 - 2\vec{a} \cdot \vec{b} + 3^2 = 25 - 2\vec{a} \cdot \vec{b}$

また，$|\overrightarrow{AB}|^2 = (\sqrt{11})^2 = 11$

よって，$25 - 2\vec{a} \cdot \vec{b} = 11$

ゆえに，$\vec{a} \cdot \vec{b} = 7$

[問2]　$AH : HB = s : (1-s)$ とすると $\overrightarrow{OH} = (1-s)\vec{a} + s\vec{b}$

$OH \perp AB$ であるから $\overrightarrow{OH} \cdot \overrightarrow{AB} = 0$

ここで，

$\overrightarrow{OH} \cdot \overrightarrow{AB} = \{(1-s)\vec{a} + s\vec{b}\} \cdot (\vec{b} - \vec{a})$

　　　　　　　$= -(1-s)|\vec{a}|^2 + (1-2s)\vec{a} \cdot \vec{b} + s|\vec{b}|^2$

　　　　　　　$= -(1-s) \cdot 3^2 + (1-2s) \cdot 7 + s \cdot 4^2$

　　　　　　　$= 11s - 2$

よって，$11s - 2 = 0$　すなわち $s = \dfrac{2}{11}$

ゆえに，$\overrightarrow{OH} = \dfrac{9}{11}\vec{a} + \dfrac{2}{11}\vec{b}$

また，$AP : PM = t : (1-t)$ とすると，

$$\overrightarrow{OP}=(1-t)\overrightarrow{OA}+t\overrightarrow{OM}=(1-t)\overrightarrow{a}+\frac{2}{3}t\overrightarrow{b}\quad\cdots\cdots①$$

一方，　$\overrightarrow{OP}=k\overrightarrow{OH}$（$k$は実数）とおくと，

$$\overrightarrow{OP}=k\left(\frac{9}{11}\overrightarrow{a}+\frac{2}{11}\overrightarrow{b}\right)=\frac{9}{11}k\overrightarrow{a}+\frac{2}{11}k\overrightarrow{b}\quad\cdots\cdots②$$

$\overrightarrow{a}\neq\overrightarrow{0}$，$\overrightarrow{b}\neq\overrightarrow{0}$，$\overrightarrow{a}\not\!/\!/\overrightarrow{b}$であるから，①，②より

$$1-t=\frac{9}{11}k,\ \frac{2}{3}t=\frac{2}{11}k$$

これを解くと，$t=\frac{1}{4}$，$k=\frac{11}{12}$

したがって，　$\overrightarrow{OP}=\frac{3}{4}\overrightarrow{a}+\frac{1}{6}\overrightarrow{b}$

〈解説〉[問1]　$\overrightarrow{a}\cdot\overrightarrow{b}=|\overrightarrow{a}||\overrightarrow{b}|\cos\angle AOB=3\times4\times\cos\angle AOB$
$$=12\cos\angle AOB$$

ここで，△OABについて余弦定理より，

$$\cos\angle AOB=\frac{OA^2+OB^2-AB^2}{2\times OA\times OB}=\frac{3^2+4^2-\sqrt{11}^2}{2\times3\times4}=\frac{7}{12}$$

よって，　$\overrightarrow{a}\cdot\overrightarrow{b}=12\times\frac{7}{12}=7$

[問2]　$AH:HB=s:1-s$とすると，　$\overrightarrow{OH}=(1-s)\overrightarrow{a}+s\overrightarrow{b}$　$\cdots①$

また，$\overrightarrow{OH}\perp\overrightarrow{AB}$より，$\overrightarrow{OH}\cdot\overrightarrow{AB}=0$であるので，

$\overrightarrow{AB}=\overrightarrow{b}-\overrightarrow{a}$と①より，$\{(1-s)\overrightarrow{a}+s\overrightarrow{b}\}\cdot(\overrightarrow{b}-\overrightarrow{a})=0$

展開すると，$-(1-s)|\overrightarrow{a}|^2+(1-2s)\overrightarrow{a}\cdot\overrightarrow{b}+s|\overrightarrow{b}|^2=0$

$\overrightarrow{a}\cdot\overrightarrow{b}=7$，$|\overrightarrow{a}|=3$，$|\overrightarrow{b}|=4$より，$-9(1-s)+7(1-2s)+16s=0$

これを解くと，$s=\frac{2}{11}$となるので，①より，$\overrightarrow{OH}=\frac{9}{11}\overrightarrow{a}+\frac{2}{11}\overrightarrow{b}$

次に，3点O，P，Hは一直線上にあるので，実数kを用いて，

$\overrightarrow{OP}=k\overrightarrow{OH}=\frac{9}{11}k\overrightarrow{a}+\frac{2}{11}k\overrightarrow{b}$　$\cdots②$と表せる。

また，AP：PM＝t：$1-t$とすると，$\overrightarrow{OP}=(1-t)\ \vec{a}+\dfrac{2}{3}t\ \vec{b}\cdots$③となる。

$\vec{a}$，$\vec{b}$は1次独立であることから②，③より，

$$\begin{cases} \dfrac{9}{11}k=1-t \\ \dfrac{2}{11}k=\dfrac{2}{3}t \end{cases} \text{となり，これを解くと，}$$

$$\begin{cases} k=\dfrac{11}{12} \\ t=\dfrac{1}{4} \end{cases} \text{よって，}\ \overrightarrow{OP}=\dfrac{3}{4}\vec{a}+\dfrac{1}{6}\vec{b}$$

【4】$n=1$，2，3，4のとき，3^nと$5n+2$の値を計算すると次の表のようになる。

n	1	2	3	4	$\cdots$
3^n	3	9	27	81	$\cdots$
$5n+2$	7	12	17	22	$\cdots$

そこで，

$n\geqq3$のとき，$3^n>5n+2\cdots\cdots$(A)を考える。

(i)　$n=3$のとき，(A)は成り立つ。

(ii)　$k\geqq3$として，$n=k$のとき(A)が成り立つ，

すなわち，$3^k>5k+2\cdots\cdots$(B)と仮定する。

$n=k+1$のとき，(A)の両辺の差を考えると，(B)により

$3^{k+1}-\{5(k+1)+2\}=3\cdot3^k-5k-7$

$>3(5k+2)-5k-7=10k-1$

$k\geqq3$であるから，$10k-1>0$

よって，$3^{k+1}>5(k+1)+2$

すなわち，$n=k+1$のときにも(A)は成り立つ。

(i)，(ii)により，

(A)は$n\geqq3$であるすべての自然数nについて成り立つ。

以上により，

$n=1$，2のとき　$3^n<5n+2$

$n\geqq3$のとき　　$3^n>5n+2$

〈解説〉i)　$n\leqq2$のときは，明らかに$3^n<5n+2$と分かる。

ii)　$n\geqq3$とする。

$f(x)=3^x-(5x+2)$とし，$x\geqq3$における符号を考える。

$f(3)=27-17=20>0$　…①

$f'(x)=3^x\log3-5$より，$f'(3)=27\log3-5=\log3^{27}-\log e^5>0$　…②

$f''(x)=3^x(\log3)^2>0$　…③

②，③より，「$x\geqq3$において$f'(x)>0$」…④と分かる。

さらに，①④より，$x\geqq3$において$f(x)>0$と分かる。

つまり，自然数nについても同様に，

$n\geqq3$のとき，$f(n)=3^n-(5n+2)>0$となるので，

$n\geqq3$のとき，$3^n>5n+2$

以上より，$n\leqq2$のとき，$3^n<5n+2$，$n\geqq3$のとき，$3^n>5n+2$

【５】ハミルトン・ケーリーの定理により，

$A^2-(a+d)A+(ad-bc)E=O$……①

また，$A^2-3A+2E=O$……②を満たしている。

②-①より

$(a+d-3)A-(ad-bc-2)E=O$

よって，$(a+d-3)A=(ad-bc-2)E$

(i)　$a+d-3=0$のとき，$ad-bc-2=0$であるから，

$a+d=3$，$ad-bc=2$

(ii)　$a+d-3\neq0$のとき，$A=\dfrac{ad-bc-2}{a+d-3}E$

$k=\dfrac{ad-bc-2}{a+d-3}$とおくと　$A=kE$……③

③を②に代入して$(kE)^2-3(kE)+2E=O$

よって，$(k^2-3k+2)E=O$

ゆえに，$k^2-3k+2=0$

$(k-1)(k-2)=0$ であるから $k=1$, 2

$k=1$ のとき,

③から $A=1 \cdot E=\begin{pmatrix} 1 & 0 \\ 0 & 1 \end{pmatrix}$

よって, $a+d=2$, $ad-bc=1$

$k=2$ のとき,

③から $A=2E=\begin{pmatrix} 2 & 0 \\ 0 & 2 \end{pmatrix}$

よって, $a+d=4$, $ad-bc=4$

これらの $a+d$ は, ともに $a+d-3 \neq 0$ を満たす。

したがって,

$(a+d,\ ad-bc)=(3,\ 2),\ (2,\ 1),\ (4,\ 4)$

〈解説〉解答参照。

【6】[問1]　$V=\pi \displaystyle\int_0^h x^2 dy = \pi \int_0^h y\,dy = \pi \left[\dfrac{y^2}{2} \right]_0^h = \pi \times \left(\dfrac{h^2}{2} - 0 \right) = \dfrac{\pi}{2} h^2$ である。

[問2]　[問1]より, $\dfrac{dV}{dh} = \pi h$

また, $\dfrac{dV}{dt} = 4$ であるから,

$\dfrac{dV}{dt} = \dfrac{dV}{dh} \cdot \dfrac{dh}{dt} = 4$ より, $\dfrac{dh}{dt} = \dfrac{4}{\pi h}$　…①

となる。

$V=\pi$ のとき[問1]より,

$\dfrac{\pi}{2} h^2 = \pi$ となり, $h > 0$ より $h = \sqrt{2}$

①に $h = \sqrt{2}$ を代入すると, $\dfrac{dh}{dt} = \dfrac{2\sqrt{2}}{\pi}$

よって, 水の体積が π となった瞬間の

水面の上昇する速さは, $\dfrac{2\sqrt{2}}{\pi}$ となる。

〈解説〉[問2]　(別解)　単位時間あたり4の割合で水を注ぐので,

$\dfrac{dV}{dt} = 4$　…①

[問1]の結果より, $\dfrac{dV}{dh} = \pi h$　…②

単位時間当たりの水面の高さ(y)は①，②より，

$$\frac{dh}{dt}=\frac{\dfrac{dV}{dt}}{\dfrac{dV}{dh}}=\frac{4}{\pi h} \quad \cdots ③$$

水の体積が π のとき，$V=\pi$ と $V=\dfrac{\pi}{2}h^2$ より，

$$\frac{\pi}{2}h^2=\pi \qquad これより，h^2=2$$

$h>0$ より，$h=\sqrt{2}$ $\cdots ④$

したがって，水の体積が π となった瞬間の水面の上昇する速さは，

③に④を代入して，$\dfrac{4}{\sqrt{2}\,\pi}=\dfrac{2\sqrt{2}}{\pi}$

2014年度　実施問題

【中学校】

【1】次の[問1]～[問10]に答えよ。(答えのみでよい。)

[問1]　次の図のようにマッチ棒を並べて図形を作ると，1番目の図形を作るには4本，2番目の図形を作るには12本のマッチ棒がそれぞれ必要である。n番目の図形を作るのに必要なマッチ棒の本数をnを用いて表せ。

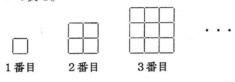

1番目　　　2番目　　　3番目

[問2]　$\sqrt{14}$ の近似値を小数第4位で四捨五入して，小数第3位まで求めよ。

[問3]　次の図のように，互いに接する3つの円があり，中の2つの円の共通接線と外側の円との交点をA，Bとする。

斜線部の面積をS，AB$=2h$とするとき，Sをhを用いた式で表せ。

ただし，3円の中心は一直線上にあるものとする。

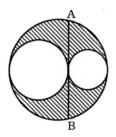

[問4]　$c(a^2-b^2)+a(b^2-c^2)+b(c^2-a^2)$を因数分解せよ。

[問5]　方程式$|x|+|x-3|=7$を解け。

[問6]　座標平面上で，点$(2，3)$を通り，直線$3x-4y+5=0$に垂直な直線の方程式を求めよ。

[問7]　$2\log_3 3\sqrt{2} - \log_3 2$を簡単にせよ。

[問8]　関数$f(x) = -\sin^2 x - \cos x + 3$のとき，最大値と最小値を求めよ。

[問9]　△ABCで，辺AB，BC，CA上に点P，Q，Rをそれぞれとる。
　　　　AP：PB＝2：1，CR：RA＝3：2で，AQ，BR，CPが1点で交わるとき，BQ：QCを求めよ。

[問10]　次のデータは17人の靴のサイズを示している。このデータを用いて箱ひげ図をかけ。

24.0　25.0　27.0　26.5　25.0　24.0　23.5　25.0　27.5　25.5
24.0　24.5　28.0　25.0　27.0　26.5　25.5　　（単位はcm）

（☆☆☆◎◎◎）

【2】2以上の自然数を，2つ以上の連続した自然数の和で表すと次のようになる。このとき，下の[問1]，[問2]に答えよ。

2　　×	8　　×	⋮
3 ＝ 1 ＋ 2	9 ＝ 4 ＋ 5	15 ＝ 7 ＋ 8
4　　×	＝ 2 ＋ 3 ＋ 4	＝ 4 ＋ 5 ＋ 6
5 ＝ 2 ＋ 3	10 ＝ 1 ＋ 2 ＋ 3 ＋ 4	＝ 1 ＋ 2 ＋ 3 ＋ 4 ＋ 5
6 ＝ 1 ＋ 2 ＋ 3	11 ＝ 5 ＋ 6	⋮
7 ＝ 3 ＋ 4	⋮	
	（注）×は表すことができないことを示す。	

[問1]　45を2つ以上の連続した自然数の和で表せ。ただし，9や15のように表し方が1通りではないときは，すべての場合についてかけ。

[問2]　「すべての自然数nについて，2^nで表される自然数は2つ以上の連続した自然数の和で表すことができない。」ことを証明せよ。

（☆☆☆◎◎◎）

【3】次の図のような線分を，定規とコンパスを用いて3等分したい。どのように作図すればよいか。作図の手順を箇条書きで簡潔に答えよ。

A ——————————— B

（☆☆☆◎◎◎）

【4】 △ABCで，∠A，∠B，∠Cのそれぞれの二等分線が1点で交わることを証明せよ。

(☆☆☆◎◎◎)

【5】 円に内接する四角形ABCDがある。AB＝4cm，BC＝5cm，CD＝10cm，DA＝7cmのとき，四角形ABCDの面積を求めよ。

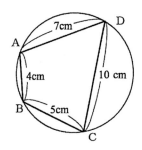

(☆☆☆◎◎◎)

【6】 座標平面上で，点(2，－3)から放物線$y＝x^2－2x＋6$にひいた接線の方程式を求めよ。

(☆☆☆◎◎◎)

【7】 四面体OABCの辺OAの中点をM，辺BCの中点をN，線分MNを2：3に内分する点をPとし，直線OPと平面ABCの交点をQとする。
$\overrightarrow{OA}＝\overrightarrow{a}$，$\overrightarrow{OB}＝\overrightarrow{b}$，$\overrightarrow{OC}＝\overrightarrow{c}$とするとき，次の[問1]，[問2]に答えよ。

[問1]　$\overrightarrow{OP}$を$\overrightarrow{a}$，$\overrightarrow{b}$，$\overrightarrow{c}$で表せ。(答えのみでよい。)

[問2]　$\overrightarrow{OQ}$を$\overrightarrow{a}$，$\overrightarrow{b}$，$\overrightarrow{c}$で表せ。

(☆☆☆◎◎◎)

【8】次の文は，現行の中学校学習指導要領「数学」に示されている「第2　各学年の目標及び内容」から，各学年の関数領域の目標を抜き出したものである。下の[問1]，[問2]に答えよ。

〔第1学年〕

　　（　①　）事象を調べることを通して，比例，反比例についての（　②　）を深めるとともに，（　③　）を見いだし（　④　）し考察する能力を【　ア　】。

〔第2学年〕

　　（　①　）事象を調べることを通して，一次関数について（　②　）するとともに，（　③　）を見いだし（　④　）し考察する能力を【　イ　】。

〔第3学年〕

　　（　①　）事象を調べることを通して，関数$y=ax^2$について（　②　）するとともに，（　③　）を見いだし（　④　）し考察する能力を【　ウ　】。

[問1]　文中の（　①　）～（　④　）にあてはまる語句を，次のア～コからそれぞれ1つ選び，その記号をかけ。

　　ア　具体的な　　　　イ　数量関係　　　ウ　理解
　　エ　思考　　　　　　オ　知識　　　　　カ　関数関係
　　キ　身の回りの　　　ク　表現　　　　　ケ　判断
　　コ　活動

[問2]　文中の【　ア　】～【　ウ　】にあてはまる語句の組合せを次のA～Cから選び，その記号をかけ。

　　A　・・・・　ア　はぐくむ　　イ　培う　　　ウ　伸ばす
　　B　・・・・　ア　培う　　　　イ　養う　　　ウ　伸ばす
　　C　・・・・　ア　はぐくむ　　イ　養う　　　ウ　培う

（☆☆☆◎◎◎）

【9】現行の小学校及び中学校学習指導要領には，次の①～⑤の用語や記号を指導する段階が示されている。初めてこれらの用語や記号を指導する段階を答えよ。ただし，小学校で指導するものには「小」の文字で，中学校第1学年で指導するものには「1」，中学校第2学年で指導す

166

るものには「2」，中学校第3学年で指導するものには「3」の数字でそれぞれ答えるものとする。

① 関数　　② ＞ ＜　　③ 比例　　④ 逆　　⑤ 有理数

(☆☆☆◎◎◎)

【高等学校】

【１】 次の[問1]～[問8]に答えよ。(答えのみでよい)

[問1]　次の図は，2次関数$y=ax^2+bx+c$のグラフである。

このときa, b, cの符号をそれぞれ書け。

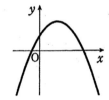

[問2]　複素数$(1+i)^7$の値を求めよ。

[問3]　赤玉1個，青玉2個，白玉6個の玉がある。

これらの9個の玉をすべて用いて何通りの環状の首飾りが作れるか求めよ。

[問4]　次の6個のデータについて，標準偏差を求めよ。

1，4，5，8，8，10

[問5]　2^{2013}は何桁の整数か求めよ。また，2^{2013}の最高位の数を求めよ。

ただし，最高位の数とは，例えば68729の場合は6を指す。

また，$\log_{10}2=0.3010$，$\log_{10}3=0.4771$とする。

[問6]　あるボールを水平な床に落とすと，常に落ちる高さの$\dfrac{9}{10}$まで跳ね返るという。このボールを1mの高さから落としたとき，静止するまでに，このボールが上下に移動する距離(m)を求めよ。

[問7]　1207と994の2つの整数の最大公約数を求めよ。

[問8]　$0<x<\dfrac{\pi}{2}$のとき，$\dfrac{\sin x}{\cos x}+\dfrac{3}{\tan x}$の最小値を求めよ。また，そのときの$x$の値を求めよ。

(☆☆☆◎◎◎)

【2】次の文は，方べきの定理の一部について，書いたものである。

下の[問1]，[問2]に答えよ。

図のように，円とその2つの弦AB，CDがある。

弦AB，CDの延長の交点をPとする。

このとき，関係式[　　]が成り立つ。

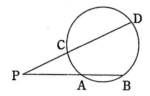

[問1]　上の[　　]にあてはまる式をかけ。

[問2]　この図で，方べきの定理が成り立つことを証明せよ。

(☆☆☆○○○)

【3】関数$f(x)$は，次の2つの条件を満たしている。

(i)　導関数$f'(x)$は連続である。

(ii)　$f(x)=\displaystyle\int_{1}^{x}(x-t)f'(t)dt+3x+1$を満たしている。このとき，

関数$f(x)$を求めよ。

(☆☆☆○○○)

【4】数列$\{a_n\}$が$a_1=5$，$a_{n+1}=\dfrac{5a_n+6}{a_n+4}$で定められている。

次の[問1]，[問2]に答えよ。

[問1]　$b_n=\dfrac{a_n+\beta}{a_n+\alpha}$とおく。

このとき，数列$\{b_n\}$が等比数列となるようなα，$\beta\,(\alpha>\beta)$の値
を求めよ。

[問2]　一般項a_nを求めよ。

(☆☆☆○○○)

【5】 1辺の長さが1の正四面体OABCにおいて，3辺OB，OC，AB上にそ
れぞれ点D，E，Fを OD＝$\frac{1}{2}$，OE＝t （0＜t＜1），AF＝$\frac{1}{3}$ となるように
とる。$\overrightarrow{OA}＝\vec{a}$，$\overrightarrow{OB}＝\vec{b}$，$\overrightarrow{OC}＝\vec{c}$ とおくとき，次の[問1]～[問3]
に答えよ。

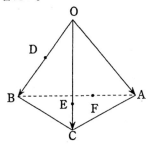

[問1]　$\overrightarrow{DE}$，$\overrightarrow{DF}$ を $\vec{a}$，$\vec{b}$，$\vec{c}$，tを用いて表せ。

[問2]　$\overrightarrow{DE} \perp \overrightarrow{DF}$ のとき，tの値を求めよ。

[問3]　3点D，E，Fの定める平面が直線ACと交わる点をGとするとき，
線分CGの長さをtを用いて表せ。

(☆☆☆○○○)

【6】 半径aの円Cが，原点Oを中心とする半径$4a$の定円Oに内接しながら
滑ることなく回転する。円C上の定点Pが，初め定円Oの周上の定点
A($4a$，0)にあり，円Cの中心CとOを結ぶ線分がx軸の正の向きとなす角
をθとする。
　　このとき，Pが描く曲線を媒介変数θで表せ。

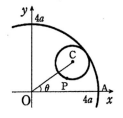

(☆☆☆○○○)

【7】次の文を読んで，下の[問]に答えよ。

　平成22年5月11日付け22文科初第1号「小学校，中学校，高等学校及び特別支援学校等における児童生徒の学習評価及び指導要録の改善等について(通知)」において，高等学校の各教科・科目の評定は，高等学校学習指導要領(平成21年　文部科学省告示第34号)に示す各教科・科目の目標に基づき，学校が地域や生徒の実態に即して定めた当該教科・科目の目標や内容に照らし，その実現状況を総括的に評価して，5段階で評価することとされている。

　また，評定に当たっては，知識や技能のみの評価など一部の観点に偏した評定が行われることのないように，各教科の<u>評価の観点</u>及びその趣旨が示されている。

[問]　下線に関わって，高等学校の数学科において示されている4つの評価の観点をすべて答えよ。

(☆☆☆◎◎◎)

解答・解説

【中学校】

【1】[問1]　$2n(n+1)$本　$(2n^2+2n$も可)　　[問2]　3.742

[問3]　$S=\dfrac{\pi h^2}{2}(S=\dfrac{1}{2}\pi h^2$も可)　　[問4]　$(a-b)(b-c)(c-a)$　(同意可)

[問5]　$x=-2,\ 5$　(順不同)　　[問6]　$y=-\dfrac{4}{3}x+\dfrac{17}{3}$

$(4x+3y-17=0$も可)　　[問7]　2　　[問8]　最大値　4，最小値　$\dfrac{7}{4}$

[問9]　BQ：QC＝1：3

[問10]

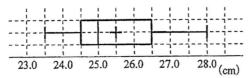

23.0　24.0　25.0　26.0　27.0　28.0 (cm)

〈解説〉[問1]　規則性に関する問題である。考え方は色々あるが，次のように考えてみる。マッチ棒1本の長さを1とする。このとき，1番目の図形は長さが1の線分を縦と横に2個ずつ並べて作られていると考えられる。つまり，つまり使った線分の長さの和が使ったマッチ棒の本数と等しいことになる。したがって，1番目の図形を作るのに必要なマッチ棒の本数は，$2\times(1\times2)=4$〔本〕である(初めの2は縦と横に使うという意味で，次の1は線分の長さという意味で，最後の2は縦もしくは横に並んでいる長さが1の線分の数という意味である)。同様に，2番目の図形を作るのに必要なマッチ棒の本数を考えると，
$2\times(2\times3)=12$〔本〕で，3番目の図形を作るのに必要なマッチ棒の本数を考えると，$2\times(3\times4)=24$〔本〕である。
同様に，n番目の図形を作るのに必要なマッチ棒の本数は，$2n(n+1)$〔本〕
[問2]　$\sqrt{14}=\sqrt{2}\times\sqrt{7}$と分解できることに気づけば，あとは，$\sqrt{2}=1.4142$と，$\sqrt{7}=2.6457$を$\sqrt{2}\times\sqrt{7}$にそれぞれ代入して計算すればよい。
[問3]　$S=$(1番大きい円の面積)$-$(2番目に大きい円の面積)$-$(1番小さい円の面積)である。3円の中心を大きい順にO_1，O_2，O_3とし，2番目に大きい円の半径をa，1番小さい円の半径をbとする。このとき，3円の中心は一直線上にあるので，1番大きい円の半径は，$(2a+2b)\div2=a+b$となる。よって，
(1番大きい円の面積)$=\pi(a+b)^2$
(2番目に大きい円の面積)$=\pi a^2$
(1番小さい円の面積)$=\pi b^2$
と表されるので，$S=\pi(a+b)^2-(\pi a^2+\pi b^2)=2\pi ab\cdots①$　となる。

線分ABの中点をCとすると，点Cは3円の中心O_1，O_2，O_3を結んだ直線と交わる。今，$AO_1=a+b$，$O_1C=a-b$，$AC=h$なので，三平方の定理より，$(a+b)^2-(a-b)^2=h^2$が成り立つ。これを整理すると，$4ab=h^2$

よって，これを①に代入すると，$S=\dfrac{\pi h^2}{2}$

[問4]　与式を展開して，共通因数でくくり出せるように変形してから因数分解する。

$$
\begin{aligned}
与式 &= ca^2-cb^2+ab^2-ac^2+bc^2-ba^2 \\
&= c(a^2-b^2)-c^2(a-b)-ab(a-b) \\
&= (a-b)\{-c^2+c(a+b)-ab\} \\
&= (a-b)\{-(c-a)(c-a)\} \\
&= (a-b)(b-c)(c-a)
\end{aligned}
$$

$$
\begin{array}{l}
c \quad\diagdown\quad -a \rightarrow -ca \\
c \quad\diagup\quad -b \rightarrow -cb \\
\hline
\qquad\qquad -c(a+b)
\end{array}
$$

[問5]　最初に，絶対値をはずす。絶対値をはずすには，絶対値の中身が0以上であるか，負であるかによって場合分けする。

(i)　$3\leqq x$のとき，$2x-3=7$　　　$x=5$

(ii)　$0\leqq x<3$のとき，解なし

(iii)　$x\leqq 0$のとき，$-2x+3=7$　　　$x=-2$

よって，$x=-2$，5

(別解)　この方程式を解くことは，$y=|x|+|x-3|$と$y=7$の交点のx座標を求めることと等しいので，グラフをかいて交点のx座標を求めてもよい。

[問6]　2直線が垂直に交わるとき，2直線の傾きをm，nとすると，$mn=-1$という関係式が成り立つ。直線$3x-4y+5=0$の傾きは$\dfrac{3}{4}$なので，この直線に垂直な直線の傾きは$-\dfrac{4}{3}$となり，$y=-\dfrac{4}{3}x+b\cdots$①と表わされる。これが，点(2，3)を通るので，(2，3)を①に代入すると，

$$y = -\frac{4}{3}x + \frac{17}{3}$$

(別解) 一般に，点(x_1, y_1)を通り，直線$ax + by + c = 0$に垂直な直線は，$b(x - x_1) - a(y - y_1) = 0$で表わされるので，それを用いて求めてもよい。

[問7] 対数の性質を用いると，

$$2\log_3 3\sqrt{2} - \log_3 2 = \log_3 (3\sqrt{2})^2 - \log_3 2 = \log_3 18 - \log_3 2 = \log_3 9 = 2$$

[問8] $\cos x$の式に変形する。$\sin^2 x = 1 - \cos^2 x$なので，

$$\begin{aligned}
f(x) &= -\sin^2 x - \cos x + 3 \\
&= -(1 - \cos^2 x) - \cos x + 3 \\
&= \cos^2 x - \cos x + 2
\end{aligned}$$

$\cos x = t\,(-1 \leq t \leq 1)$とおくと，

$$\begin{aligned}
f(t) &= t^2 - t + 2 \\
&= \left(t - \frac{1}{2}\right)^2 + \frac{7}{4}
\end{aligned}$$

よって，$t = \frac{1}{2}$のとき，すなわち，$x = \frac{\pi}{3} + 2n\pi$，$\frac{5\pi}{3} + 2n\pi$ (nは整数)のとき，最小値を$\frac{7}{4}$とる。また，$t = -1$のとき，すなわち，$x = (2n+1)\pi$ (nは整数)のとき，最大値4をとる。

[問9] チェバの定理より，$\dfrac{AP}{PB} \cdot \dfrac{BQ}{QC} \cdot \dfrac{CR}{RA} = 1$なので，$2 \times \dfrac{BQ}{QC} \times \dfrac{3}{2} = 1$

よって，$\dfrac{BQ}{QC} = \dfrac{1}{3}$　　したがって，$BQ : QC = 1 : 3$

[問10] データの値を小さい方から順に並べかえ，次の数値を求める。

① データの中央値を求める。

② 中央値を境に2つの部分に分けたうち，最小値を含む方のデータの中央値を求める。

③ 中央値を境に2つの部分に分けたうち，最大値を含む方のデータの中央値を求める。

④ データの平均値を求める。

これらの数値を求めたら，あとは，左から順に最小値，②，①，③，最大値を箱と線(ひげ)を用いて図に表せばよい。平均値のところは「＋」をかき入れればよい。

【2】[問1]　45 ＝1＋2＋3＋4＋5＋6＋7＋8＋9

　　　　　　 ＝5＋6＋7＋8＋9＋10

　　　　　　 ＝7＋8＋9＋10＋11

　　　　　　 ＝14＋15＋16

　　　　　　 ＝22＋23

[問2]　(証明)

2^nが2つ以上の連続した自然数の和で表すことができるとすると，

$2^n＝s＋(s＋1)＋・・・＋(t－1)＋t$　$(s，t$は自然数，$s<t)$と表される。

(右辺) $＝(1＋2＋・・・＋t)－\{1＋2＋・・・＋(s－1)\}$

　　　　 $＝\dfrac{1}{2}t(t＋1)－\dfrac{1}{2}s(s－1)$

　　　　 $＝\dfrac{1}{2}(t^2＋t－s^2＋s)$

　　　　 $＝\dfrac{1}{2}(t＋s)(t－s＋1)$

ここで，$s，t$がいずれも偶数またはいずれも奇数のとき，$t－s＋1$は奇数　また，$s，t$の一方が偶数で他方が奇数のとき，$t＋s$は奇数

よって，$\dfrac{1}{2}(t＋s)(t－s＋1)$は奇数を因数に持つので，2^nも奇数を因数に持つ。これは矛盾。

この矛盾は，2^nが2つ以上の連続した自然数の和で表すことができると仮定したためである。

したがって，すべての自然数nについて，2^nで表される自然数は2つ以上の連続した自然数の和で表すことができない。

(証明終)

〈解説〉[問1]　連続した自然数を1番多く用いて表した和の形は，1から順番にたしたときである。つまり，45＝1＋2＋3＋4＋5＋6＋7＋8＋9のとき，最大9個の連続した自然数を用いた和で表わすことができる。あとは，45を2～8個の連続した自然数を用いた和でそれぞれ表わすことができるか調べればよい。45は奇数なので，4個，8個の連続した自然数で表わすことはできない。なぜなら，4個のときは，奇数と偶数2個ずつ(偶数個)の和になるので，和は必ず偶数になるからである。8個のときも同様である。

① 2個の連続した自然数をn, $n+1$と表すと, それらの和は,

$n+n+1=45$ $n=22$ よって, $45=22+23$

② 3個の連続した自然数を$n-1$, n, $n+1$と表すと, それらの和は,

$n-1+n+n+1=45$ $n=15$ よって, $45=14+15+16$

③ 5個の連続した自然数を$n-2$, $n-1$, n, $n+1$, $n+2$と表すと, それらの和は, $n-2+n-1+n+n+1+n+2=45$ $n=9$

よって, $45=7+8+9+10+11$

④ 6個の連続した自然数を$n-2$, $n-1$, n, $n+1$, $n+2$, $n+3$と表すと, それらの和は, $n-2+n-1+n+n+1+n+2+n+3=45$

$n=7$ よって, $45=5+6+7+8+9+10$

よって, 45は5通りの表し方がある。

[問2] このような証明問題を考えるときは, 背理法を用いて考えるとよい。まず, 「ある自然数nについて, 2^nで表わされる自然数は2つ以上の連続した自然数の和で表わすことができる」と仮定して, そのように仮定したことにより, 矛盾が起こることを示しすことができれば, もともとの主張が正しいことがいえる。

【3】

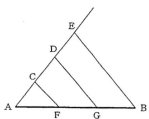

① 点Aから線分ABと重ならないように半直線をひき, その半直線上に点Aと重ならないように点Cをとる。

② AC＝CD＝DEとなる点D, Eを, 半直線AC上にコンパスを使ってとる。

③ 点Bと点Eを結ぶ。

④　点Bを中心とする半径DEの円，点Dを中心とする半径EBの円をそれぞれかく。

⑤　2円の交点と点Dを結び，線分ABと交わる線分をDPとし，線分ABと線分DPの交点をGとする。

⑥　BG＝GFとなる点Fを，線分AG上にコンパスを使ってとる。

⑦　AE//PB，AD：BP＝2：1より，AG：GB＝2：1だから，点F，Gが線分ABを3等分する点である。

〈解説〉(別解)　線分を3等分するので，例えば，三角形の重心は，3つの頂点と3辺の中点を結んだ線分をそれぞれ2：1に内分するので，重心を線分AB上に作図すると，重心は線分ABを2：1に内分する。あとは長い方の線分を垂直二等分線で2等分すれば線分ABを3等分することができる。

①　線分ABを点B方向に延長して，点Bを通るような垂線を作図する。

②　①で作図した垂線上にCB＝DBとなるような点C，Dをとる。

③　点Aと点C，点Aと点Dを結んで三角形ACDを作る。

④　辺ACと辺ADのそれぞれの中点E，Fを，垂直二等分線を引くことにより作図する。

⑤　点Dと点E，点Cと点Fを結ぶと線分ABを2：1に内分する三角形ACDの重心Gが作図できる。

⑥　線分BGと同じ長さの線分を線分AG上に作図すると，線分ABを3等分にすることができる。

【4】

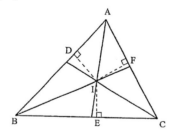

(証明)

△ABCで，∠B，∠Cの二等分線の交点をIとする。

Iから辺AB，BC，CAにそれぞれひいた垂線をID，IE，IFとする。

△BDIと△BEIで

∠BDI＝∠BEI＝90°…①

BI＝BI　（共通）…②

BIは∠Bの二等分線だから，∠DBI＝∠EBI…③

①，②，③より，直角三角形で斜辺と1鋭角がそれぞれ等しいから

△BDI≡△BEI

よって，ID＝IE…④

△CEIと△CFIで同様にして，IE＝IF…⑤

△ADIと△AFIで

∠ADI＝∠AFI＝90°…⑥

AI＝AI　（共通）…⑦

④，⑤よりID＝IF…⑧

⑥，⑦，⑧より，直角三角形で斜辺と他の1辺がそれぞれ等しいから

△ADI≡△AFI

よって，∠DAI＝∠FAI

したがって，AIは∠Aの二等分線であり，△ABCの∠A，∠B，∠Cの
それぞれの二等分線は1点で交わる。

(証明終)

〈解説〉解答参照。

【5】 ∠B＝θ $(0° < \theta < 180°)$，AC＝$x$cmとすると，△ABCで，余弦定理
より，

$x^2 = 4^2 + 5^2 - 2 \cdot 4 \cdot 5 \cdot \cos\theta$ …①

△ACDで同様に，∠ADC＝180°－θだから，

$x^2 = 7^2 + 10^2 - 2 \cdot 7 \cdot 10 \cdot \cos(180° - \theta)$ …②

①，②と$\cos(180° - \theta) = -\cos\theta$より

$4^2 + 5^2 - 2 \cdot 4 \cdot 5 \cdot \cos\theta = 7^2 + 10^2 + 2 \cdot 7 \cdot 10 \cdot \cos\theta$

$$41-40\cos\theta = 149+140\cos\theta$$
$$-180\cos\theta = 108$$
$$\cos\theta = -\frac{3}{5}$$

よって，$\sin\theta = \frac{4}{5}$　また，$\sin(180^\circ-\theta)=\frac{4}{5}$

四角形ABCD $=\triangle$ABC$+\triangle$ACD
$$=\frac{1}{2}\cdot 4\cdot 5\cdot\frac{4}{5}+\frac{1}{2}\cdot 7\cdot 10\cdot\frac{4}{5}$$
$$=36$$

　答え　36cm²

〈解説〉点Aと点Cを結んで，四角形ABCDを$\triangle$ABCと$\triangle$ACDに分けて，2つの三角形の面積をそれぞれ求めることにより四角形ABCDの面積を求めればよい。

$\triangle$ABC$=\dfrac{1}{2}\times 4\times 5\times\sin\angle$B

$\triangle$ACD$=\dfrac{1}{2}\times 7\times 10\times\sin\angle$D

と表わされる。あとは，$\sin\angle$B，$\sin\angle$Dを求めればよいので，余弦定理から$\cos\angle$B，$\cos\angle$Dをそれぞれ求めればよい。

【6】$y'=2x-2$だから，放物線上の点$(a,\ a^2-2a+6)$における接線の方程式は，

$$y-(a^2-2a+6)=(2a-2)(x-a)$$

となり，

$$y=2(a-1)x-a^2+6\cdots①$$

この直線は$(2,\ -3)$を通るので，方程式に$x=2$，$y=-3$を代入して

$$-3=2(a-1)\cdot 2-a^2+6$$

これを解いて，

$$a^2-4a-5=0$$
$$(a+1)(a-5)=0$$
$$a=-1,\ 5$$

i) $a=-1$のとき

接線の方程式は，①に$a=-1$を代入して　$y=-4x+5$

ii) $a=5$のとき

接線の方程式は，①に$a=5$を代入して　$y=8x-19$

答え　$y=-4x+5$，$y=8x-19$

〈解説〉解答参照。

【7】[問1]　$\overrightarrow{\mathrm{OP}}=\dfrac{3}{10}\overrightarrow{a}+\dfrac{1}{5}\overrightarrow{b}+\dfrac{1}{5}\overrightarrow{c}$

[問2]　$\mathrm{OP}:\mathrm{OQ}=1:t$とすると，

$\overrightarrow{\mathrm{OQ}}=t\overrightarrow{\mathrm{OP}}$

よって，$\overrightarrow{\mathrm{OQ}}=\dfrac{3}{10}t\overrightarrow{a}+\dfrac{1}{5}t\overrightarrow{b}+\dfrac{1}{5}t\overrightarrow{c}$ ・・・①

ここで，点Qは平面ABC上にあるから，

$\dfrac{3}{10}t+\dfrac{1}{5}t+\dfrac{1}{5}t=1$

これを解いて，$t=\dfrac{10}{7}$

これを①に代入して，$\overrightarrow{\mathrm{OQ}}=\dfrac{3}{7}\overrightarrow{a}+\dfrac{2}{7}\overrightarrow{b}+\dfrac{2}{7}\overrightarrow{c}$

答え　$\overrightarrow{\mathrm{OQ}}=\dfrac{3}{7}\overrightarrow{a}+\dfrac{2}{7}\overrightarrow{b}+\dfrac{2}{7}\overrightarrow{c}$

〈解説〉[問1]　$\overrightarrow{\mathrm{OP}}=\dfrac{3}{5}\overrightarrow{\mathrm{OM}}+\dfrac{2}{5}\overrightarrow{\mathrm{ON}}=\dfrac{3}{5}\cdot\dfrac{1}{2}\overrightarrow{a}+\dfrac{2}{5}\left(\dfrac{1}{2}\overrightarrow{b}+\dfrac{1}{2}\overrightarrow{c}\right)$

$=\dfrac{3}{10}\overrightarrow{a}+\dfrac{1}{5}\overrightarrow{b}+\dfrac{1}{5}\overrightarrow{c}$

[問2]　点Qは直線OP上にあるので，まず，$\overrightarrow{\mathrm{OQ}}$を問1で求めた$\overrightarrow{\mathrm{OP}}$と

k(実数)を用いて表わす。また，点Qは平面ABC上にあることから，kの

値を求めることができるので，$\overrightarrow{\mathrm{OQ}}$を$\overrightarrow{a}$，$\overrightarrow{b}$，$\overrightarrow{c}$を用いて表わすこ

とができる。

【参考】点P$\left(\overrightarrow{p}\right)$が3点A$\left(\overrightarrow{a}\right)$，B$\left(\overrightarrow{b}\right)$，C$\left(\overrightarrow{c}\right)$の定める平面上にある。

$\Leftrightarrow \overrightarrow{p}=s\overrightarrow{a}+t\overrightarrow{b}+u\overrightarrow{c}$，$s+t+u=1$となる実数$s$，$t$，$u$がある。

【8】[問1]　①　ア　　②　ウ　　③　カ　　④　ク

　　　　[問2]　B

〈解説〉第1学年では，小学校の算数で学んだ，伴って変わる2つの数量関係についての見方や考え方を深め，比例，反比例についての理解を深められるようにする。すなわち，具体的な事象を調べることを通して，関数関係を見いだし表現し考察する能力を培う。

　第2学年では，第1学年で比例，反比例を学んだことで培った関数的な見方や考え方を一層深めていく。培った能力をもとに，具体的な事象を調べることで，一次関数について理解し，関数関係を見いだし表現し，方程式で表わされたいろいろな事象を考察する能力を養う。

　第3学年では，第1，2学年と同じく，具体的な事象を調べることで関数$y＝ax^2$の特徴を理解して，第2学年で学んだ一次関数との共通点や相違点を明らかにする。第3学年では，第1，2学年で培い養ってきた関数関係を見いだし表現し考察する能力を伸ばす。

【9】①　1　　②　小　　③　小　　④　2　　⑤　3

〈解説〉数の大小関係を表す記号「＞，＜」は，小学校第2学年の〔A　数と計算〕で分数の大小関係を表すときなどに用いる。また，「比例」という言葉も小学校第5学年の〔D　数量関係〕で学ぶが，「関数」という言葉は，中学校第1学年の〔C　関数〕の比例，反比例の単元で学ぶ。「逆」という言葉は，中学校第2学年の〔B　図形〕の図形の合同を証明する単元の中で学ぶ。数の概念について，中学校第1学年の〔A　数と式〕の初めの方で自然数，数の範囲を学ぶが，「有理数」は学ばない。「有理数」については，中学校第3学年の〔A　数と式〕で無理数とセットで学ぶ。

【高等学校】

【1】[問1]　$a＜0，b＞0，c＞0$　　　[問2]　$8－8i$　　　[問3]　16通り

　　　[問4]　3　　　[問5]　桁数　606　　　最高位の数　8　　　[問6]　19m

　　　[問7]　71　　　[問8]　最小値　$2\sqrt{3}$　　　xの値　$\dfrac{\pi}{3}$

〈解説〉[問1]　図より，2次関数$y=ax^2+bx+c$のグラフは上に凸なので，

$a<0$

また，図より，2次関数$y=ax^2+bx+c$の$x=0$のときのy座標は正なので，

$c>0$

さらに，図より，2次関数$y=ax^2+bx+c$の頂点のx座標$-\dfrac{b}{2a}$は正である

ことと，$a<0$であることから，$b>0$

[問2]　$(1+i)^2=1+2i+i^2=2i$

$(1+i)^6=\{(1+i)^2\}^3=(2i)^3=-8i$

$(1+i)^7=(1+i)^6(1+i)=-8i(1+i)=8-8i$

[問3]　一般に，同じものを含む円順列の個数は，

(非対称形の個数)÷2+(対称形の個数)…①となる。

今，赤玉を固定してその周りに青玉と白玉を並べることを考えると，

全部で$\dfrac{8!}{6!2!}=28$〔通り〕になる。その中で，対称形の個数は4通り。

残りの24通りは非対称の個数なので，①の式に代入すると，24÷2+

4＝16〔通り〕

[問4]　平均値＝6なので，

標準偏差$=\sqrt{\dfrac{(1-6)^2+(4-6)^2+(5-6)^2+(8-6)^2+(8-6)^2+(10-6)^2}{6}}$

$=\sqrt{\dfrac{25+4+1+4+4+16}{6}}=3$

[問5]　対数の性質を用いると，

$\log_{10}2^{2013}=2013\times\log_{10}2=2013\times0.3010=605.913$

よって，$10^{605}<2^{2013}<10^{606}$なので，$2^{2013}$は606桁の整数である。

また，$\log_{10}8=3\log_{10}2=0.9030$，$\log_{10}9=2\log_{10}3=0.9542$なので，

$\log_{10}8<0.913<\log_{10}9$

全ての辺に605を加えると，$\log_{10}8+605<0.913+605<\log_{10}9+605$

よって，$\log_{10}8\cdot10^{605}<605.913=2^{2013}<\log_{10}9\cdot10^{605}$

したがって，2^{2013}の最高位の数は8である。

[問6]　1回床に落ちると，ボールの跳ね上がる高さは$\dfrac{9}{10}$倍になる。ま

た，跳ね上がったボールが，次に床に到達するまでに，ボールは一度

最高点に達してから床に落ちるので，同じ距離を往復することになる。

これらのことから考えて，ボールが静止するまでに移動する距離は，

$$1+\frac{9}{10}+\frac{9}{10}+\left(\frac{9}{10}\right)^2+\left(\frac{9}{10}\right)^2+\cdots$$

$$=1+\frac{9}{10}\times2+\left(\frac{9}{10}\right)^2\times2+\cdots$$

$$=1+2\times\left\{\frac{9}{10}+\left(\frac{9}{10}\right)^2+\cdots\right\}$$

$$=1+2\times\frac{\dfrac{9}{10}}{1-\dfrac{9}{10}}=19 \ \text{〔m〕}$$

[問7]　まず，因数分解しやすい994を素因数分解すると，$994=2\times7\times71$となる。次に1207の素因数分解について，1207は2でも7でも割り切れないが，71では割り切れるので，$1207=17\times71$　よって，1207と994の2つの整数の最大公約数は71

[問8]　$\dfrac{\sin x}{\cos x}+\dfrac{3}{\tan x}=\tan x+\dfrac{3}{\tan x}$と表せる。$0<x<\dfrac{\pi}{2}$のとき，$\tan x$，$\dfrac{3}{\tan x}>0$なので，相加平均と相乗平均の大小関係より，

$$\tan x+\frac{3}{\tan x}\geqq2\sqrt{\tan x\cdot\frac{3}{\tan x}}=2\sqrt{3}$$

等号成立は，$\tan x=\dfrac{3}{\tan x}$のとき，すなわち，$\tan^2 x=3$のときであるが，$\tan x>0$より，

$\tan x=\sqrt{3}$　よって，$x=\dfrac{\pi}{3}$

したがって，$x=\dfrac{\pi}{3}$のとき，最小値$2\sqrt{3}$をとる。

【2】[問1]　$PA\cdot PB=PC\cdot PD$

[問2]　（証明）　AとC，BとDを結ぶ。

△PACと△PDBにおいて四角形ABDCは円に内接しているから

∠PAC＝∠PDB……①

∠APC＝∠DPB　(共通)……②

①，②より　2組の角がそれぞれ等しいから

△PAC∽△PDB

ゆえに　PA：PD＝PC：PB

したがって　PA・PB＝PC・PD

〈解説〉[問2]　(別解)　点Aと点D，点Bと点Cをそれぞれ結ぶ。

△PADと△PCBにおいて，弧ACにおける円周角は等しいので，

∠ADP＝∠CBP…①

共通な角なので，∠APD＝∠CPB…②

①，②より，2組の角がそれぞれ等しいので，

△PAD∽△PCB

相似な図形の対応する辺の比はそれぞれ等しいので，

PA：PC＝PD：PB

よって，PA・PB＝PC・PD

【3】$f(x)=\displaystyle\int_1^x (x-t)f'(t)dt+3x+1$……①とおく。

$x=1$を代入して　$f(1)=4$……②

①より

$$f(x)=x\int_1^x f'(t)dt-\int_1^x tf'(t)dt+3x+1$$

両辺をxで微分して

$$f'(x)=\int_1^x f'(t)dt+xf'(x)-xf'(x)+3$$

$$=f(x)-f(1)+3$$

$$=f(x)-1$$……③

$y=f(x)-1$とおくと　$\dfrac{dy}{dx}=f'(x)$

③より　$\dfrac{dy}{dx}=y$

②より$y=0$　すなわち$f(x)=1$は解でない。

$y\neq0$のとき　$\dfrac{1}{y}\cdot\dfrac{dy}{dx}=1$

よって　$\displaystyle\int\dfrac{1}{y}\cdot\dfrac{dy}{dx}dx=\int dx$

すなわち　$\displaystyle\int\dfrac{dy}{y}=\int dx$

したがって$\log|y|=x+C$(Cは積分定数)

　　よって　　$|y|=e^c e^x$

　　ゆえに　　$y=\pm e^c e^x$

　　$A=\pm e^c$　とおくと

　　$f(x)=Ae^x+1$

　　②より　　$4=Ae+1$

　　よって　　$A=\dfrac{3}{e}$

　　したがって　　$f(x)=3e^{x-1}+1$

〈解説〉この問題は2つ大きなポイントがあり，1つ目は$f(x)$を微分して，$f'(x)$と$f(x)$の関係式を求めることである。2つ目はその関係式から微分方程式を作るところである。この微分方程式は変数分離型である。あとは，微分方程式を解けば，$f(x)$を求めることができる。

【4】[問1]

$$b_{n+1}=\frac{a_{n+1}+\beta}{a_{n+1}+\alpha}$$

$$=\frac{\dfrac{5a_n+6}{a_n+4}+\beta}{\dfrac{5a_n+6}{a_n+4}+\alpha}$$

$$=\frac{(5+\beta)a_n+6+4\beta}{(5+\alpha)a_n+6+4\alpha}$$

$$=\frac{5+\beta}{5+\alpha}\cdot\frac{a_n+\dfrac{6+4\beta}{5+\beta}}{a_n+\dfrac{6+4\alpha}{5+\alpha}}\cdots\cdots①$$

$\{b_n\}$が等比数列となるから，

　　よって　　$\dfrac{6+4\beta}{5+\beta}=\beta\cdots\cdots②$

　　$\dfrac{6+4\alpha}{5+\alpha}=\alpha\cdots\cdots③$

　　②，③及び，$\alpha>\beta$から

　　$\alpha=2$,　$\beta=-3$

[問2]　[問1]より　$\alpha=2,\ \beta=-3$であるから

$$\frac{5+\beta}{5+\alpha}=\frac{5-3}{5+2}=\frac{2}{7}$$

よって，①から　$b_{n+1}=\frac{2}{7}b_n$

また　$b_1=\frac{2}{7}$

ゆえに　$b_n=\frac{2}{7}\cdot\left(\frac{2}{7}\right)^{n-1}=\left(\frac{2}{7}\right)^n$

よって　$\left(\frac{2}{7}\right)^n=\frac{a_n-3}{a_n+2}$

したがって　$a_n=\dfrac{3\cdot7^n+2^{n+1}}{7^n-2^n}$

〈解説〉解答参照。

【5】[問1]　$\overrightarrow{DE}=\overrightarrow{OE}-\overrightarrow{OD}=-\frac{1}{2}\overrightarrow{b}+t\overrightarrow{c}$

$\overrightarrow{DF}=\overrightarrow{OF}-\overrightarrow{OD}=\left(\frac{1}{3}\overrightarrow{b}+\frac{2}{3}\overrightarrow{a}\right)-\frac{1}{2}\overrightarrow{b}$

$\qquad=-\frac{1}{6}\overrightarrow{b}+\frac{2}{3}\overrightarrow{a}$

[問2]　$|\overrightarrow{a}|=|\overrightarrow{b}|=|\overrightarrow{c}|=1,$

$\overrightarrow{a}\cdot\overrightarrow{b}=\overrightarrow{b}\cdot\overrightarrow{c}=\overrightarrow{c}\cdot\overrightarrow{a}=1\cdot1\cdot\cos60°=\frac{1}{2}$であるから

$\overrightarrow{DE}\cdot\overrightarrow{DF}=\left(-\frac{1}{2}\overrightarrow{b}+t\overrightarrow{c}\right)\cdot\left(-\frac{1}{6}\overrightarrow{b}+\frac{2}{3}\overrightarrow{a}\right)$

$=\frac{1}{12}|\overrightarrow{b}|^2-\frac{1}{6}t\overrightarrow{b}\cdot\overrightarrow{c}-\frac{1}{3}\overrightarrow{a}\cdot\overrightarrow{b}+\frac{2}{3}t\overrightarrow{c}\cdot\overrightarrow{a}$

$=\frac{1}{12}\cdot1-\frac{1}{6}t\cdot\frac{1}{2}-\frac{1}{3}\cdot\frac{1}{2}+\frac{2}{3}t\cdot\frac{1}{2}$

$=\frac{1}{4}t-\frac{1}{12}$

$\overrightarrow{DE}\perp\overrightarrow{DF}$のとき，$\overrightarrow{DE}\cdot\overrightarrow{DF}=0$であるから

$\frac{1}{4}t-\frac{1}{12}=0$　よって　$t=\frac{1}{3}$

[問3]　Gは直線CA上にあるから，

$\overrightarrow{CG}=k\overrightarrow{CA}$($k$は実数)とすると

$\overrightarrow{OG}=\overrightarrow{OC}+\overrightarrow{CG}=\overrightarrow{OC}+k\overrightarrow{CA}$

$$= \vec{c} + k(\vec{a} - \vec{c}) = k\vec{a} + (1-k)\vec{c}$$

また，Gは平面DEF上にあるから，

$\vec{OG}$はl，mを実数として次のように表せる。

$$\vec{OG} = \vec{OD} + l\vec{DE} + m\vec{DF}$$

$$= \frac{1}{2}b + l\left(-\frac{1}{2}\vec{b} + t\vec{c}\right) + m\left(-\frac{1}{6}\vec{b} + \frac{2}{3}\vec{a}\right)$$

$$= \frac{2}{3}m\vec{a} + \left(\frac{1}{2} - \frac{1}{2}l - \frac{1}{6}m\right)\vec{b} + tl\vec{c}$$

4点O，A，B，Cは同じ平面上にないから，

$\vec{OG}$の$\vec{a}$，$\vec{b}$，$\vec{c}$を用いた表し方はただ1通りである。

よって$\frac{2}{3}m = k$，$\frac{1}{2} - \frac{1}{2}l - \frac{1}{6}m = 0$，$tl = 1 - k$，

これを解くと

$$k = \frac{2(1-t)}{2-t}, \quad l = \frac{1}{2-t}, \quad m = \frac{3(1-t)}{2-t}$$

$0 < t < 1$であるから，線分CGの長さは

$$|\vec{CG}| = |k\vec{CA}| = |k| = \left|\frac{2(1-t)}{2-t}\right| = \frac{2(1-t)}{2-t}$$

〈解説〉[問2]　$\vec{DE} \perp \vec{DF}$のとき，$\vec{DE}$と$\vec{DF}$の内積$\vec{DE} \cdot \vec{DF}$が0になる

ことを用いて，tの値を求めればよい。$\vec{DE}$と$\vec{DF}$は[問1]で求めたので，

それを用いればよい。

[問3]　点Gが直線CA上にあるという条件から$\vec{OG}$を実数kを用いて表

し，平面DEF上にあるという条件から$\vec{OG}$を実数l，mを用いて表す。

よって，$\vec{OG}$は3つの実数k，l，mを用いて2通りに書き表すことができ

るので，あとは，$\vec{a}$，$\vec{b}$，$\vec{c}$の係数を比較することでk，l，mの値，

特に，kの値を求めればよい。

【6】

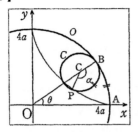

P(x, y)とし，円Oと円Cとの接点をBとする。

∠BCP＝$α$とすると，

$\overgroup{AB} = \overgroup{PB}$ であるから

$4aθ = aα$

よって　$α = 4θ$

半直線CPがx軸の正の向きとなす角は

$θ - α = θ - 4θ = -3θ$

したがって

$\vec{OP} = \vec{OC} + \vec{CP}$

$= (3a\cos θ,\ 3a\sin θ) + (a\cos(-3θ),\ a\sin(-3θ))$

$= (3a\cos θ + a(4\cos^3 θ - 3\cos θ),\ 3a\sin θ - a(3\sin θ - 4\sin^3 θ))$

$= (4a\cos^3 θ,\ 4a\sin^3 θ)$

よって$(x,\ y) = (4a\cos^3 θ,\ 4a\sin^3 θ)$

ゆえに

$\begin{cases} x = 4a\cos^3 θ \\ y = 4a\sin^3 θ \end{cases}$

〈解説〉解答参照。

【7】関心・意欲・態度，数学的な見方や考え方，数学的な技能，知識・
　理解

〈解説〉「関心・意欲・態度」では，数学の論理や体系に関心をもち，数
　学のよさを認識しているか，また，それらを事象の考察のために積極
　的に活用し，数学的論拠に基づいて判断しようとしているかというこ
　とを評価する。　「数学的な見方や考え方」では，事象を数学的に考
　察し表現したり，思考の過程を振り返り多面的・発展的に考えたりす
　ることなどを通して，数学的な見方や考え方を身に付けているかを評
　価する。　「数学的な技能」では，事象を数学的に表現・処理する仕
　方や推論の方法などの技能を身に付けているかを評価する。
　「知識・理解」では，数学における基本的な概念・原理・法則などを
　体系的に理解し，知識を身に付けているかを評価する。

2013年度　実施問題

【中学校】

【1】次の[問1]～[問10]に答えよ。(答えのみでよい。)

[問1]　不等式$2x+3<5x-3\leqq3x+5$を解け。

[問2]　$(a+b)(a-b)(a^4+a^2b^2+b^4)$を展開せよ。

[問3]　2つの自然数a，bの最大公約数が24，最小公倍数が480のとき，$a+b$の値をすべて求めよ。

[問4]　紙の大きさの規格にはA判とB判があり，A4判とB4判は，いずれも短辺と長辺の比が$1:\sqrt{2}$で，A4判の対角線の長さは，B4判の長辺の長さと等しいことが分かっている。

　　このとき，A4判とB4判の紙の面積比を最も簡単な整数で表せ。

[問5]　a，b，c，dはいずれも自然数である。
$a<b<c<d$で，$\dfrac{1}{a}+\dfrac{1}{b}+\dfrac{1}{c}+\dfrac{1}{d}=2$のとき，$a+b+c+d$の値を求めよ。

[問6]　$x=\dfrac{\sqrt{2}+\sqrt{3}}{\sqrt{2}-\sqrt{3}}$，$y=\dfrac{\sqrt{2}-\sqrt{3}}{\sqrt{2}+\sqrt{3}}$のとき，$\dfrac{y^2}{x}+\dfrac{x^2}{y}$の値を求めよ。

[問7]　3点$(2, 3)$，$(3, 0)$，$(-1, 0)$を通る2次関数の最大値と，そのときのxの値を求めよ。

[問8]　次の図のような立方体において，辺ABの中点をMとするとき，$\angle DGM$の大きさを求めよ。

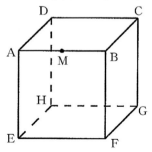

[問9]　$0 \leqq \theta \leqq \pi$，$\cos \theta = -\dfrac{1}{3}$ のとき，$\cos \theta \tan \theta + \dfrac{\sin \theta}{\tan \theta}$ の値を求めよ。

[問10]　次の図のような道路があり，点Aから点Bを通って点Cに移動する。最短の道順で行くとき道順は何通りあるか，答えよ。

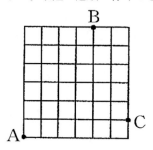

(☆☆☆◎◎◎)

【2】円Oがあり，円Oの外の点Pを通る2本の直線のうち，一方が円Oと点A，Bで交わり，もう一方が円Oと点Tで接するとき，

PA×PB＝PT²

であることを証明せよ。

(☆☆☆◎◎◎)

【3】江戸時代の数学書「塵劫記」には，次に示したような問題がある。

油はかり分ける事

　　斗桶に油一斗あるを　七升枡と三升枡と二つある

　　これを五升ずつ分けたいいふ…(以下省略)

次の枠内に示した問題は，この問題を現代風にアレンジしたものである。

> 油を分ける問題
>
> 　10L入る容器に10Lの油が入っている。また，3Lと7L入る別の容器がある。この3つの容器を使って，10Lの容器と7Lの容器にそれぞれ5Lずつ油を分けて入れたい。ただし，3つの容器には，目盛りは入っていない。

枠内の問題は，どのような手順で解けるか。箇条書きで簡潔に答えよ。

(☆☆☆◎◎◎)

【4】毎年はじめに，10万円ずつ積み立てると，5年後には元利合計はいくらになるか。年利率が1％で5年間変わらないものとして，1年ごとの複利で計算せよ。

ただし，$1.01^5 = 1.051$とする。

(☆☆☆◎◎◎)

【5】$\log_{10} 2 = 0.3010$，$\log_{10} 3 = 0.4771$とするとき，12^{30}は何桁の整数か求めよ。

(☆☆☆◎◎◎)

【6】3点A(1, -2, 2)，B(4, 1, 2)，C(1, 1, -1)について，次の[問1]，[問2]に答えよ。

[問1] 点Aとxy平面に関して対称な点Pの座標を求めよ。(答えのみでよい。)

[問2] 正四面体の3つの頂点がA，B，Cであるとき，第4の頂点Dの座標をすべて求めよ。

(☆☆☆◎◎◎)

【7】2次関数$f(x)$が，$f(1) = 7$，$f'(2) = 11$，$\displaystyle\int_{-3}^{3} f(x)dx = 48$を満たすとき，$f(x)$を求めよ。

(☆☆☆◎◎◎)

【8】次の[問1]〜[問3]に答えよ。

[問1] 数学的活動は，中学校学習指導要領解説数学編(平成20年9月文部科学省)に次のように示されている。(①)，(②)にあてはまる語句を書け。

　　数学的活動とは，生徒が(　①　)をもって(　②　)に取り組む数学にかかわりのある様々な営みである。

[問2]　次の文は，現行の中学校学習指導要領「数学」の各学年の目標及び内容から，各学年の「資料の活用」領域の目標を抜き出したものである。(　③　)～(　⑥　)にあてはまる語句を，あとのア～コからそれぞれ1つ選び，その記号を書け。

〔第1学年〕

　　目的に応じて資料を収集して整理し，その資料の(　③　)を読み取る能力を培う。

〔第2学年〕

　　(　④　)な事象を調べることを通して，確率について理解し(　⑤　)能力を培う。

〔第3学年〕

　　母集団から(　⑥　)を取り出し，その(　③　)を調べることで，母集団の(　③　)を読み取る能力を培う。

　　選択肢

　　ア　具体的　　　イ　傾向　　　ウ　性質　　　エ　用いる

　　オ　特徴　　　　カ　不確定　　キ　標本　　　ク　表現する

　　ケ　代表値　　　コ　根拠

[問3]　次の文は，中学校学習指導要領解説数学編(平成20年9月　文部科学省)から，数学的な推論について述べた部分を抜粋し，構成したものである。(　⑦　)～(　⑨　)にあてはまる語句をそれぞれ漢字2文字で書け。

　　数学的な推論には，特別な場合についての観察，操作や実験などの活動に基づいてそれらを含んだより一般的な結果を導き出す(　⑦　)や，似たような条件のもとでは，似たような結果が成り立つであろうと考えて新しい命題を予想する(　⑧　)がある。(　⑦　)や(　⑧　)は，数や図形の性質などを見いだすための大切な推論であるが，導かれた事柄は，必ずしも正しいとは限らない。(　⑦　)や(　⑧　)によって導かれた事柄がいつでも正しいかどうかは，前提となる命題か

ら論理の規則に従って必然的な結論を導き出す(⑨)により確かめられる。

(☆☆☆○○○)

【高等学校】

【1】次の[問1]〜[問6]に答えよ。(答えのみでよい。)

[問1] 辺AB，ACの長さがそれぞれ5，12で，∠BAC＝90°の直角三角形ABCがある。

次の(1)，(2)に答えよ。

(1) △ABCの内接円の半径を求めよ。

(2) 辺BCと内接円の接点をTとするとき，線分CTの長さを求めよ。

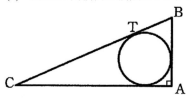

[問2] 次の[　]に当てはまるものを，あとのア〜エの中から1つ選び，その記号をかけ。

$x \neq 0$のとき，$\frac{1}{x} < 1$は$x > 1$であるための[　]

　ア　必要条件であるが十分条件ではない。

　イ　十分条件であるが必要条件ではない。

　ウ　必要十分条件である。

　エ　必要条件でも十分条件でもない。

[問3] 異なる8色で，立方体の6つの面を塗り分けるとき，何通りの塗り方があるか，答えよ。

ただし，同じ色は使わないものとする。

[問4] 異なる2次の正方行列A，Bがある。積ABが零行列Oとなる行列A，Bのうち，どちらの行列の成分も2つ以上は0以外の整数となる行列A，Bを1つあげよ。

[問5] 曲線$\sqrt{x} + \sqrt{y} = 1$とx軸及びy軸で囲まれた部分の面積を求めよ。

[問6]　ある高校の1年生200人に，数学の定期考査(100点満点)を行った。次の図は，その得点のデータの箱ひげ図である。

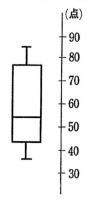

この箱ひげ図から読み取れることとして正しいものを，次のア〜オの中からすべて選び，その記号をかけ。

ア　平均点は50点台である。

イ　四分位偏差は30点以下である。

ウ　50点以上の生徒は150人以上いる。

エ　60点未満の生徒は半数以上いる。

オ　30点台の生徒は50人である。

(☆☆☆◎◎)

【2】CA＝4，CB＝6，∠ACB＝60°の△ABCがある。△ABCの垂心をHとする。このとき，[問1]，[問2]に答えよ。

[問1]　三角形の垂心の定義をかけ。

[問2]　$\overrightarrow{\mathrm{CA}} = \vec{a}$，$\overrightarrow{\mathrm{CB}} = \vec{b}$とするとき，$\overrightarrow{\mathrm{CH}}$を$\vec{a}$，$\vec{b}$を用いて表せ。

(☆☆☆◎◎)

【3】xの関数$f(x) = \sin x + \cos x + \sqrt{2}\,\sin x \cos x$について，次の[問1]，[問2]に答えよ。

ただし，$0 \leqq x < 2\pi$とする。

[問1]　$t = \sin x + \cos x$とするとき，次の(1)，(2)に答えよ。

(1)　tのとりうる値の範囲を求めよ。

(2)　$f(x)$をtを用いて表せ。

[問2]　$f(x)$の最大値と最小値を求めよ。また，そのときのxの値もそれぞれ求めよ。

(☆☆☆◎◎◎)

【4】　xの関数$f(x) = x^3 - 3x^2 + 6ax$は，$x = \alpha$で極大，$x = \beta$で極小となり，極大値と極小値の差が$2(\beta - \alpha)$に等しいとき，a，α，βの値を求めよ。ただし，aは定数とする。

(☆☆☆◎◎◎)

【5】　1，2，3，……，nの番号がついたn個の箱があり，k番の箱には赤玉k個と白玉$n-k$個が入っている。(kは，$1 \leqq k \leqq n$を満たす自然数とする。)

　このときn個の箱から任意に1つの箱を選び，その選んだ箱から玉を1回に1個ずつ5回取り出すとき，1回だけ白玉が取り出される確率をp_nとする。

　ただし，取り出した玉は，色を確かめてから元の箱に戻すものとする。

　このとき，[問1]，[問2]に答えよ。

[問1]　番号kの箱を選んだとき，1回だけ白玉を取り出す条件付き確率をkとnを用いて表せ。

[問2]　$\displaystyle \lim_{n \to \infty} p_n$を求めよ。

(☆☆☆◎◎◎)

【6】　nは100以下の自然数とする。

　次の条件を満たす自然数nをすべて求めよ。

(条件)nを5で割ると3余り，n^2を11で割ると9余る。

(☆☆☆◎◎◎)

解答・解説

【中学校】

【１】[問1]　$2<x\leqq4$　　　[問2]　a^6-b^6　　　[問3]　216，504

[問4]　$2：3$　　　[問5]　12　　　[問6]　-970　　　[問7]　$x=1$のとき最大

値は4　　　[問8]　45°　　　[問9]　$\dfrac{-1+2\sqrt{2}}{3}$　　　[問10]　4410通り

〈解説〉[問1]　$2x+3<5x-3\leqq3x+5$　において，

$2x+3<5x-3$を①，$5x-3\leqq3x+5$を②とすると，

①より，　　$2x+3<5x-3$

$-3x<-6$

$x>2$

②より，　　$5x-3\leqq3x+5$

$2x\leqq8$

$x\leqq4$

よって，　　$2<x\leqq4$

[問2]　（与式）$=(a^2-b^2)(a^4+a^2b^2+b^4)=a^6-b^6$

[問3]　$24=2^3\cdot3$，$480=2^5\cdot3\cdot5$

$a>b$とすると，最大公約数が24より，

$a=24\times k_1$，$b=24\times k_2$　（$k_1>k_2$であり，k_1とk_2は互いに素）

最小公倍数が480なので，

$k_1\cdot k_2=\dfrac{480}{24}=20$

また，$k_1>k_2$であり，k_1とk_2は互いに素なので，これを満たす$(k_1，k_2)$の

組み合わせは(20，1)，(5，4)

$(k_1，k_2)=(20，1)$のとき，$a=480$，$b=24$より，$a+b=480+24=504$

$(k_1，k_2)=(5，4)$のとき，$a=120$，$b=96$より，$a+b=120+96=216$

$a\leqq b$の場合も同様。

[問4]　A4判の短辺の長さをaとすると，長辺の長さは，$\sqrt{2}\,a$

対角線の長さは，$\sqrt{a^2+(\sqrt{2}\,)^2}=\sqrt{3}\,a$

A4判の対角線の長さは，B4判の長辺の長さと等しいので，B4判の長

辺は，$\sqrt{3}\,a$，短辺は，$\dfrac{\sqrt{3}}{\sqrt{2}}a$

A4判とB4判の面積比は，

$a\cdot\sqrt{2}\,a:\sqrt{3}\,a\cdot\dfrac{\sqrt{3}}{\sqrt{2}}a=\sqrt{2}\,a^2:\dfrac{3}{\sqrt{2}}a^2=2:3$

[問5]　$a<b<c<d$であるから，

$\dfrac{4}{a}=\dfrac{1}{a}+\dfrac{1}{a}+\dfrac{1}{a}+\dfrac{1}{a}>\dfrac{1}{a}+\dfrac{1}{b}+\dfrac{1}{c}+\dfrac{1}{d}=2$

よって，$a<2$　aは自然数であるから，$a=1$であることがわかる。

このことから，$\dfrac{1}{b}+\dfrac{1}{c}+\dfrac{1}{d}=1$であることがわかり，

$\dfrac{3}{b}>\dfrac{1}{b}+\dfrac{1}{c}+\dfrac{1}{d}=1$から，$b=2$　よって，$\dfrac{1}{c}+\dfrac{1}{d}=\dfrac{1}{2}$

さらに，$\dfrac{2}{c}>\dfrac{1}{c}+\dfrac{1}{d}=\dfrac{1}{2}$から，$c=3$　よって，$d=6$となり，

$a+b+c+d=1+2+3+6=12$

[問6]　$x=\dfrac{\sqrt{2}+\sqrt{3}}{\sqrt{2}-\sqrt{3}}=\dfrac{(\sqrt{2}+\sqrt{3})^2}{(\sqrt{2}-\sqrt{3})(\sqrt{2}+\sqrt{3})}=-5-2\sqrt{6}$

$y=\dfrac{\sqrt{2}-\sqrt{3}}{\sqrt{2}+\sqrt{3}}=\dfrac{(\sqrt{2}-\sqrt{3})^2}{(\sqrt{2}+\sqrt{3})(\sqrt{2}-\sqrt{3})}=-5+2\sqrt{6}$

$x+y=-10,\ xy=1$

$\dfrac{y^2}{x}+\dfrac{x^2}{y}=\dfrac{y^3+x^3}{xy}=\dfrac{(x+y)(x^2+xy+y^2)}{xy}=\dfrac{(x+y)\{(x+y)^2-3xy\}}{xy}$

$\qquad=\dfrac{-10\{(-10)^2-3\cdot1\}}{1}=-10\times97=-970$

[問7]　$(3,\ 0)$，$(-1,\ 0)$を通ることより，$y=a(x-3)(x+1)$とおける。

これが$(2,\ 3)$を通るので，$3=a(2-3)(2+1)$　　$a=-1$

よって，3点$(2,\ 3)$，$(3,\ 0)$，$(-1,\ 0)$を通る2次関数は，

$y=-(x-3)(x+1)=-x^2+2x+3=-(x-1)^2+4$

よって，$x=1$のとき，最大値は4

[問8]　立方体の1辺の長さを1とすると，

$DG=\sqrt{2}$，$DM=\sqrt{1^2+\left(\dfrac{1}{2}\right)^2}=\dfrac{\sqrt{5}}{2}$，$MG=\sqrt{\left(\dfrac{1}{2}\right)^2+(\sqrt{2})^2}=\dfrac{3}{2}$

余弦定理より，

$$\cos\angle\mathrm{DGM}=\frac{(\sqrt{2})^2+\left(\frac{3}{2}\right)^2-\left(\frac{\sqrt{5}}{2}\right)^2}{2\cdot\sqrt{2}\cdot\frac{3}{2}}=\frac{2+\frac{9}{4}-\frac{5}{4}}{3\sqrt{2}}=\frac{1}{\sqrt{2}}$$

$0°<\angle\mathrm{DGM}<180°$より，$\angle\mathrm{DGM}=45°$

[問9]　$\cos\theta=-\dfrac{1}{3}$より，

$$\sin^2\theta=1-\left(-\frac{1}{3}\right)^2=\frac{8}{9}$$

$0\leqq\theta\leqq\pi$より，$\sin\theta\geqq0$　　よって，$\sin\theta=\dfrac{2\sqrt{2}}{3}$となる。

$$\cos\theta\cdot\tan\theta+\frac{\sin\theta}{\tan\theta}=\cos\theta\cdot\frac{\sin\theta}{\cos\theta}+\frac{\sin\theta}{\dfrac{\sin\theta}{\cos\theta}}$$

$$=\sin\theta+\cos$$

$$=\frac{2\sqrt{2}}{3}-\frac{1}{3}=\frac{-1+2\sqrt{2}}{3}$$

[問10]　$\dfrac{10!}{4!6!}\times\dfrac{7!}{2!5!}=\dfrac{10\cdot9\cdot8\cdot7}{4\cdot3\cdot2}\times\dfrac{7\cdot6}{2}=4410$[通り]

【2】次の図で，

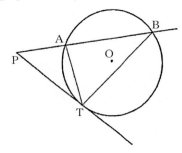

△PATと△PTBについて，∠Pは共通　…①

円の弦と，その一端を通る接線の作る角は，その角内にある弧に対する円周角と等しいから，∠PTA＝∠PBT　…②

①，②より2組の角がそれぞれ等しいから，

△PAT∽△PTB

よって，PA：PT＝PT：PB

したがって，PA×PB＝PT^{2}といえる。　証明終

〈解説〉解答参照。

【3】[手順]

① 10Lの容器から3Lの容器を使って2回7Lの容器に移す。

② 10Lの容器から3Lの容器に油を移し，3Lの容器から7Lの容器に移せるだけ移す。

③ 7Lの容器にある油を10Lの容器に移し，3Lの容器に残っている油を7Lの容器に移す。

④ 10Lの容器から3Lの容器に油を移す。

⑤ 3Lの容器にある油を7Lの容器に移す。

〈解説〉[別解]

① 10Lの容器から7Lの容器に油を移す。

② 7Lの容器から3Lの容器に油を移し，3Lの容器から10Lの容器に油を移す。これを2回行う。

③ 7Lの容器に残っている1Lの油を3Lの容器に移す。

④ 10Lの容器から7Lの容器に油を移した後，3Lの容器に油を移す。この際，油は2Lだけ移される。

⑤ 3Lの容器にある油を10Lの容器に移す。

【4】515,100円

〈解説〉5年間の元利合計は，

$100,000×1.01^5＋100,000×1.01^4＋100,000×1.01^3＋100,000×1.01^2＋100,000×1.01$

となる。これは，初項100,000×1.01，公比1.01，項数5の等比数列の和なので，

$$100,000×1.01×\frac{1.01^5－1}{1.01－1}＝100,000×1.01×\frac{1.051－1}{0.01}＝515,100[円]$$

【５】 33桁

〈解説〉 $\log_{10}12^{30} = 30\log_{10}12$

$\qquad\qquad\qquad = 30(\log_{10}2^2 + \log_{10}3)$

$\qquad\qquad\qquad = 30(2\log_{10}2 + \log_{10}3)$

$\qquad\qquad\qquad = 30(2 \times 0.301 + 0.4771)$

$\qquad\qquad\qquad = 32.373$

よって，　　$32 < \log_{10}12^{30} < 33$

$\qquad\qquad\qquad 10^{32} < 12^{30} < 10^{33}$

したがって，12^{30}は33桁の整数である。

〈解説〉解答参照。

【６】 [問1]　P$(1, -2, -2)$

　　[問2]　$(x, y, z) = (0, 2, 3), (4, -2, -1)$

〈解説〉[問1]　xy平面と対称な点は，xとy座標は変わらず，z座標が符号
　が反対になる。

　　[問2]　$AB = BC = CA = 3\sqrt{2}$ である。

　Dの座標を(x, y, z)とおくと，$AD = BD = CD = 3\sqrt{2}$ より，

　$(x-1)^2 + (y+2)^2 + (z-2)^2 = 18$

　$(x-4)^2 + (y-1)^2 + (z-2)^2 = 18$

　$(x-1)^2 + (y-1)^2 + (z+1)^2 = 18$

　これを解いて，

　$(x, y, z) = (0, 2, 3), (4, -2, -1)$

【７】 $f(x) = 2x^2 + 3x + 2$

〈解説〉$f(x)$は2次関数なので，$f(x) = ax^2 + bx + c$とおくことができる。

　$f(1) = 7$より，$a + b + c = 7$　…①

　$f'(2) = 11$より，$f'(x) = 2ax + b$だから，$4a + b = 11$　…②

　$\displaystyle\int_{-3}^{3} f(x)dx = 48$より，

　$\displaystyle\int_{-3}^{3} (ax^2 + bx + c)dx = 48$

$$2\int_0^3 (ax^2+c)dx=48$$

$$2\times\left[\frac{1}{3}ax^3+cx\right]_0^3=48$$

$$2\times\left(\frac{1}{3}a\times27+3c\right)=48$$

$$3a+c=8 \quad\cdots\text{③}$$

①，②，③より，$(a, b, c)=(2, 3, 2)$

よって，$\quad f(x)=2x^2+3x+2$

【8】① 目的意識 ② 主体的 ③ イ ④ カ ⑤ エ
⑥ キ ⑦ 帰納 ⑧ 類推 ⑨ 演繹

〈解説〉[問1] 『中学校学習指導要領解説 数学編』の「第2章 数学科の目標及び内容」「第1節 目標」「1 教科の目標」の(2)①「数学的活動を通して」について，の冒頭で述べられている文言である。数学の教員を志望する人は当然理解しているはずの内容である。

[問2] 中学校学習指導要領の文章そのままではないので，注意深く言葉を吟味する必要がある。正確な文章は〔第1学年〕は「目的に応じて資料を収集し，コンピュータを用いたりするなどして表やグラフに整理し，代表値や資料の散らばりに着目してその資料の傾向を読み取ることができるようにする」，〔第2学年〕は「不確定な事象についての観察や実験などの活動を通して，確率について理解し，それを用いて考察し表現することができるようにする」，〔第3学年〕は「コンピュータを用いたりするなどして，母集団から標本を取り出し，標本の傾向を調べることで，母集団の傾向が読み取れることを理解できるようにする」となっている。 [問3] 『中学校学習指導要領解説 数学編』の「第2章 数学科の目標及び内容」「第2節 内容」「1 内容構成の考え方」の(1)⑥の文章を抜粋・構成してあるので，単に暗記しているだけでは戸惑う問題である。推論には，帰納，類推，演繹があること，その内容を正確に理解しておくことが必要である。

【高等学校】

【1】[問1] (1)　2　　(2)　10　　[問2]　ア　　[問3]　840通り

[問4]　A=$\begin{pmatrix} 1 & 2 \\ 2 & 4 \end{pmatrix}$　B=$\begin{pmatrix} 2 & 4 \\ -1 & -2 \end{pmatrix}$　　[問5]　$\dfrac{1}{6}$　　[問6]　イ，エ

〈解説〉[問1]　△ABCの内接円の半径をrとする。

BC=$\sqrt{12^2+5^2}$=13

△ABCの面積をrを使って表すと，$\dfrac{1}{2}r(5+12+13)$

また△ABCの面積は　$\dfrac{1}{2}\times5\times12$　より，

$\dfrac{1}{2}r(5+12+13)=\dfrac{1}{2}\times5\times12$

$30r=60$

$r=2$

(2)

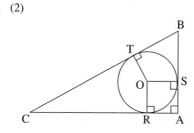

図のように，内接円の中心をO，辺AC，辺ABと内接円との接点を，それぞれR，Sとおくと，内接円の半径が2で四角形OSARが正方形となることより，AS=2

BS=AB－AS=5－2=3

BT=BS=3

CT=BC－BT=13－3=10

[問2]　$x>1\ \Rightarrow\ \dfrac{1}{x}<1$は成立するが，$\dfrac{1}{x}<1\ \Rightarrow\ x>1$は成立しない。

$\because\left[\begin{array}{l} x>0のとき，\quad\dfrac{1}{x}<1\ \Rightarrow\ x>1だが， \\ x<0のとき，\quad\dfrac{1}{x}<1は成立する。 \\ \therefore\ \dfrac{1}{x}<1\ \Rightarrow\ x<0,\ 1<xであるから。 \end{array}\right]$

ゆえに，

$x \neq 0$のとき，$\dfrac{1}{x} < 1$は$x > 1$であるための必要条件であるが，十分条件ではない。

[問3]　8つの色から6つの色を選んで塗る順番の数を，6つの面を塗る順番の数で割ればよい。

$$\dfrac{{}_8P_6}{6 \times 4} = \dfrac{8 \cdot 7 \cdot 6 \cdot 5 \cdot 4 \cdot 3}{6 \times 4} = 840[通り]$$

[問4]　$A = \begin{pmatrix} a & b \\ c & d \end{pmatrix}$　$B = \begin{pmatrix} p & q \\ r & s \end{pmatrix}$とすると，

$$AB = \begin{pmatrix} a & b \\ c & d \end{pmatrix}\begin{pmatrix} p & q \\ r & s \end{pmatrix} = \begin{pmatrix} ap+br & aq+bs \\ cp+dr & cq+ds \end{pmatrix}$$

$AB = 0$となるためには，

$ap + br = 0$　$\cdots$①　$aq + bs = 0$　$\cdots$②

$cp + dr = 0$　$\cdots$③　$cq + ds = 0$　$\cdots$④

①は，ベクトル(a, b)とベクトル(p, r)が垂直であればよく，②は，ベクトル(a, b)とベクトル(q, s)が垂直であればよい。

したがって，(p, r)と(q, s)は平行である。

同様に，①と③より，(a, b)と(c, d)も平行である。

(a, b)，(c, d)の傾きをkとすると，これらは(a, ka)，(c, kc)とおくことができる。これに垂直な(p, r)，(q, s)は，$(-kr, r)$，$(-ks, s)$となる。よって，$a = 1$，$c = 2$，$k = 2$，$r = -1$，$s = -2$とおくと，

$A = \begin{pmatrix} 1 & 2 \\ 2 & 4 \end{pmatrix}$　$B = \begin{pmatrix} 2 & 4 \\ -1 & -2 \end{pmatrix}$となる。

a，c，k，r，sのとり方を変えると解は無数に存在する。

[問5]　$\sqrt{x} + \sqrt{y} = 1$

$\qquad\qquad \sqrt{x} = 1 - \sqrt{y}$

$\qquad\qquad\quad x = 1 - 2\sqrt{y} + y$　より，

$$\int_0^1 (1 - 2\sqrt{y} + y)dy = \left[y - \dfrac{4}{3}y^{\frac{3}{2}} + \dfrac{1}{2}y^2 \right]_0^1 = 1 - \dfrac{4}{3} + \dfrac{1}{2} = \dfrac{1}{6}$$

[問6]

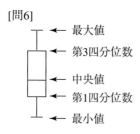

であるので,

ア　この箱ひげ図では平均点はわからない。

イ　四分位偏差とは, 第3四分位数をQ_3, 第1四分位数をQ_1とすると, $\dfrac{Q_3-Q_1}{2}$で表せるので, 四分位偏差は30点以下となり正しい。

ウ　第1四分位数が40点台なので, 50点以上の生徒は150人より少ない。

エ　中央値が50点台なので, 60点未満の生徒は半数以上いる。(正しい)

オ　第1四分位数が40点台なので, 30点台は50人より少ない。

【2】[問1]　三角形の各頂点から, それぞれの対辺またはその延長線上に下ろした垂線は1点で交わる。その交点を三角形の垂心という。

[問2]　$\overrightarrow{CH}=\dfrac{2}{3}\vec{a}+\dfrac{1}{9}\vec{b}$

〈解説〉[問1]　解答参照。

[問2]　$\overrightarrow{CH}=s\vec{a}+t\vec{b}$　(s, tは実数)とおく。

このとき　$|\vec{a}|=4$, $|\vec{b}|=6$, $\vec{a}\cdot\vec{b}=4\cdot6\cdot\cos60°=12$

$\overrightarrow{AH}\perp\overrightarrow{CB}$であるから, $\overrightarrow{AH}\cdot\overrightarrow{CB}=0$

よって, $(s\vec{a}+t\vec{b}-\vec{a})\cdot\vec{b}=0$

$(s-1)\vec{a}\cdot\vec{b}+t|\vec{b}|^2=0$

$12(s-1)+36t=0$

$s-1+3t=0$　…①

また，$\overrightarrow{\mathrm{BH}} \perp \overrightarrow{\mathrm{CA}}$ であるから，$\overrightarrow{\mathrm{BH}} \cdot \overrightarrow{\mathrm{CA}} = 0$

$(s\overrightarrow{a} + t\overrightarrow{b} - \overrightarrow{b}) \cdot \overrightarrow{a} = 0$

$s|\overrightarrow{a}|^2 + (t-1)\overrightarrow{a} \cdot \overrightarrow{b} = 0$

$16s + 12(t-1) = 0$

$4s + 3(t-1) = 0$ …②

①，②より，$s = \dfrac{2}{3}$，$t = \dfrac{1}{9}$

よって $\overrightarrow{\mathrm{CH}} = \dfrac{2}{3}\overrightarrow{a} + \dfrac{1}{9}\overrightarrow{b}$

【3】[問1]　(1) $-\sqrt{2} \leqq t \leqq \sqrt{2}$　(2) $\dfrac{\sqrt{2}}{2}t^2 + t - \dfrac{\sqrt{2}}{2}$

[問2]　$x = \dfrac{\pi}{4}$ のとき，最大値 $\dfrac{3\sqrt{2}}{2}$

$x = \dfrac{11}{12}\pi$，$\dfrac{19}{12}\pi$ のとき，最小値 $-\dfrac{3\sqrt{2}}{4}$

〈解説〉[問1]　(1)　$t = \sin x + \cos x = \sqrt{2} \sin\left(x + \dfrac{\pi}{4}\right)$

$0 \leqq x < 2\pi$ より，$-\sqrt{2} \leqq \sqrt{2} \sin\left(x + \dfrac{\pi}{4}\right) \leqq \sqrt{2}$

よって，$-\sqrt{2} \leqq t \leqq \sqrt{2}$

(2)　$t = \sin x + \cos x$ の両辺を2乗すると，

$t^2 = 1 + 2\sin x\cos x$

よって，$\sin x\cos x = \dfrac{t^2 - 1}{2}$

したがって，$f(x) = t + \sqrt{2}\,\dfrac{t^2 - 1}{2}$

$= \dfrac{\sqrt{2}}{2}t^2 + t - \dfrac{\sqrt{2}}{2}$　$(-\sqrt{2} \leqq t \leqq \sqrt{2})$

[問2]　$f(x) = \dfrac{\sqrt{2}}{2}t^2 + t - \dfrac{\sqrt{2}}{2} = \dfrac{\sqrt{2}}{2}\left(t + \dfrac{\sqrt{2}}{2}\right)^2 - \dfrac{3\sqrt{2}}{4}$

[問1]の(1)より，$-\sqrt{2} \leqq t \leqq \sqrt{2}$ であるから，

$t = \sqrt{2}$ のとき，すなわち $x = \dfrac{\pi}{4}$ のとき，最大値 $\dfrac{3\sqrt{2}}{2}$

$t=-\dfrac{\sqrt{2}}{2}$ のとき，すなわち $x=\dfrac{11}{12}\pi$，$\dfrac{19}{12}\pi$ のとき，最小値 $-\dfrac{3\sqrt{2}}{4}$

【４】$a=0$，$\alpha=0$，$\beta=2$
〈解説〉$f'(x)=3x^2-6x+6a$ …①

$$f(\alpha)-f(\beta)=\int_{\beta}^{\alpha}f'(x)dx=\int_{\beta}^{\alpha}(3x^2-6x+6a)dx$$
$$=3\cdot\frac{-1}{6}(\alpha-\beta)^3$$
$$=\frac{1}{2}(\beta-\alpha)^3 \quad\text{となる。}$$

これが$2(\beta-\alpha)$に等しいから，
$\dfrac{1}{2}(\beta-\alpha)^3=2(\beta-\alpha)$　より，　$(\beta-\alpha)^2=4$ …②
ここで，α，βは$f'(x)=0$の解であるから，解と係数の関係より，
$\alpha+\beta=2$，$\alpha\beta=2a$である。
また，$(\beta-\alpha)^2=(\alpha+\beta)^2-4\alpha\beta$より，
$(\beta-\alpha)^2=4-8a$
よって，②により$4-8a=4$であるから，$a=0$である。
このとき①より，$f'(x)=3x(x-2)$であるから，$\alpha=0$，$\beta=2$
よってこのとき，$f(x)=x^3-3x^2$
これは，

x	$\cdots$	0	$\cdots$	2	
y'	+	0	−	0	+
y	↗	極小	↘	極大	↗

$x=0$で極大値0
$x=2$で極小値−4をとるから条件に適する。

【5】[問1]　$5\left(1-\dfrac{k}{n}\right)\left(\dfrac{k}{n}\right)^4=5\left\{\left(\dfrac{k}{n}\right)^4-\left(\dfrac{k}{n}\right)^5\right\}$　　[問2]　$\dfrac{1}{6}$

〈解説〉[問1]　番号kの箱から，1個の玉を取り出すとき，白玉である確率は，　$\dfrac{n-k}{n}$

番号kの箱から，1個の玉を取り出す反復試行を5回くり返すとき，1回だけ白玉を取り出す確率は，

$${}_5C_1\cdot\left(\dfrac{n-k}{n}\right)\left(\dfrac{k}{n}\right)^4$$

よって，番号kの箱を選んだとき，その箱から1回だけ白玉を取り出す条件付確率は，

$$5\left(1-\dfrac{k}{n}\right)\left(\dfrac{k}{n}\right)^4=5\left\{\left(\dfrac{k}{n}\right)^4-\left(\dfrac{k}{n}\right)^5\right\}$$

[問2]　番号kの箱を選ぶ確率は$\dfrac{1}{n}$であるから，[問1]より，番号kの箱を選んで，1回だけ白玉を取り出す確率は，

$$\dfrac{1}{n}\cdot 5\left\{\left(\dfrac{k}{n}\right)^4-\left(\dfrac{k}{n}\right)^5\right\}$$

確率の加法定理を用いて，

$$p_n=\sum_{k=1}^{n}\dfrac{1}{n}\cdot 5\left\{\left(\dfrac{k}{n}\right)^4-\left(\dfrac{k}{n}\right)^5\right\}$$

$$=5\left\{\dfrac{1}{n}\sum_{k=1}^{n}\left(\dfrac{k}{n}\right)^4-\dfrac{1}{n}\sum_{k=1}^{n}\left(\dfrac{k}{n}\right)^5\right\}$$

よって，　$\displaystyle\lim_{n\to\infty}p_n=5\left(\int_0^1 x^4dx-\int_0^1 x^5dx\right)$

$$=5\left(\left[\dfrac{x^5}{5}\right]_0^1-\left[\dfrac{x^6}{6}\right]_0^1\right)$$

$$=5\left(\dfrac{1}{5}-\dfrac{1}{6}\right)=\dfrac{1}{6}$$

【6】　$n=3,\ 8,\ 58,\ 63$

〈解説〉$n=11k+r$　（k，rは整数　$0\leqq r\leqq 10$）とおく。

$n^2=(11k+r)^2=11(11k^2+2kr)+r^2$

ここで，$r=0,\ 1,\ 2,\ \cdots,\ 9,\ 10$において，$r^2$の11による剰余が9となるのは，$r=3,\ 8$である。

よって，「n^2を11で割ると9余る」条件を満たすのは，

$n=11k+3$ …(i)　または　$n=11k+8$ …(ii)のいずれかである。

また,「nは5で割ると3余る」条件から,

$n=5l+3$　(lは整数)…①とおける。

(i)　$n=11k+3$のとき,

①より,　$11k=5l$であるから,　kは5の倍数である。よって,　整数mを用いて,　$n=55m+3$と表せる。このとき100以下の自然数nは,　$n=3$, 58である。

(ii)　$n=11k+8$のとき,

①より,　$11k=5(l-1)$であるから,　kは5の倍数である。よって,　整数m'を用いて,　$n=55m'+8$と表せる。このとき,　100以下の自然数nは,　$n=8$, 63である。

(i)(ii)より,　求める100以下の自然数は,　$n=3$, 8, 58, 63である。

2012年度　実施問題

【中学校】

【 1 】次の[問1]〜[問10]に答えよ。

[問1]　240の正の約数の総和を求めよ。

[問2]　アメリカのサンフランシスコの空港を現地時間の1月1日午後1時に飛行機で出発し，関西国際空港に12時間後に到着した。関西国際空港に到着したのは，日本標準時で何月何日の何時か，答えよ。ただし，日本では東経135度が，サンフランシスコでは西経120度が標準時子午線である。

[問3]　$2+\sqrt{3}$ の整数部分をa，小数部分をbとする。abの小数部分を求めよ。

[問4]　6個の数字0，1，2，2，3，4から4個の数字を使って4けたの整数をつくる。このとき，4けたの整数は何個できるか，答えよ。

[問5]　整式$P(x)=3x^3-ax^2-bx+6$は，$x-1$で割り切れ，$x-2$で割ると余りが4であるという。このとき，定数a，bの値を求めよ。

[問6]　次の式の2重根号をはずし，簡単にせよ。

$\sqrt{15+6\sqrt{6}}$

[問7]　次の式を因数分解せよ。

$(a+b+c)(ab+bc+ca)-abc$

[問8]　$\log_2 3 \cdot \log_3 5 \cdot \log_5 8$を簡単にせよ。

[問9]　関数$f(x)=x^2-2x+4$の$a-1\leqq x\leqq a+1$における最大値M(a)をaの式で表せ。

[問10]　方程式$|x|+|y|=2$の表す図形を，座標平面上にかけ。ただし，x，yは実数とする。

(☆☆☆◎◎◎)

【2】2直線　$2x+y=0\cdots$①，$3x-y-4=0\cdots$②について，次の[問1], [問2]に答えよ。

[問1]　2直線のなす角θを求めよ。ただし，$0\leqq\theta\leqq\dfrac{\pi}{2}$とする。

[問2]　直線①を原点のまわりに$\dfrac{\pi}{6}$だけ回転させた直線の方程式を求めよ。

(☆☆☆◎◎◎)

【3】$\sqrt{3}$ が無理数であることを証明せよ。ただし，「aを整数とするとき，a^2が3の倍数ならばaは3の倍数である。」を用いてよい。

(☆☆☆◎◎◎)

【4】すべての自然数nに対して，次の等式が成り立つことを，数学的帰納法によって証明せよ。
$$1+4+9+16+\cdots+n^2=\frac{1}{6}n(n+1)(2n+1)$$

(☆☆☆◎◎◎)

【5】次の立体は直円錐である。点Hは底面の中心，線分ABは底面の直径，点Pは母線OB上の点であり，∠AOH＝θとする。
$OA=a$，$\cos\theta=\dfrac{\sqrt{15}}{4}$，$PB=a-\dfrac{\sqrt{2}}{4}a$
であるとき，点Aから，この直円錐の側面を通って点Pに至る最短の経路の長さを求めよ。

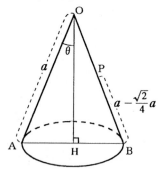

(☆☆☆◎◎◎)

【6】A, Bを2次正方行列とする。

命題「AB＝Oならば, A＝OまたはB＝Oである。」について, [問1],
[問2]に答えよ。ただし, Oは零行列である。

[問1] この命題は真か偽か, 答えよ。

[問2] [問1]で真と解答した場合はそのことを証明せよ。偽と解答した
場合はこの命題の反例を示せ。

(☆☆☆◎◎◎)

【7】中学校第3学年の数学の授業で, 発展的な課題として次の問題を取
り上げた。生徒に解法の手順がよくわかるよう記述して, この問題を
解け。

(問題)

　次の三角形は, AC＝b, BC＝a　∠C＝90°の直角三角形で, 点P, Q,
Rはそれぞれ辺CA, AB, BC上の点である。また, 斜線の四角形PQRC
は正方形である。このとき, この正方形の1辺の長さをa, bを用いて
表せ。

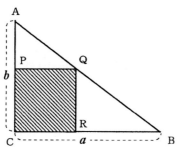

(☆☆☆◎◎◎)

【8】次の[問1]〜[問3]に答えよ。

[問1] 次の4つは, 「小学校, 中学校, 高等学校及び特別支援学校等に
おける児童生徒の学習評価及び指導要録の改善等について(通知)」
(平成22年5月11日　文部科学省)で, 各教科等・各学年等の評価の観
点等及びその趣旨に示されている数学の4つの評価の観点である。

①〜④にあてはまる語句を入れて，これらの観点を完成させよ。

なお，②と③の順は問わない。

数学への（　①　）

数学的な（　②　）

数学的な（　③　）

数量や図形などについての（　④　）

[問2]　次の文は，平成20年3月告示の中学校学習指導要領「第2章　第3節　数学」に示されている目標である。⑤〜⑦にあてはまる語句を書け。

（　⑤　）を通して，数量や図形などに関する基礎的な（　⑥　）や原理・法則についての理解を深め，数学的な表現や処理の仕方を習得し，事象を数理的に考察し表現する能力を高めるとともに，（　⑤　）の（　⑦　）や数学のよさを実感し，それらを活用して考えたり判断したりしようとする態度を育てる。

[問3]　次のア〜クは，平成20年3月の学習指導要領の改訂に伴い，中学校数学科において指導時期が改められた内容の一部である。下の(1)〜(3)にあたる内容を，ア〜クからそれぞれすべて選び，その記号を書け。

ア　簡単な比例式を解くこと

イ　図形の対称性(線対称，点対称)

ウ　平行移動，対称移動及び回転移動

エ　数の集合と四則計算の可能性

オ　角柱や円柱の体積

カ　球の表面積と体積

キ　投影図

ク　資料の散らばりと代表値

(1)　高等学校から中学校に移行する内容

(2)　中学校で新規に指導する内容

(3)　中学校から小学校へ移行する内容

(☆☆☆◎◎◎)

【高等学校】

【 1 】 次の[問1]～[問6]に答えよ。(答えのみでよい。)

[問1]　2つの実数x, yが$x^2+y^2=1$を満たすとき，$2x+y^2$の最大値，最小値を求めよ。また，そのときのx, yの値を求めよ。

[問2]　△ABCにおいて，$a=13$, $b=14$, $c=15$のとき，次の値を求めよ。

(1)　△ABCの内接円の半径r

(2)　△ABCの外接円の半径R

[問3]　x, yは実数とし，kは正の数とする。
$|x|+|y|\leqq 3$が$x^2+(y-1)^2\leqq k$の必要条件となるとき，kの値の範囲を求めよ。

[問4]　楕円$\dfrac{x^2}{4}+\dfrac{y^2}{9}=1$について，次の(1), (2)に答えよ。

(1)　2つの焦点の座標を求めよ。

(2)　(1)で求めた焦点をF, F′とし，楕円上の点をPとするとき，PF+PF′の値を求めよ。

[問5]　正の数aと実数xについて，$a^{3x}+a^{-3x}=2$が成り立つとき，a^x+a^{-x}の値を求めよ。

[問6]　次の文は，平成21年3月告示の高等学校学習指導要領第4節数学第2款第1数学Ⅰの内容の一部である。文中の①～③にあてはまる語句を書け。

[課題学習]

　(1), (2), (3)及び(4)の内容又はそれらを相互に関連付けた内容を（　①　）と関連付けたり発展させたりするなどして，生徒の関心や意欲を高める課題を設け，生徒の（　②　）な学習を促し，（　③　）を認識できるようにする。

(注)　(1)…数と式，(2)…図形と計量，(3)…二次関数，(4)…データの分析

(☆☆☆◎◎◎)

【２】xの2次方程式$2x^2+ax+1=0$の2つの解が$\sin\theta$，$\cos\theta$であるとき，θの値と定数aの値を求めよ。ただし，$0\leqq\theta\leqq\pi$とする。

(☆☆☆◎◎◎)

【３】1から9までの整数が1つずつ書かれたカードが9枚ある。この中から1枚のカードを無作為に選び，もとに戻すという試行をn回行った。このとき，得られるn個の数字の和が奇数である確率をp_nとする。

次の[問1]～[問3]に答えよ。

[問1]　p_1，p_2を求めよ。(答えのみでよい。)

[問2]　p_{n+1}をp_nを用いて表せ。

[問3]　p_nを求めよ。

(☆☆☆◎◎◎)

【４】整数nに対して，$2n^3+3n^2+n$は6の倍数であることを証明せよ。

(☆☆☆◎◎◎)

【５】座標空間に4点A(2，1，3)，B(3，2，5)，C(0，2，4)，D(1，2，1)がある。

次の[問1]，[問2]に答えよ。

[問1]　3点A，B，Cを通る平面αの方程式を求めよ。

[問2]　点Dから平面αに下ろした垂線をDHとするとき，点Hの座標を求めよ。

(☆☆☆◎◎◎)

【６】曲線$y=\log x$が，曲線$y=ax^3$と接している。

次の[問1]，[問2]に答えよ。

[問1]　定数aの値を求めよ。

[問2]　これら2つの曲線とx軸とで囲まれる図形の面積Sを求めよ。

(☆☆☆◎◎◎)

解答・解説

【中学校】

【 1 】 [問1]　744　　　[問2]　1月2日午後6時　　　[問3]　$3\sqrt{3}-5$

　　　 [問4]　159個　　　[問5]　$a=4$, $b=5$　　　[問6]　$3+\sqrt{6}$

　　　 [問7]　$(a+b)(b+c)(c+a)$　　　[問8]　3

　　　 [問9]　$\begin{cases} \mathrm{M}(a)=a^2-4a+7(a<1) \\ \mathrm{M}(a)=a^2+3(a\geqq1) \end{cases}$

　　　　　　 [問10]

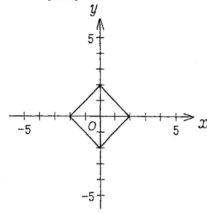

〈解説〉

　　[問1]　240を素因数分解すると，$240=2^4\times3\times5$となるから，240の約数
は，

　　$2^a\times3^b\times5^c$　$(a=0,\ 1,\ 2,\ 3,\ 4,\quad b=0,\ 1,\quad c=0,\ 1)$

と表せる。これを，すべての$(a,\ b,\ c)$について足せばいいから，求め
る値は，

$$\sum_{a=0}^{4}\sum_{b=0}^{1}\sum_{c=0}^{1}2^a\times3^b\times5^c=(1+2+4+8+16)(1+3)(1+5)=744$$

　　[問2]　15度，東へ進むと時刻は1時間進むため，サンフランシスコか
ら日本に瞬間移動すると時刻は$\dfrac{135+120}{15}=17$時間進む。さらに実際

には移動自体に12時間かかるため，到着する時刻は1月1日午後1時の29時間未来，すなわち1月2日午後6時。

[問3]　$1 \leqq \sqrt{3} < 2$であるから，$a=3$，$b=\sqrt{3}-1$となり，$ab=3\sqrt{3}-3$。$(3\sqrt{3})^2=27$から，$5 \leqq 3\sqrt{3} < 6$がわかり，$2 \leqq 3\sqrt{3}-3 < 3$。したがってabの小数部分は，$3\sqrt{3}-5$

[問4]　(i)　2を，たかだか1回使う場合，$4 \times 4 \times 3 \times 2 = 96$通り

(ii)　2を2回使う場合，4個の数字の並べ方は，${}_4C_2 \times {}_4P_2$通りから，0からはじまる${}_3C_2 \times {}_3P_1$通りを引いて，63通り

(i)(ii)から，求める場合の数は，あわせて，159通り

[問5]　$P(x)$，$x-1$で割り切れるから，整式$Q(x)$を用いて，

$P(x)=(x-1)Q(x)$と表せる。したがって

$P(1)=0$　すなわち　$3 \cdot 1^3 - a \cdot 1^2 - b \cdot 1 + 6 = 0$，$a+b=9$　…①

が成立

$P(x)$は，$x-2$で割ると余りが4であるから，整式$R(x)$を用いて，

$P(x)=(x-2)R(x)+4$と表せる。したがって

$P(2)=4$　すなわち　$3 \cdot 2^3 - a \cdot 2^2 - b \cdot 2 + 6 = 4$，$2a+b=13$　…②

が成立

①②を連立して解いて，$a=4$，$b=5$

[問6]　$\sqrt{15+6\sqrt{6}} = \sqrt{3^2 + 2 \cdot 3\sqrt{6} + (\sqrt{6})^2}$

$= \sqrt{(3+\sqrt{6})^2}$

$= |3+\sqrt{6}|$

$= 3+\sqrt{6}$

[問7]　$(a+b+c)(ab+bc+ca) - abc$

$= (a+b)(ab+bc+ca) + c(ab+bc+ca) - abc$

$= (a+b)(ab+bc+ca) + c^2(a+b)$

$= (a+b)(ab+bc+ca+c^2)$

$= (a+b)(a+c)(b+c)$

$= (a+b)(b+c)(c+a)$

[問8]　$\log_2 3 \cdot \log_3 5 \cdot \log_5 8$

$= \log_2 3 \cdot \log_3 5^{\log_5 8}$

$$=\log_2 3 \cdot \log_3 8$$
$$=\log_2 3^{\log_3 8}$$
$$=\log_2 8$$
$$=3$$

[問9] $f(x)=x^2-2x+4$
$\qquad =(x-1)^2+3$

$f(x)$は，xが1から最も遠いとき，最大値をとる。

したがって，

$$M(a)=\begin{cases} f(a-1) & (a<1) \\ f(a+1) & (a\geqq1) \end{cases}$$

$\qquad$ すなわち

$$M(a)=\begin{cases} a^2-4a+7 & (a<1) \\ a^2+3 & (a\geqq1) \end{cases}$$

[問10] $|x|+|y|=2$から，$|x|=2-(正の数)$となり，$-2\leqq x\leqq2$。同様に，$-2\leqq y\leqq2$。この条件を満たしつつ，$x+y=2$，$x-y=2$，$x-y=-2$，$x+y=-2$のいずれかを満たせばよいから，図形は以下のようになる。

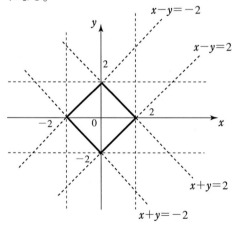

【２】[問1]　$\theta = \dfrac{\pi}{4}$　　　[問2]　$y = (8 - 5\sqrt{3})x$

〈解説〉[問1]　直線①の上の点は，実数tを用いて，$t\begin{pmatrix} 1 \\ -2 \end{pmatrix}$と，直線②上

の点は，実数uを用いて，$\begin{pmatrix} 0 \\ -4 \end{pmatrix} + u\begin{pmatrix} 1 \\ 3 \end{pmatrix}$と表せる。

$0 \leqq \theta \leqq \dfrac{\pi}{2}$から，

$$\cos\theta = \left| \frac{(1, \ -2) \cdot (1, \ 3)}{|(1, \ -2)| \ |(1, \ 3)|} \right|$$

が成り立つ。これを解くと，

$\cos\theta = \dfrac{1}{\sqrt{2}}$，　$\theta = \dfrac{\pi}{4}$となる。

[問2]　直線①は，$y = -2x$と表せるから，

直線①とx軸のなす角をαとすると，$\tan\alpha = -2$

$$\tan\left(\alpha + \frac{\pi}{6}\right) = \frac{\tan\alpha + \tan\dfrac{\pi}{6}}{1 - \tan\alpha \tan\dfrac{\pi}{6}}$$

$$= \frac{(-2) + \dfrac{1}{\sqrt{3}}}{1 - (-2) \times \dfrac{1}{\sqrt{3}}}$$

$$= \frac{-2\sqrt{3} + 1}{\sqrt{3} - (-2)}$$

$$= \frac{(1 - 2\sqrt{3})(2 - \sqrt{3})}{(2 + \sqrt{3})(2 - \sqrt{3})}$$

$$= 8 - 5\sqrt{3}$$

【３】解説参照

〈解説〉(証明)

$\sqrt{3}$が，有理数であるとすると，

$\sqrt{3} = \dfrac{b}{a}$　(ただし，aとbは互いに素な自然数)

とおける。

218

両辺を2乗して,

$3 = \dfrac{b^2}{a^2}$

$3a^2 = b^2$ ・・・①

よって, b^2は3の倍数であり, bも3の倍数である。

ここで, $b = 3r$ (rは自然数)とおいて①に代入すると,

$3a^2 = (3r)^2$

$a^2 = 3r^2$

となり, a^2は3の倍数であり, aも3の倍数である。

これは, aとbが互いに素であることに矛盾する。

よって,

$\sqrt{3}$ は無理数であるといえる。

(証明終)

【4】解説参照

〈解説〉(証明)

(i) $n = 1$のとき

(左辺)$= 1^2 = 1$, (右辺)$= \dfrac{1}{6} \times 1 \times 2 \times 3 = 1$より等式は成立する。

(ii) $n = k$ (kは自然数)のとき, 等式が成立すると仮定すると

$1 + 4 + 9 + 16 + \cdots + k^2 = \dfrac{1}{6}k(k+1)(2k+1)$が成立し

$n = k + 1$のとき

(左辺)$= 1 + 4 + 9 + 16 + \cdots + k^2 + (k+1)^2$

$= \dfrac{1}{6}k(k+1)(2k+1) + (k+1)^2$

$= \dfrac{1}{6}(k+1)(2k^2 + 7k + 6)$

$= \dfrac{1}{6}(k+1)(k+2)(2k+3)$

(右辺)$= \dfrac{1}{6}(k+1)\{(k+1)+1\}\{2(k+1)+1\}$

$= \dfrac{1}{6}(k+1)(k+2)(2k+3)$

よって, (左辺)$=$(右辺)となり, $n = k + 1$のときも等式は成立する。

(i), (ii)より，すべての自然数nで与えられた等式は成立する。

(証明終)

【５】 $AP=\dfrac{\sqrt{10}}{4}a$

〈解説〉「点Aから，この直円錐の側面を通って点Pに至る最短の経路」は，

展開図の上では，点A，Pを結ぶ線分となるから，この長さを求めれば

よい。

$\cos\theta=\dfrac{\sqrt{15}}{4}$より，$\sin\theta=\dfrac{1}{4}$となり，$AH=\dfrac{a}{4}$なので，側面の展開図

のおうぎ形の弧の長さは$2\pi\cdot\dfrac{a}{4}=\dfrac{\pi a}{2}$となる。

したがって，おうぎ形の中心角は$2\pi\times\left(\dfrac{\pi a}{2}\right)\div2\pi a=\dfrac{\pi}{2}$

△OAPで，$OA=a$，$OP=OB-PB=\dfrac{\sqrt{2}}{4}a$，$\angle AOP=\dfrac{\pi}{4}$だから，

余弦定理により，

$AP^2=OA^2+OP^2-2\cdot OA\cdot OP\cdot\cos\dfrac{\pi}{4}$

$=a^2+\dfrac{1}{8}a^2-2\cdot a\cdot\dfrac{\sqrt{2}}{4}a\cdot\dfrac{1}{\sqrt{2}}$

$=\dfrac{5}{8}a^2$

$AP>0$より，$AP=\dfrac{\sqrt{10}}{4}a$

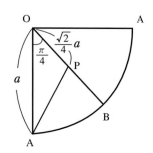

【6】[問1] 偽　　[問2]　解説参照

〈解説〉[問2]

$A = \begin{pmatrix} 1 & 0 \\ 0 & 0 \end{pmatrix}$, $B = \begin{pmatrix} 0 & 0 \\ 0 & 1 \end{pmatrix}$

とすると,

$AB = \begin{pmatrix} 1\times0+0\times0 & 1\times0+0\times1 \\ 0\times0+0\times0 & 0\times0+0\times1 \end{pmatrix}$

$= \begin{pmatrix} 0 & 0 \\ 0 & 0 \end{pmatrix} = O$

となるので, 上のA, Bは反例である。

【7】正方形の1辺の長さは $\dfrac{ab}{a+b}$

〈解説〉△APQと△ACBに関して,

∠Aは共通…①

四角形PQRCは正方形だから,

∠APQ＝∠ACB＝90°…②

①, ②より, 2組の角がそれぞれ等しいから△APQ∽△ACB

よって, 相似な図形の性質より,

AP：AC＝PQ：CB

正方形の1辺の長さをxとおくと, AP＝$b-x$だから

$(b-x)：b＝x：a$

$bx＝a(b-x)$

$bx＝ab-ax$

$ax+bx＝ab$

$(a+b)x＝ab$

$a+b\neq0$より

$x＝\dfrac{ab}{a+b}$

【8】[問1]　①　関心・意欲・態度　　②　見方や考え方　　③　技能
④　知識・理解　　[問2]　⑤　数学的活動　　⑥　概念　　⑦　楽しさ
[問3]　(1)　エ，カ，ク　　(2)　ア，ウ，キ　　(3)　イ，オ

〈解説〉学習指導要領および解説の空欄補充問題は多く出題されているが
(この問題では[問2]が該当する)，[問3]は改訂の内容などを理解して
いないと解答できないだろう。丸暗記ではなく，しっかりとした理解
をしておきたいところだ。

【高等学校】

【1】[問1]　$(x, y)=(1, 0)$のとき最大値2
$(x, y)=(-1, 0)$のとき最小値-2
[問2]　(1)　$r=4$　　(2)　$R=\dfrac{65}{8}$　　[問3]　$0<k\leqq2$
[問4]　(1)　焦点の座標　$(0, \sqrt{5}), (0, -\sqrt{5})$　　(2)　$PF+PF'=6$
[問5]　$a^x+a^{-x}=2$　　[問6]　①　生活　　②　主体的　　③　数学の
よさ

〈解説〉[問1]　$x^2+y^2=1$から，$-1\leqq x\leqq1$，$-1\leqq y\leqq1$であることに注意する。
$$2x+y^2=2x+(1-x^2)=-(x-1)^2+2$$
と変形できるから，
$x=1$で最大値2をとり，そのとき$y=0$
$x=-1$で最小値-2をとり，そのとき$y=0$
[問2]　(1)　余弦定理を用いて，
$\cos\angle BAC=\dfrac{15^2+14^2-13^2}{2\cdot14\cdot15}=\dfrac{3}{5}$　したがって$\sin\angle BAC=\dfrac{4}{5}$
ここで△ABCの内心をIとすると，$△ABC=△IAB+△IBC+△ICA$から，
$\dfrac{1}{2}\cdot14\cdot15\cdot\sin\angle BAC=\dfrac{1}{2}r(13+14+15)$
これを解いて，$r=4$
(2)　正弦定理から，
$\dfrac{13}{\frac{4}{5}}=2R$，$R=\dfrac{65}{8}$

[問3]　$x^2+(y-1)^2 \leqq k$　⇒　$|x|+|y| \leqq 3$　の対偶をとると，

$|x|+|y|>3$　⇒　$x^2+(y-1)^2>k$　となる。

$|x|+|y|>3$のとき，$|x|>3-|y|$と変形できて，

$x^2+(y-1)^2>\left(3-|y|\right)^2+(y-1)^2$

$\geqq (3-y)^2+(y-1)^2$

$=2y^2-8y+10$

$=2(y-2)^2+2$

$\geqq 2$

また，$y=2$，$x\to1$または-1で，$x^2+(y-1)^2$は2に限りなく近づく。

よって$|x|+|y|>3$　⇒　$x^2+(y-1)^2>k$が真となるkの範囲は，$k\leqq2$

これは対偶ををとっても変わらない。また，条件から，$k>0$であり，

求めるkの範囲は，$0<k\leqq2$

[問4]　(1)　$\dfrac{x^2}{4}+\dfrac{y^2}{9}=1$は，$(\pm2,\ 0)$, $(0,\ \pm3)$を通る楕円で，長軸は$(0,\ 3)$, $(0,\ -3)$を結ぶ線分。また，焦点は$a>0$として，$(0,\ a)$, $(0,\ -a)$とおける。

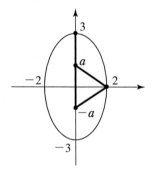

楕円上の点と2つの焦点を結ぶ線分の長さの和は常に等しい。ここで，楕円上の点として，$(0,\ 3)$と$(2,\ 0)$をとると，

$3-a+3+a=2\sqrt{a^2+2^2}$　…(∗)

が成り立ち，$a=\pm\sqrt{5}$ が導ける。求める焦点の座標は$(0,\ \sqrt{5}\ )$, $(0,\ -\sqrt{5}\ )$

(2)　(∗)の各辺の値が$PF+PF'$の値であり，$PF+PF'=6$といえる。

[問5]　相加相乗平均の関係から，

$a^{3x}+a^{-3x}\geqq 2\sqrt{a^{3x}\cdot a^{-3x}}=2$

等号は$a^{3x}=a^{-3x}$のときのみ成立。したがって$\sqrt{a^{3x}+a^{-3x}}=2$のとき，

$a^{3x}=a^{-3x}$であり，$x=0$。したがって$a^{x}+a^{-x}=1+1=2$

【２】　$\theta=\dfrac{\pi}{4}$　　　$a=-2\sqrt{2}$

〈解説〉解と係数の関係から

$\sin\theta+\cos\theta=-\dfrac{a}{2}$　……①，　$\sin\theta\cos\theta=\dfrac{1}{2}$　……②

②から　$\dfrac{1}{2}\sin2\theta=\dfrac{1}{2}$　ゆえに　$\sin2\theta=1$

$0\leqq\theta\leqq\pi$より　$0\leqq2\theta\leqq2\pi$　であるから

$2\theta=\dfrac{\pi}{2}$

よって　$\theta=\dfrac{\pi}{4}$

$\theta=\dfrac{\pi}{4}$を①に代入すると

$\sin\dfrac{\pi}{4}+\cos\dfrac{\pi}{4}=-\dfrac{a}{2}$

ゆえに　$\dfrac{1}{\sqrt{2}}+\dfrac{1}{\sqrt{2}}=-\dfrac{a}{2}$

したがって　$a=-2\sqrt{2}$

【３】[問1]　$p_1=\dfrac{5}{9}$，$p_2=\dfrac{40}{81}$　　　[問2]　$p_{n+1}=-\dfrac{1}{9}p_n+\dfrac{5}{9}$

[問3]　$p_n=\dfrac{1}{2}\Big\{1-\Big(-\dfrac{1}{9}\Big)^n\Big\}$

〈解説〉[問1]　p_1は，9枚のカードの中から，1，3，5，7，9の5種類の数
字いずれかが書かれたカードを選ぶ確率であるから，$p_1=\dfrac{5}{9}$。

p_2は，1回目に奇数が書かれたカードを，2回目に偶数が書かれたカー
ドを引く確率と，その逆の順番でカードを引く確率の和。よって，

$p_2=\dfrac{5}{9}\cdot\dfrac{4}{9}+\dfrac{4}{9}\cdot\dfrac{5}{9}=\dfrac{40}{81}$

[問2]　$(n+1)$回目で数字の和が奇数となるのは，次の2つの場合があり，
互いに排反である。

[1] n回目までの数字の和が奇数で，
$(n+1)$回目に偶数のカードを選ぶ

[2] n回目までの数字の和が偶数で，
$(n+1)$回目に奇数のカードを選ぶ

ゆえに $p_{n+1}=p_n\cdot\dfrac{4}{9}+(1-p_n)\cdot\dfrac{5}{9}$

すなわち $p_{n+1}=-\dfrac{1}{9}p_n+\dfrac{5}{9}$

[問3] [問2]より $p_{n+1}=-\dfrac{1}{9}p_n+\dfrac{5}{9}$

$p_{n+1}-\dfrac{1}{2}=-\dfrac{1}{9}\left(p_n-\dfrac{1}{2}\right)$

また $p_1-\dfrac{1}{2}=\dfrac{5}{9}-\dfrac{1}{2}=\dfrac{1}{18}$

したがって，数列$\left\{p_n-\dfrac{1}{2}\right\}$は，

初項$\dfrac{1}{18}$，公比$-\dfrac{1}{9}$の等比数列であるから

$p_n-\dfrac{1}{2}=\dfrac{1}{18}\cdot\left(-\dfrac{1}{9}\right)^{n-1}$

よって $p_n=\dfrac{1}{2}\left\{1-\left(-\dfrac{1}{9}\right)^{n}\right\}$

【4】解説参照

〈解説〉$2n^3+3n^2+n$

$=n(2n^2+3n+1)=n(n+1)(2n+1)$

$=n(n+1)\{(n-1)+(n+2)\}$

$=(n-1)n(n+1)+n(n+1)(n+2)$

連続する3つの整数は，3の倍数を必ず一つ含み，かつ偶数を1つまたは2つ含む。

したがって連続する3つの整数の積は6の倍数であり，

$(n-1)n(n+1)$，$n(n+1)(n+2)$は，6の倍数である。

よって，その和である$2n^3+3n^2+n$も6の倍数である。

【5】 [問1]　$x+5y-3z+2=0$　　　[問2]　$H\left(\dfrac{5}{7},\ \dfrac{7}{4},\ \dfrac{13}{7}\right)$

〈解説〉[問1]　求める平面 α の方程式を $ax+by+cz+d=0$ とすると

A(2, 1, 3)を通るから　$2a+b+3c+d=0$　…①

B(3, 2, 5)を通るから　$3a+2b+5c+d=0$　…②

C(0, 2, 4)を通るから　　　　$2b+4c+d=0$　…③

①, ②, ③より　$b=5a,\ c=-3a,\ d=2a$

よって　求める平面 α の方程式は $ax+5ay-3az+2a=0$

ゆえに　$x+5y-3z+2=0$

[問2]　平面 α の法線ベクトルを $\vec{n}$ とすると，$\vec{n}=(1,\ 5,\ -3)$

$\overrightarrow{DH}\ /\!/\ \vec{n}$ であるから，$\overrightarrow{DH}=t\,\vec{n}$ (tは実数)

原点Oに対して，

$\overrightarrow{OH}=\overrightarrow{OD}+t\,\vec{n}=(1,\ 2,\ 1)+t(1,\ 5,\ -3)$

$=(t+1,\ 5t+2,\ -3t+1)$

点H($t+1$, $5t+2$, $-3t+1$)は平面 α 上にあるから，

$(t+1)+5(5t+2)-3(-3t+1)+2=0$

よって　$t=-\dfrac{2}{7}$

ゆえに　点Hの座標は $\left(\dfrac{5}{7},\ \dfrac{4}{7},\ \dfrac{13}{7}\right)$

【6】 [問1]　$\dfrac{1}{3e}$　　　[問2]　$\dfrac{3}{4}\sqrt[3]{e}-1$

〈解説〉[問1]　$f(x)=\log x,\ g(x)=ax^3$ とおくと，

$f'(x)=\dfrac{1}{x},\ g'(x)=3ax^2$ となる。

$y=f(x)$が$y=g(x)$と$x=c$ ($c>0$)で接するとすると

$\log c=ac^3$ ……①，$\dfrac{1}{c}=3ac^2$ ……②

②から　$a=\dfrac{1}{3c^3}$　これを①に代入して$\log c=\dfrac{1}{3}$

ゆえに$c=\sqrt[3]{e}$　よって　$a=\dfrac{1}{3c^3}=\dfrac{1}{3e}$

[問2]　[問1]より　$a = \dfrac{1}{3e}$のとき，

接点の座標は$\left(\sqrt[3]{e}\ ,\ \dfrac{1}{3}\right)$であるから

求める面積Sは

$S = \displaystyle\int_0^{\sqrt[3]{e}} \dfrac{1}{3e}x^3\,dx - \int_0^{\sqrt[3]{e}} \log x\,dx$

$= \dfrac{1}{3e}\left[\dfrac{1}{4}x^4\right]_0^{\sqrt[3]{e}} - \left[x\log x - x\right]_1^{\sqrt[3]{e}}$

$= \dfrac{1}{12}\sqrt[3]{e} - \left(\dfrac{1}{3}\sqrt[3]{e} - \sqrt[3]{e} + 1\right)$

$= \dfrac{3}{4}\sqrt[3]{e} - 1$

2011年度　　実施問題

【中学校】

【1】次の[問1]～[問10]に答えよ。

[問1]　不等式　$x+2<4x-1<6x$　を解け。

[問2]　次の分数の分母を有理化せよ。

$$\frac{8-4\sqrt{3}}{8+\sqrt{48}}$$

[問3]　$x^2+xy-2y^2-5x-7y+4$　を因数分解せよ。

[問4]　$a=\sqrt{7}-\sqrt{2}$，$b=\sqrt{7}+\sqrt{2}$　のとき，a^3-b^3の値を求めよ。

[問5]　次の循環小数を既約分数で表せ。
$\dot{1}.0\dot{5}$

[問6]　23409の平方根を求めよ。

[問7]　放物線$y=-x^2+x+1$と直線$y=2x-1$によって囲まれた部分の面積を求めよ。

[問8]　3辺の長さが5，8，9の三角形の面積を求めよ。

[問9]　数列1，4，9，…，n^2　の第1項から第n項までの和を求めよ。

[問10]　WAKAYAMAのすべてのアルファベット8文字を使った並べ方は何通りあるか。

(☆☆☆◎◎◎)

【2】関数　$f(x)=\dfrac{1}{2}x^4-2x^3+2x^2$について，次の[問1]，[問2]に答えよ。

[問1]　関数$f(x)$の極値を求めよ。

[問2]　関数$f(x)$のグラフをかけ。

(☆☆☆◎◎◎)

【3】ベクトル $\vec{a}=(-2,3)$，$\vec{b}=(1,-1)$において，$\vec{a}-\vec{b}$と$\vec{a}+t\vec{b}$ が垂直となる実数tを求めよ。

(☆☆☆◎◎◎)

228

【4】 行列 $A = \begin{pmatrix} 1 & 3 \\ 0 & 1 \end{pmatrix}$ のとき，$A^n = \begin{pmatrix} 1 & 3n \\ 0 & 1 \end{pmatrix}$ であることを数学的帰納法を用いて証明せよ。ただし，nは自然数とする。

(☆☆☆◎◎◎)

【5】 次の等式が成り立つとき，△ABCはどのような形をしているか，答えよ。

$b \cos B + c \cos C = a \cos A$

(☆☆☆◎◎◎)

【6】 半径が10cmの円に内接する正十二角形について，次の[問1]，[問2]に答えよ。

[問1]　正十二角形の面積を求めよ。

[問2]　正十二角形の1辺の長さを求めよ。ただし，二重根号になる場合ははずしておくこと。

(☆☆☆◎◎◎)

【7】 次の図を使って，三平方の定理

$a^2 + b^2 = c^2$

を証明せよ。

　その際，中学3年生がノートに書く手本となるように，証明の根拠となることがらを適切に記述すること。

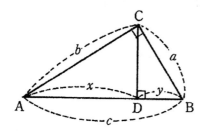

(☆☆☆◎◎◎)

【8】次の[問1]，[問2]に答えよ。

[問1]　次の文は，平成20年3月告示の中学校学習指導要領「第2章　第3節　数学　第3　指導計画の作成と内容の取扱い」に示されている数学的活動の指導における配慮事項である。①～⑥にあてはまる語句を書け。

(1)　数学的活動を楽しめるようにするとともに，数学を学習することの意義や数学の〔　①　〕などを実感する機会を設けること。

(2)　自ら〔　②　〕を見いだし，解決するための構想を立て，〔　③　〕し，その結果を〔　④　〕する機会を設けること。

(3)　数学的活動の〔　⑤　〕を振り返り，レポートにまとめ発表することなどを通して，その成果を〔　⑥　〕する機会を設けること。

[問2]　次の表は，中学校学習指導要領解説数学編(平成20年9月文部科学省)「第1章総説　3　数学科改訂の要点」に示されている中学校数学科の内容の構成をまとめたものである。⑦～⑫にあてはまる語句を書け。

	A　数と式	B　図形	C　関数	D　資料の活用	数学的活動
第1学年	正の数・負の数 文字を用いた式 一元一次方程式	平面図形 ⑦	⑧	資料の散らばりと代表値	
第2学年	文字を用いた式の四則計算 ⑨	基本的な平面図形と平行線の性質 図形の合同	一次関数	⑩	
第3学年	平方根 式の展開と因数分解 二次方程式	図形の相似 ⑪ 三平方の定理	関数 $y=ax^2$	⑫	

(☆☆☆◎◎◎◎)

【高等学校】

【1】次の［問1］〜［問6］に答えよ。(答えのみでよい。)

［問1］　実数a，bに対して，a，b，-4がこの順で等差数列をなし，b，a，-4がこの順で等比数列をなすとき，a，bの値を求めよ。ただし，$a \neq b$とする。

［問2］　1辺の長さが1の正六角形ABCDEFにおいて，内積$\overrightarrow{AB} \cdot \overrightarrow{CE}$を求めよ。

［問3］　双曲線$3x^2-4y^2=12$ ……①について，次の(1)，(2)に答えよ。

(1)　焦点の座標と漸近線の方程式を求めよ。

(2)　角θを媒介変数として，①を表せ。

［問4］　$a=\log_2 3$，$b=\log_3 7$とするとき，$\log_{21} 56$をa，bを用いて表せ。

［問5］　不等式$x^2+3xy+2y^2-10x-16y+24 \leqq 0$を満たす正の整数$x$，$y$の組$(x, y)$の個数を求めよ。

［問6］　等式$\dfrac{1}{x+1}+\dfrac{1}{y+1}+\dfrac{1}{z+1}=1$，$x<y<z$を満たす正の整数$x$，$y$，$z$の組$(x, y, z)$を求めよ。

(☆☆☆◎◎◎)

【2】$y=\cos^2 x (0 \leqq x \leqq \pi)$ ……①について，次の［問1］，［問2］に答えよ。

［問1］　①上の点$(t, \cos^2 t)$における接線の方程式を求めよ。

［問2］　［問1］で求めた接線とy軸との交点のy座標を最小にするtの値を求めよ。

(☆☆☆◎◎◎)

【3】図のように，円Oの周上に3点A，B，Pがある。点Aにおける接線をATとする。このとき，∠BAT＝∠APBを証明せよ。(図のように，∠APBが鋭角の場合のみ証明すればよい。)

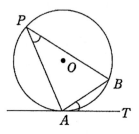

(☆☆☆◎◎◎)

【4】関数 $f(x)$ は，すべての実数 x について微分可能で，次の2つの関係式を満たしている。

$$f(x+y)=f(x) \cdot f(y) \quad \cdots\cdots①$$
$$f'(0)=2 \quad \cdots\cdots②$$

次の［問1］，［問2］に答えよ。

［問1］　$f(0)$ を求めよ。

［問2］　$f(x)$ を求めよ。

(☆☆☆◎◎◎)

【5】袋の中に赤球，青球，黄球がそれぞれ n 個ずつ入っている。この袋の中から同時に3個の球を取り出す。取り出した3個の球の色について，その種類の数をXとする。つまり，3個の球が同じ色の場合は，X＝1，3個の球がすべて異なる色の場合は，X＝3，それ以外の場合は，X＝2となる。

ただし，$n \geqq 3$ とする。

次の［問1］，［問2］に答えよ。

［問1］　確率変数Xの確率分布を求めよ。

［問2］　X＝$k(k=1, 2, 3)$ となる確率を $p_k(n)$ で表し，$p_k = \lim_{n \to \infty} p_k(n)$ とするとき，$\sum_{k=1}^{3} kp_k$ を求めよ。

(☆☆☆◎◎◎)

【6】 2次の正方行列 $A=\begin{pmatrix} x & y \\ x & -1 \end{pmatrix}$ は，$A=A^{-1}$ を満たしている。ただし，x，y は，実数とし，A^{-1} は，Aの逆行列を表している。

次の［問1］，［問2］に答えよ。

［問1］ 実数 x，y を求めよ。(答えのみでよい。)

［問2］ $S_n=\displaystyle\sum_{k=1}^{n} A^k$ を求めよ。

(☆☆☆◎◎◎)

【7】 次の文は，平成21年3月告示高等学校学習指導要領 第2章 第4節 数学の第1款 目標である。

下の［問1］，［問2］に答えよ。

『数学的活動を通して，数学における基本的な概念や原理・法則の（ ① ）な理解を深め，事象を数学的に考察し（ ② ）する能力を高め，創造性の基礎を培うとともに，（ ③ ）を認識し，それらを積極的に活用して（ ④ ）に基づいて判断する態度を育てる。』

［問1］ 上の①～④にあてはまる語句をかけ。

［問2］ 数学科の目標にある「数学的活動」とは，どのような活動であると示されているか，高等学校学習指導要領解説 数学編(平成21年12月文部科学省)に基づき答えよ。

(☆☆☆◎◎◎◎)

233

解答・解説

【中学校】

【１】問1　$x>1$　　問2　$7-4\sqrt{3}$　　問3　$(x+2y-1)(x-y-4)$

問4　$-46\sqrt{2}$　　問5　$\dfrac{350}{333}$　　問6　±153　　問7　$\dfrac{9}{2}$

問8　$6\sqrt{11}$　　問9　$\dfrac{1}{6}n(n+1)(2n+1)$　　問10　1680通り

〈解説〉問1　$x+2<4x-1<6x$

$x+2<4x-1$

　$3<3x$

　$1<x\cdots\cdots$①

$4x-1<6x$

　$-1<2x$

　$-\dfrac{1}{2}<x\cdots\cdots$②

①，②より，$x>1$

問2　$\dfrac{8-4\sqrt{3}}{8+\sqrt{48}}=\dfrac{8-4\sqrt{3}}{8+4\sqrt{3}}=\dfrac{2-\sqrt{3}}{2+\sqrt{3}}=\dfrac{(2-\sqrt{3})^2}{(2+\sqrt{3})(2-\sqrt{3})}$

$\qquad=\dfrac{4-4\sqrt{3}+3}{4-3}=7-4\sqrt{3}$

問3　$x^2+xy-2y^2-5x-7y+4$

$=(x+2y)(x-y)-5x-7y+4$

$=(x+2y-1)(x-y-4)$

$(x+2y)\diagdown\quad-1\rightarrow-x+y$

$(x-y)\diagup\quad-4\rightarrow-4x-8y$

$\overline{\qquad\qquad\qquad-5x-7y}$

問4　$a^3-b^3=(a-b)(a^2+ab+b^2)$

$\qquad\qquad\quad=(a-b)\{(a+b)^2-ab\}$

$a=\sqrt{7}-\sqrt{2}$，$b=\sqrt{7}+\sqrt{2}$ を代入

$=(\sqrt{7}-\sqrt{2}-\sqrt{7}-\sqrt{2})\{(\sqrt{7}-\sqrt{2}+\sqrt{7}-\sqrt{2})^2-(\sqrt{7}-\sqrt{2})$

$(\sqrt{7}+\sqrt{2})\}$

$=-2\sqrt{2}(28-5)$

$=-46\sqrt{2}$

問5　$X=1.\dot{0}\dot{5}$とおく。

$1000X=1051.\dot{0}\dot{5}$

$\underline{-)\qquad X=\qquad 1.\dot{0}\dot{5}}$

$999X=1050$

$X=\dfrac{1050}{999}$

$=\dfrac{350}{333}$

問6　23409の平方根は$\pm\sqrt{23409}$

```
   1             1: 5: 3
+) 1          √2:34:09
  ───           1:
  25           ──
+) 5           1:34:
  ───          1:25:
  303           ───
                : 9:09
                : 9:09
                 ─────
                :  : 0
```

$\pm\sqrt{23409}=\pm153$

問7　放物線$y=-x^2+x+1$と直線$y=2x-1$の交点を求める。

$\begin{cases} y=-x^2+x+1 \\ y=2x-1 \end{cases}$

$-x^2+x+1=2x-1$

$x^2+x-2=0$

$(x+2)(x-1)=0$

$x=-2,\ 1$　よって交点のx座標は$-2,\ 1$

放物線$y=-x^2+x+1$の頂点を求めると，

$y=-\left(x-\dfrac{1}{2}\right)^2+\dfrac{5}{4}$より$\left(\dfrac{1}{2},\ \dfrac{5}{4}\right)$

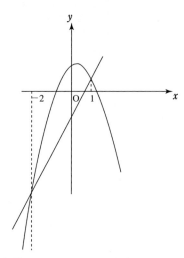

放物線$y＝-x^2+x+1$と直線$y＝2x-1$で囲まれた部分の面積をSとすると，

$$S = \int_{-2}^{1} (-x^2+x+1)-(2x-1) \cdot dx$$

$$= \int_{-2}^{1} (-x^2-x+2) \cdot dx$$

$$= \left[-\frac{x^3}{3} - \frac{x^2}{2} + 2x \right]_{-2}^{1}$$

$$= \left(-\frac{1}{3} - \frac{1}{2} + 2\right) - \left(\frac{8}{3} - \frac{4}{2} - 4\right)$$

$$= \frac{9}{2}$$

問8　ヘロンの公式 $\begin{cases} 3辺の長さが a,\ b,\ c の三角形の面積Sは \\ S=\sqrt{s(s-a)(s-b)(s-c)},\ \ s=\dfrac{1}{2}(a+b+c) \end{cases}$ より

$$s=\frac{1}{2}(5+8+9)=11$$

$$S=\sqrt{11(11-5)(11-8)(11-9)}=6\sqrt{11}$$

問9　平方数の和の公式より $\displaystyle\sum_{k=1}^{n} k^2=\frac{1}{6}n(n+1)(2n+1)$

問10　WAKAYAMAのすべてのアルファベット8文字を使った並べ方はAが4個含まれているので,

$$\frac{8!}{4!}=8\times7\times6\times5=1680(通り)$$

【2】問1　最大値$\frac{1}{2}(x=1)$, 最小値$0(x=0, 2)$

問2

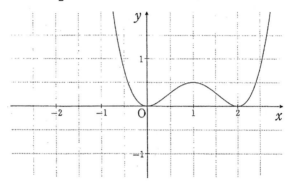

〈解説〉問1　$f(x)=\frac{1}{2}x^4-2x^3+2x^2$

$f'(x)=2x^3-6x^2+4x$, $f'(x)=0$とすると

$\qquad 2x^3-6x^2+4x=0$

$\qquad 2x(x-1)(x-2)=0$

$\qquad x=0, 1, 2$

$f(x)$の増減表は次のようになる。

x	……	0	……	1	……	2	……
$f'(x)$	−	0	+	0	−	0	+
$f(x)$	↘	0 極小	↗	$\frac{1}{2}$ 極大	↘	0 極小	↗

最大値$\frac{1}{2}(x=1)$, 最小値$0(x=0, 2)$

【３】 $t=\dfrac{18}{7}$

〈解説〉 $\vec{a}=(-2,\ 3),\quad \vec{b}=(1,\ -1)$ より

$\vec{a}-\vec{b}=(-3,\ 4)\quad \vec{a}+t\vec{b}=(-2+t,\ 3-t)$

$\vec{a}-\vec{b}$ と $\vec{a}+t\vec{b}$ が垂直となるには $(\vec{a}-\vec{b})\cdot(\vec{a}+t\vec{b})=0$

$$
\begin{aligned}
(\vec{a}-\vec{b})\cdot(\vec{a}+t\vec{b}) &=(-3,\ 4)\cdot(-2+t,\ 3-t)\\
&=-3(-2+t)+4(3-t)\\
&=-7t+18
\end{aligned}
$$

よって， $-7t+18=0$

$t=\dfrac{18}{7}$

【４】〔1〕 $n=1$ のとき

$A^{1}=\begin{pmatrix}1 & 3\times1\\0 & 1\end{pmatrix}=\begin{pmatrix}1 & 3\\0 & 1\end{pmatrix}$ となり成立する。

〔2〕 $n=k$ のとき成立すると仮定すると，

$A^{k}=\begin{pmatrix}1 & 3k\\0 & 1\end{pmatrix}$

両辺に右からAをかけると，

$$
\begin{aligned}
A^{k}\cdot A&=\begin{pmatrix}1 & 3k\\0 & 1\end{pmatrix}\begin{pmatrix}1 & 3\\0 & 1\end{pmatrix}\\
&=\begin{pmatrix}1\times1+3k\times0 & 1\times3+3k\times1\\0\times1+1\times0 & 0\times3+1\times1\end{pmatrix}\\
&=\begin{pmatrix}1 & 3k+3\\0 & 1\end{pmatrix}
\end{aligned}
$$

すなわち，

$A^{k+1}=\begin{pmatrix}1 & 3(k+1)\\0 & 1\end{pmatrix}$

よって， $n=k+1$ のときも成立する。

〔1〕〔2〕より，すべての自然数 n に対して成立する。

したがって， $A^{n}=\begin{pmatrix}1 & 3n\\0 & 1\end{pmatrix}$

〈解説〉数学的帰納法で証明する。$n=1$のとき成立し，$n=k$のとき成立すると仮定すると，$n=k+1$のときも成立することを示す。

【5】 $\angle C=90°$または$\angle B=90°$の直角三角形

〈解説〉$b\cos B+c\cos C=a\cos A$に，$\cos B=\dfrac{a^2+c^2-b^2}{2ac}$，$\cos C=\dfrac{a^2+b^2-c^2}{2ab}$，

$\cos A=\dfrac{b^2+c^2-a^2}{2bc}$をそれぞれ代入する。

$$b\cdot\frac{a^2+c^2-b^2}{2ac}+c\cdot\frac{a^2+b^2-c^2}{2ab}=a\cdot\frac{b^2+c^2-a^2}{2bc}$$

$$\frac{b^2(a^2+c^2-b^2)}{2abc}+\frac{c^2(a^2+b^2-c^2)}{2abc}=\frac{a^2(b^2+c^2-a^2)}{2abc}$$

$$a^2b^2+b^2c^2-b^4+a^2c^2+b^2c^2-c^4=a^2b^2+a^2c^2-a^4$$

$$a^4-(b^4-2b^2c^2+c^4)=0$$

$$a^4-(b^2-c^2)^2=0$$

$$\{a^2+(b^2-c^2)\}\{a^2-(b^2-c^2)\}=0$$

よって，$a^2+(b^2-c^2)=0$　または，$a^2-(b^2-c^2)=0$

したがって，$a^2+b^2=c^2$　または，$a^2+c^2=b^2$ となり，

$\angle C=90°$　または，$\angle B=90°$の直角三角形。

【6】 問1　300cm²　　問2　$5(\sqrt{6}-\sqrt{2}\,)$cm

〈解説〉問1　$\dfrac{1}{2}\times10\times10\sin\dfrac{360°}{12}\times12=25\times12=300(\text{cm}^2)$

問2

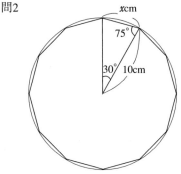

正十二角形の1辺の長さを$x$cmとする。上図の三角形の面積Sは(問1)より25cm^2

$$S=\frac{1}{2}\times 10\times x\times \sin 75°=25 \ \cdots\cdots ①$$

半角の公式より，

$$\sin^2 75°=\frac{1-\cos 150°}{2}$$
$$=\frac{1}{2}\left\{1-\left(-\frac{\sqrt{3}}{2}\right)\right\}$$
$$=\frac{2+\sqrt{3}}{4}$$

$\sin 75°>0$より

$$\sin 75°=\sqrt{\frac{2+\sqrt{3}}{4}}$$
$$=\sqrt{\frac{4+2\sqrt{3}}{8}}$$
$$=\frac{\sqrt{3}+1}{2\sqrt{2}}$$
$$=\frac{\sqrt{6}+\sqrt{2}}{4}$$

$\sin 75°=\dfrac{\sqrt{6}+\sqrt{2}}{4}$ を①に代入

$$\frac{1}{2}\times 10\times x\times \frac{\sqrt{6}+\sqrt{2}}{4}=25$$
$$\frac{5\sqrt{6}+\sqrt{2}}{4}\cdot x=25$$
$$x=\frac{25\times 4}{5(\sqrt{6}+\sqrt{2})}$$
$$=\frac{20(\sqrt{6}-\sqrt{2})}{(\sqrt{6}+\sqrt{2})(\sqrt{6}-\sqrt{2})}$$
$$=\frac{20(\sqrt{6}-\sqrt{2})}{4}$$
$$=5(\sqrt{6}-\sqrt{2})\ \text{(cm)}$$

【7】(証明)

△ABCと△ACDで,

∠Aは共通 ……①

∠ACB＝∠ADC ……②

①②より2組の角がそれぞれ等しいから,

△ABC∽△ACD

相似な図形では,対応する辺の比が等しいから,

$c:b=b:x$

$b^2=cx$ ……③

△ABCと△CBDで同様にして,

$c:a=a:y$

$a^2=cy$ ……④

③＋④

$a^2+b^2=cx+cy$

$=c(x+y)$

$x+y=c$を代入して,

$a^2+b^2=c^2$

〈解説〉三角形の相似条件〔2組の角がそれぞれ等しい〕を確認し,相似な図形の性質〔対応する辺の比は等しい〕を用いて三平方の定理を証明する。

【8】問1　①　必要性　　②　課題　　③　実践　　④　評価・改善

⑤　過程　　⑥　共有　　問2　⑦　空間図形　　⑧　比例・反比例

⑨　連立二元一次方程式　　⑩　確率　　⑪　円周角と中心角

⑫　標本調査

〈解説〉問1　中学校学習指導要領　　問2　中学校学習指導要領解説 数学編(平成20年9月文部科学省)第1章 総説 3数学科改訂の要点(P7)参照

【高等学校】

【1】問1　$a=2$, $b=-1$　　　問2　$\overrightarrow{AB} \cdot \overrightarrow{CE} = -\dfrac{3}{2}$

問3　(1)　焦点の座標：$(\pm \sqrt{7}, 0)$　漸近線の方程式：$y = \pm \dfrac{\sqrt{3}}{2}x$

(2)　媒介変数表示：$x = \dfrac{2}{\cos \theta}$, $y = \sqrt{3} \tan \theta$　　　問4　$\dfrac{ab+3}{ab+a}$

問5　14個　　　問6　$(x, y, z) = (1, 2, 5)$

〈解説〉問1　a, b, -4がこの順で等差数列をなしているから，

$\dfrac{a+(-4)}{2} = b$

b, a, -4がこの順で等比数列をなしているから，$b \times (-4) = a^2$

$\begin{cases} \dfrac{a-4}{2} = b \\ b \times (-4) = a^2 \end{cases}$

$\dfrac{a-4}{2} \times (-4) = a^2$

$a^2 + 2a - 8 = 0$

$(a+4)(a-2) = 0$

$a = -4, 2$

$a = -4$のとき，$b = -4$

$a = 2$のとき，$b = -1$

$a \neq b$であるから，$a = 2$, $b = -1$

問2

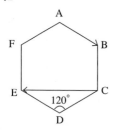

正六角形であるから，$\angle CDE = 120°$

$|\overrightarrow{AB}| = 1$より$|\overrightarrow{CE}| = \sqrt{3}$, $\overrightarrow{AB}$と$\overrightarrow{CE}$のなす角は150°

よって，$\overrightarrow{AB} \cdot \overrightarrow{CE} = |\overrightarrow{AB}| \cdot |\overrightarrow{CE}| \cdot \cos 150°$

$= 1 \times \sqrt{3} \times \left(-\dfrac{\sqrt{3}}{2}\right) = -\dfrac{3}{2}$

問3　(1)　$3x^2 - 4y^2 = 12$

$\dfrac{x^2}{4} - \dfrac{y^2}{3} = 1$

焦点の座標

$(\pm\sqrt{4+3} , 0) = (\pm\sqrt{7} , 0)$

漸近線の方程式

$\dfrac{x}{2} \pm \dfrac{y}{\sqrt{3}} = 0$

$y = \pm\dfrac{\sqrt{3}}{2}x$

(2)　$x = \dfrac{a}{\cos\theta}$，$y = b\tan\theta$ とすると，点$P\left(\dfrac{a}{\cos\theta} , b\tan\theta\right)$は，双曲

線$\dfrac{x^2}{a^2} - \dfrac{y^2}{b^2} = 1$上を動くので，

$x = \dfrac{2}{\cos\theta}$

$y = \sqrt{3}\tan\theta$

問4　$\log_{21}56 = \dfrac{\log_3 56}{\log_3 21} = \dfrac{\log_3 7 \times 2^3}{\log_3 7 + \log_3 3} = \dfrac{b + 3\log_3 2}{b + 1}$

$= \dfrac{1}{b+1}\left(b + 3 \times \dfrac{\log_2 2}{\log_2 3}\right)$

$= \dfrac{1}{b+1}\left(b + \dfrac{3}{a}\right)$

$= \dfrac{ab + 3}{ab + a}$

問5　$x^2 + 3xy + 2y^2 - 10x - 16y + 24 \leqq 0$

$x^2 + 3xy + 2y^2 - 10x - 16y + 24 \leqq 0$

$(x + 2y)(x + y) - 10x - 16y + 24 \leqq 0$

$(x + 2y - 4)(x + y - 6) \leqq 0$

$$(x+2y) \diagbox \begin{array}{l} -4 \quad -4x-4y \\ -6 \quad -6x-12y \end{array}$$
$$-10x-16y$$

不等式を満たす正の整数x, yの組(x, y)は，

$x=1$のとき，$y=2$, 3, 4, 5

$x=2$のとき，$y=1$, 2, 3, 4

$x=3$のとき，$y=1$, 2, 3

$x=4$のとき，$y=1$, 2

$x=5$のとき，$y=1$

この14個となる。

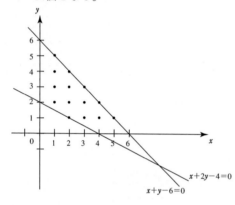

問6　$\dfrac{1}{x+1}+\dfrac{1}{y+1}+\dfrac{1}{z+1}=1$ ……①

$1\leqq x<y<z$であるから $\dfrac{1}{x+1}>\dfrac{1}{y+1}>\dfrac{1}{z+1}$

よって，$\dfrac{3}{x+1}>\dfrac{1}{x+1}+\dfrac{1}{y+1}+\dfrac{1}{z+1}=1$

$\dfrac{3}{x+1}>1$

$3>x+1$

$2>x$

$x\geqq 1$であるから，$x=1$

①に$x=1$を代入して，

$\dfrac{1}{1+1}+\dfrac{1}{y+1}+\dfrac{1}{z+1}=1$

$\dfrac{1}{y+1}+\dfrac{1}{z+1}=\dfrac{1}{2}$ ……②

また，$\dfrac{2}{y+1}>\dfrac{1}{y+1}+\dfrac{1}{z+1}=\dfrac{1}{2}$

$\dfrac{2}{y+1}>\dfrac{1}{2}$

$4>y+1$

$3>y$

$y\geqq2$であるから，$y=2$

②に$y=2$を代入して，

$\dfrac{1}{2+1}+\dfrac{1}{z+1}=\dfrac{1}{2}$

$\dfrac{1}{z+1}=\dfrac{1}{6}$

$z=5$

以上より，$(x, y, z)=(1, 2, 5)$

【2】問1 $y=-x\sin2t+t\sin2t+\cos^2t$ 問2 $t=\dfrac{3}{4}\pi$

〈解説〉問1 $y=\cos^2x$をxで微分すると，

$y'=-\sin2x$

①上の点$(t, \cos^2t)$における接線の方程式は，

$y=(-\sin2t)(x-t)+\cos^2t$

$y=-x\sin2t+t\sin2t+\cos^2t$

問2 問1で求めた接線 $y=-x\sin2t+t\sin2t+\cos^2t$ とy軸との交点のy座標は，$t\sin2t+\cos^2t$ となる。

ここで，$f(t)=t\sin2t+\cos^2t$ とおく。

$f'(t)=-2\sin t\cos t+\sin2t+2t\cos2t$

$\qquad=-\sin2t+\sin2t+2t\cos2t$

$\qquad=2t\cos2t$

$0\leqq t\leqq\pi$ において，$f'(t)=0$とおくと，

$2t\cos 2t=0$ より $t=0,\ \dfrac{\pi}{4},\ \dfrac{3}{4}\pi$

t	0	……	$\dfrac{\pi}{4}$	……	$\dfrac{3}{4}\pi$	……	π
$f'(t)$	0	+	0	−	0	+	
$f(t)$	1	↗	極大	↘	極小	↗	1

極小値 $f\left(\dfrac{3}{4}\pi\right)=-\dfrac{3}{4}\pi+\dfrac{1}{2}<1$ より，最小となるのは $t=\dfrac{3}{4}\pi$ となる。

【３】下の図のようにAを通る直径をAP′とし，P′とBを結ぶと
円周角の定理により，

$\angle APB=\angle AP'B$ ……①

$\angle ABP'=90°$ より

$\angle AP'B=90°-\angle BAP'$ ……②

また，$\angle TAP'=90°$ であるから

$\angle BAT=90°-\angle BAP'$ ……③

①②③より，$\angle BAT=\angle APB$

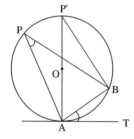

〈解説〉接弦定理の証明である。1つの弧に対する円周角は一定である。
半円の円弧に対する円周角は90°である。接線とその接点を通る直径は
垂直となる。これらを用いて証明する。

【4】問1　$f(0)=1$　　問2　$f(x)=e^{2x}$

〈解説〉問1　$f(x+y)=f(x)\cdot f(y)$ ……①

　　　　　　　$f'(0)=2$ ……②

①に$x=y=0$を代入すると，$f(0)=\{f(0)\}^2$

$\{f(0)\}^2-f(0)=0$

$f(0)\{f(0)-1\}=0$

$f(0)=0,\ 1$

ここで$f(0)=0$とすると任意の実数xに対して，$f(x+0)=f(x)\cdot f(0)$より，

$f(x)=0$　$f'(0)=0$となり②に矛盾するから，$f(0)=1$

問2　①の両辺をyで微分すると，

$f'(x+y)=f(x)\cdot f'(y)$

$y=0$とおくと，$f'(x)=f(x)\cdot f'(0)$となり，②より

$f'(x)=2f(x)$

$\dfrac{f'(x)}{f(x)}=2$

$\displaystyle\int\dfrac{f'(x)}{f(x)}dx=2\int\cdot dx$

$\log|f(x)|=2x+C$　　(C：積分定数)

$f(x)=ke^{2x}$　$(k：定数)$

$f(0)=1$から，$k=1$

したがって，$f(x)=e^{2x}$

【5】問1　確率分布

X	1	2	3
確率	$\dfrac{(n-1)(n-2)}{(3n-1)(3n-2)}$	$\dfrac{6n(n-1)}{(3n-1)(3n-2)}$	$\dfrac{2n^2}{(3n-1)(3n-2)}$

問2　$\displaystyle\sum_{k=1}^{3}kp_k=\dfrac{19}{9}$

〈解説〉問1　3個の球の取り出し方は全部で${}_{3n}C_3=\dfrac{1}{2}n(3n-1)(3n-2)$通り

(1)　X=1のとき(3個とも同じ色になる場合)

$3 \cdot {}_nC_3 = \dfrac{1}{2}n(n-1)(n-2)$ 通り

よって，確率は $\dfrac{3 \cdot {}_nC_3}{{}_{3n}C_3} = \dfrac{1}{2}n(n-1)(n-2) \div \dfrac{1}{2}n(3n-1)(3n-2)$

$$= \frac{(n-1)(n-2)}{(3n-1)(3n-2)}$$

(2)　X＝3のとき(3個の球がすべて異なる色となる場合) n^3 通り

よって確率は，$n^3 \div \dfrac{1}{2}n(3n-1)(3n-2)$

$$= \frac{2n^2}{(3n-1)(3n-2)}$$

(3)　X＝2のとき(それ以外の場合)

$1 - \dfrac{(n-1)(n-2)}{(3n-1)(3n-2)} - \dfrac{2n^2}{(3n-1)(3n-2)}$

$= \dfrac{6n(n-1)}{(3n-1)(3n-2)}$

問2　問1より，

$P_1 = \lim\limits_{n \to \infty} P_1(n) = \dfrac{1}{9}$

$P_2 = \lim\limits_{n \to \infty} P_2(n) = \dfrac{6}{9} = \dfrac{2}{3}$

$P_3 = \lim\limits_{n \to \infty} P_3(n) = \dfrac{2}{9}$

したがって，$\displaystyle\sum_{k=1}^{3} kP_k = 1 \times \dfrac{1}{9} + 2 \times \dfrac{2}{3} + 3 \times \dfrac{2}{9} = \dfrac{19}{9}$

【6】問1　$x=1$, $y=0$

問2　・n が偶数のとき，$S_n = \dfrac{1}{2}\begin{pmatrix} 2n & 0 \\ n & 0 \end{pmatrix}$

　　　　・n が奇数のとき，$S_n = \dfrac{1}{2}\begin{pmatrix} 2n & 0 \\ n+1 & -2 \end{pmatrix}$

〈解説〉問1　$A = \begin{pmatrix} x & y \\ x & -1 \end{pmatrix}$

$A = A^{-1}$

両辺に左からAをかける

$AA = AA^{-1} = E$

$A^2 = E$

$$\begin{pmatrix} x & y \\ x & -1 \end{pmatrix}^2 = \begin{pmatrix} 1 & 0 \\ 0 & 1 \end{pmatrix}$$

$$\begin{pmatrix} x^2+xy & xy-y \\ x^2-x & xy+1 \end{pmatrix} = \begin{pmatrix} 1 & 0 \\ 0 & 1 \end{pmatrix}$$

$x^2+xy=1$, $xy-y=0$, $x^2-x=0$, $xy+1=0$から

$x=1$, $y=0$

問2　問1により$A=\begin{pmatrix} 1 & 0 \\ 1 & -1 \end{pmatrix}$から$A^2=E$, $A^3=A$, $A^4=E$となる。

(1)　nが偶数のとき，

$$S_n=A+A^2+A^3+\cdots\cdots+A^n$$
$$=A+E+A+\cdots\cdots+E$$
$$=\frac{n}{2}(A+E)$$
$$=\frac{n}{2}\left\{\begin{pmatrix} 1 & 0 \\ 1 & -1 \end{pmatrix}+\begin{pmatrix} 1 & 0 \\ 0 & 1 \end{pmatrix}\right\}$$
$$=\frac{n}{2}\begin{pmatrix} 2 & 0 \\ 1 & 0 \end{pmatrix}$$
$$=\frac{1}{2}\begin{pmatrix} 2n & 0 \\ n & 0 \end{pmatrix}$$

(2)　nが奇数のとき

$$S_n=A+A^2+A^3+\cdots\cdots+A^n$$
$$=A+E+A+\cdots\cdots+A$$
$$=\frac{n-1}{2}(A+E)+A$$
$$=\frac{n-1}{2}\begin{pmatrix} 2 & 0 \\ 1 & 0 \end{pmatrix}+\begin{pmatrix} 1 & 0 \\ 1 & -1 \end{pmatrix}$$
$$=\frac{1}{2}\begin{pmatrix} 2n-2+2 & 0 \\ n-1+2 & -2 \end{pmatrix}$$
$$=\frac{1}{2}\begin{pmatrix} 2n & 0 \\ n+1 & -2 \end{pmatrix}$$

【7】問1　①　体系的　　②　表現　　③　数学のよさ　　④　数学的論拠　　問2　数学学習にかかわる目的意識をもった主体的な活動(正解は一例を示したもので，正解と同じ要旨であれば正答とする)

〈解説〉問1　平成21年3月告示高等学校学習指導要領参照

　　　　問2　高等学校学習指導要領解説数学編(平成21年12月文部科学省)参照

2010年度　　実施問題

【中学校】

【１】次の[問1]～[問9]に答えよ。

[問1]　$\dfrac{1}{3}+\dfrac{1}{6}+\dfrac{1}{10}+\dfrac{1}{15}+\dfrac{1}{21}+\dfrac{1}{28}$ を計算せよ。

[問2]　$x^2+3xy+2y^2-y-1$ を因数分解せよ。

[問3]　$\left(2x-\dfrac{1}{3}\right)^{10}$ の展開式で x^8 の係数を求めよ。

[問4]　$a+b=4\sqrt{5}$，$a-b=4$ のとき，a^3+b^3 の値を求めよ。

[問5]　$\cos 15°$ の値を求めよ。ただし，分母を有理化すること。

[問6]　定積分 $\displaystyle\int_0^2 |x-1|dx$ を求めよ。

[問7]　$\displaystyle\lim_{h\to\infty}\left(1+\dfrac{1}{h}\right)^h$ の値を求めよ。

[問8]　6本の平行な直線が，他の7本の平行な直線と交わる。このとき，これらの直線によってできる四角形の個数を求めよ。

[問9]　A，B，C，D，E，Fの6文字を1列に並べるとき，C，Dが隣り合わない確率を求めよ。

(☆☆◎◎◎◎)

【２】正五角形ABCDEで，対角線の交点を図のようにP，Q，R，S，Tとする。このとき，AC：PQの値を求めよ。

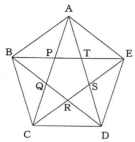

(☆☆☆◎◎◎◎)

【3】 三角形ABCの内部の点Pが$6\overrightarrow{PA} + a\overrightarrow{PB} + \overrightarrow{PC} = \overrightarrow{0}$ を満たしている。ただし，aは正の実数とする。

このとき，次の[問1]，[問2]に答えよ。

[問1] $\overrightarrow{AP}$ を $\overrightarrow{AB}$，$\overrightarrow{AC}$ で表せ。

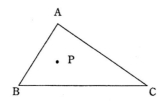

[問2] 直線APと辺BCとの交点をDとする。BD：DC＝1：9であるとき，$\overrightarrow{AP} = k\overrightarrow{AD}$ を満たす実数kの値を求めよ。

(☆☆☆◎◎◎)

【4】 行列$A = \begin{pmatrix} a & b \\ c & d \end{pmatrix}$ に対して，$A^2 = \begin{pmatrix} 4 & 0 \\ 0 & 9 \end{pmatrix}$ を満たす実数a，b，c，dがある。このとき，$ad + bc$の最小値を求めよ。

(☆☆☆◎◎◎)

【5】 数列 2，2，4，2，4，6，2，4，6，8，2，…がある。この数列について，次の[問1]，[問2]に答えよ。

[問1] 次の(1)，(2)に答えよ。ただし，kは自然数とする。

(1) k回目に表れる2は，第何項か求めよ。

(2) 初項からk回目に表れる2までの項の総和を求めよ。

[問2] n回目に表れる12は，第何項か求めよ。ただし，nは自然数とする。

(☆☆☆◎◎◎)

【6】中学校で取り扱う二次方程式$ax^2+bx+c=0$について，次の[問1]，[問2]に答えよ。

[問1]　平成10年に告示された中学校学習指導要領「第2章　第3節　数学」には，二次方程式の解き方が2つ示されている。その2つの方法をかけ。

[問2]　二次方程式の解の公式は，高等学校での学習内容であるが，中学生に発展的な課題として取り扱いたい。中学生がノートに書く際の手本となるように，式の変形の説明を適切に明記し，解の公式が導かれる過程をかけ。

(☆☆☆◎◎)

【7】次の証明を中学生に発展的な課題として取り扱いたい。中学生がノートに書く際の手本となるように，証明の根拠となることがらを適切に記述し，証明せよ。

　　図のように，点A，B，Cは，円Oの円周上の点であり，Aから弦BCにひいた垂線AHがある。このとき，円Oの半径$=\dfrac{AB \times AC}{2AH}$である。

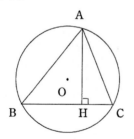

(☆☆☆◎◎)

【8】nを3以上の自然数とするとき，不等式$2^n>2n+1$を証明せよ。

(☆☆☆◎◎)

【9】新しい中学校学習指導要領「第2章第3節　数学」が平成20年3月に告示された。次の文は，その内容をまとめたものである。[　①　]～[　⑪　]にあてはまる語句を答えよ。

○数学科の目標は，次のように示されている。

　　数学的活動を通して，[　①　]などに関する基礎的な概念や原理・法則についての理解を深め，数学的な表現や処理の仕方を習得し，事象を数理的に考察し[　②　]能力を高めるとともに，数学的活動の楽しさや[　③　]を実感し，それらを[　④　]考えたり判断したりしようとする態度を育てる。

○各学年で指導する内容では，A～Dの4領域と〔数学的活動〕が示されている。

A[　⑤　]，B[　⑥　]，C[　⑦　]，D[　⑧　]

○数学的活動は，第1学年と第2，3学年の二つに分けて示されている。
第1学年の数学的活動は，次のア～ウである。

　　ア　既習の数学を基にして，数や[　⑨　]などを見いだす活動
　　イ　[　⑩　]で数学を利用する活動
　　ウ　数学的な表現を用いて，[　⑪　]に説明し伝え合う活動

（☆☆☆◎◎◎◎）

【高等学校】

【1】次の[問1]～[問5]に答えよ。

[問1]　$x^3 - 12x - 16$を因数分解せよ。

[問2]　△ABCで，辺ACを5：6に内分する点をE，辺ABを3：4に内分する点をFとし，BEとCFの交点と点Aを結ぶ直線が辺BCと交わる点をDとする。このとき，BD：DCを求めよ。

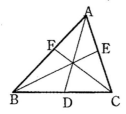

[問3]　2つのベクトル $\vec{a}$，$\vec{b}$ がある。

$|\vec{a}|=a$，$|\vec{b}|=b$，$\vec{a}$，$\vec{b}$ のなす角を θ とし，t が実数値をとるとき，$|\vec{a}+t\vec{b}|$ 最小値を求めよ。

ただし，$\vec{a}\neq\vec{0}$，$\vec{b}\neq\vec{0}$ とする。

[問4]　定積分 $\displaystyle\int_0^\pi |\sin x+\cos x|dx$ を計算せよ。

[問5]　3^{2010} の一の位の数字を求めよ。

(☆☆☆◎◎◎)

【2】複素数平面上において，虚部が負である複素数 z の表す点が原点を中心とする半径1の円周上を動くとき，$w=(1+i)z-1$ の表す点の軌跡を，解答用紙の複素数平面上にかけ。

なお，解答用紙の複素数平面の目盛りに，数学を記入すること。

(☆☆☆◎◎◎)

【3】数列 $\{a_n\}$ は，初項と公比が実数で値が等しい等比数列である。

また，$a_5=243$ であるとき，次の[問1]，[問2]に答えよ。

[問1]　a_n を n を用いて表せ。

[問2]　和 $\displaystyle\sum_{k=1}^{n} \log_9 a_k$ を求めよ。

(☆☆☆◎◎◎)

【4】関数 $f(x)=\begin{cases} x\neq0 \text{のとき，} & \sin x+x^2\cos\dfrac{1}{x} \\ x=0 \text{のとき，} & 0 \end{cases}$ と定義する。

このとき，$x=0$ における微分係数を求めよ。

(☆☆☆◎◎◎)

【5】赤色カード16枚，白色カード4枚が入っている箱からカードを1枚ずつ取り出す操作を繰り返す。ただし，取り出したカードはもとに戻さないものとする。

n枚目に取り出したカードが3枚目の白色カードである確率をP_nとする。次の[問1]，[問2]に答えよ。

[問1] P_nを求めよ。

[問2] P_nが最大となるnの値を求めよ。

(☆☆☆◎◎◎)

【6】a, bを正の定数とし，行列A, Eを，それぞれ，$A=\begin{pmatrix} 1 & a \\ a & b \end{pmatrix}$, $E=\begin{pmatrix} 1 & 0 \\ 0 & 1 \end{pmatrix}$とする。$A^2=2A$が成り立つとき，次の[問1]，[問2]に答えよ。

[問1] a, bの値を求めよ。

[問2] 行列Aの固有値λを求めよ。また，その固有値に対する固有ベクトル$\overrightarrow{v}$を求めよ。

(☆☆☆◎◎◎)

【7】現行の高等学校学習指導要領(平成11年3月文部省告示)第2章第4節数学の目標は「数学における基本的な概念や原理・法則の理解を深め，事象を数学的に考察し処理する能力を高め，数学的活動を通して創造性の基礎を培うとともに，数学的な見方や考え方のよさを認識し，それらを積極的に活用する態度を育てる。」と示されている。

高等学校数学における「数学的活動」は，生徒の主体的な活動を促すとともに，どのような点を重視しているか，「高等学校学習指導要領 解説 数学編」に基づき2つ書きなさい。

(☆☆☆◎◎◎)

解答・解説

【中学校】

【１】問1　$\dfrac{3}{4}$　　問2　$(x+2y+1)(x+y-1)$　　問3　1280

問4　$128\sqrt{5}$　　問5　$\dfrac{\sqrt{2}+\sqrt{6}}{4}$　　問6　1　　問7　e

問8　315個　　問9　$\dfrac{2}{3}$

〈解説〉問1　与式$=\dfrac{1}{3}\left(1+\dfrac{1}{2}\right)+\dfrac{1}{5}\left(\dfrac{1}{2}+\dfrac{1}{3}\right)+\dfrac{1}{7}\left(\dfrac{1}{3}+\dfrac{1}{4}\right)=\dfrac{1}{3}\cdot\dfrac{3}{2}$

$+\dfrac{1}{5}\cdot\dfrac{5}{6}+\dfrac{1}{7}\cdot\dfrac{7}{12}=\dfrac{1}{2}+\dfrac{1}{6}+\dfrac{1}{12}=\dfrac{6+2+1}{12}=\dfrac{9}{12}=\dfrac{3}{4}$

問2　与式$=x^2+3xy+(2y+1)(y-1)=(x+2y+1)(x+y-1)$

問3　展開式の一般項は，$_{10}C_r(2x)^{10-r}\left(-\dfrac{1}{3}\right)^r=_{10}C_r2^{10-r}\cdot\left(-\dfrac{1}{3}\right)^r\cdot x^{10-r}$

$10-r=8$より，$r=2$　よって，係数は，$_{10}C_2 2^8\cdot\left(-\dfrac{1}{3}\right)^2=1280$

問4　$ab=\dfrac{1}{4}\{(a+b)^2-(a-b)^2\}=\dfrac{1}{4}(80-16)=16$より，

$a^3+b^3=(a+b)^3-3ab(a+b)=(4\sqrt{5})^3-3\cdot16\cdot4\sqrt{5}$

$=320\sqrt{5}-192\sqrt{5}=128\sqrt{5}$

問5　$\cos15°=\cos(60°-45°)=\cos60°\cdot\cos45°+\sin60°\cdot\sin45°=\dfrac{1}{2}\cdot\dfrac{1}{\sqrt{2}}$

$+\dfrac{\sqrt{3}}{2}\cdot\dfrac{1}{\sqrt{2}}=\dfrac{\sqrt{2}+\sqrt{6}}{4}$

問6　$\displaystyle\int_0^2|x-1|dx=\int_0^1(1-x)dx+\int_1^2(x-1)dx$

$\qquad\qquad=\left[x-\dfrac{1}{2}x^2\right]_0^1+\left[\dfrac{1}{2}x^2-x\right]_1^2=\dfrac{1}{2}+\dfrac{1}{2}=1$

問7　$x=\dfrac{1}{h}(h>0)$とおくと，$\displaystyle\lim_{h\to\infty}\left(1+\dfrac{1}{h}\right)^h=\lim_{x\to0}(1+x)^{\frac{1}{x}}=e$

問8　$_6C_2\times_7C_2=315$(個)

問9　隣り合う場合の余事象として考えて，$1-\dfrac{5!\cdot2!}{6!}=1-\dfrac{1}{3}=\dfrac{2}{3}$

【2】 AC：PQ＝$(2+\sqrt{5})$：1

〈解説〉 ∠PAB＝∠PBA＝∠QBC＝∠QCB＝36°より，△PAB，△QBCは二等辺三角形。また，∠CPB＝∠CBP＝72°より，△BCPは二等辺三角形。正五角形ABCDEの一辺の長さをa，AP＝xとすると，AC＝AP＋PC＝AP＋BC＝$x+a$，PQ＝PC－CQ＝$a-x$

一方，△PAB∽△BCAより，PA：BC＝AB：CA $x：a=a：(x+a)$

$x(x+a)=a^2$ $x^2+ax-a^2=0$ $x>0$より，$x=\dfrac{-1+\sqrt{5}}{2}a$ よって，

AC：PQ＝$(x+a)：(a-x)=\dfrac{1+\sqrt{5}}{2}a：\dfrac{3-\sqrt{5}}{2}a$

$=(1+\sqrt{5})(3+\sqrt{5})：4=(8+4\sqrt{5})：4=(2+\sqrt{5})：1$

【3】 問1 $\overrightarrow{AP}=\dfrac{a}{a+7}\overrightarrow{AB}+\dfrac{1}{a+7}\overrightarrow{AC}$ 問2 $k=\dfrac{5}{8}$

〈解説〉問1 $-6\overrightarrow{AP}+a(\overrightarrow{AB}-\overrightarrow{AP})+(\overrightarrow{AC}-\overrightarrow{AP})=\overrightarrow{0}$ より，

$(7+a)\overrightarrow{AP}=a\overrightarrow{AB}+\overrightarrow{AC}$ よって，$\overrightarrow{AP}=\dfrac{a}{a+7}\overrightarrow{AB}+\dfrac{1}{a+7}\overrightarrow{AC}$

問2 $\overrightarrow{AP}=k\overrightarrow{AD}=k\Big(\dfrac{9}{10}\overrightarrow{AB}+\dfrac{1}{10}\overrightarrow{AC}\Big)=\dfrac{9}{10}k\overrightarrow{AB}+\dfrac{1}{10}k\overrightarrow{AC}$

$\overrightarrow{AB}$，$\overrightarrow{AC}$ は1次独立より，$\dfrac{9}{10}k=\dfrac{a}{a+7}$，$\dfrac{1}{10}k=\dfrac{1}{a+7}$

∴ $a=9$，$k=\dfrac{5}{8}$

【4】 -6

〈解説〉$A^2=\begin{pmatrix} a^2+bc & ab+bd \\ ac+cd & bc+d^2 \end{pmatrix}=\begin{pmatrix} 4 & 0 \\ 0 & 9 \end{pmatrix}$より，$a^2+bc=4$…①，$ab+bd=0$…②，$ac+cd=0$…③，$bc+d^2=9$…④ ①，④より，$a^2-d^2=(a+d)(a-d)=-5$ ∴ $a+d\neq0$ ②，③より，$b(a+d)=0$，$c(a+d)=0$ $a+d\neq0$なので，$b=c=0$ ①より，$a^2=4$ ∴ $a=\pm2$ ④より，$d^2=9$ ∴ $d=\pm3$ よって，$ad+bc$は，$(a,\ d)=(2,\ -3)$，$(-2,\ 3)$のとき最小値-6をとる。

【５】問1　(1)　$\dfrac{1}{2}k^2-\dfrac{1}{2}k+1$　　(2)　$\dfrac{1}{3}k^3-\dfrac{1}{3}k+2$

　　問2　$\dfrac{1}{2}n^2+\dfrac{9}{2}n+16$

〈解説〉問1　(1)　与えられた数列を2|2，4|2，4，6|…のように群に分けると，k回目の2は，第k群の最初の項になる。第l群にはl個の項が含まれているので，$\displaystyle\sum_{l=1}^{k-1}l+1=\dfrac{k(k-1)}{2}+1=\dfrac{1}{2}k^2-\dfrac{1}{2}k+1$

　　(2)　第l群の和は$l(l+1)$より，総和は，$\displaystyle\sum_{l=1}^{k-1}l(l+1)+2=\dfrac{1}{6}k(k-1)(2k-1)$

$+\dfrac{1}{2}k(k-1)+2=\dfrac{1}{3}k(k-1)(k+1)+2=\dfrac{1}{3}k^3-\dfrac{1}{3}k+2$

　　問2　12が最初に現れるのは第6群なので，n回目に現れるのは第$(n+5)$群の6番目の項である。よって，

$$\sum_{l=1}^{n+4}l+6=\dfrac{1}{2}(n+4)(n+5)+6=\dfrac{1}{2}n^2+\dfrac{9}{2}n+16$$

【６】問1　・因数分解によって一次式の積に変形し，「AB＝0ならば，A＝0またはB＝0」であることを用いる方法。・等式の変形によって，$x^2=k$の形を導き，平方根の考え方を用いる方法。

　　問2　解説参照

〈解説〉問1　第2　各学年の目標及び内容　[第3学年]　3　内容の取扱い　参照

　　問2　aを0でない定数，b，cを定数とし，二次方程式$ax^2+bx+c=0$の解を求める。両辺をx^2の係数aでわると，$x^2+\dfrac{b}{a}x+\dfrac{c}{a}=0$　$\dfrac{c}{a}$を移項して，

$x^2+\dfrac{b}{a}x=-\dfrac{c}{a}$　xの係数の半分の2乗を両辺にたすと，$x^2+\dfrac{b}{a}x+\left(\dfrac{b}{2a}\right)^2$

$=-\dfrac{c}{a}+\left(\dfrac{b}{2a}\right)^2$　左辺を平方の形にして，$\left(x+\dfrac{b}{2a}\right)^2=-\dfrac{c}{a}+\dfrac{b^2}{4a^2}$

右辺を整理すると，$\left(x+\dfrac{b}{2a}\right)^2=\dfrac{b^2-4ac}{4a^2}$　平方根の考え方を利用すると，

$x+\dfrac{b}{2a}=\pm\dfrac{\sqrt{b^2-4ac}}{2a}$　xを求めると，$x=-\dfrac{b}{2a}\pm\dfrac{\sqrt{b^2-4ac}}{2a}$

よって，二次方程式$ax^2+bx+c=0$の解は，$x=\dfrac{-b\pm\sqrt{b^2-4ac}}{2a}$である。

【7】解説参照

〈解説〉【証明】　AOを延長して，円Oとの交点をDとする。△AHCと△ABDで，∠ABDは，直径に対する円周角だから，∠ABD＝90°となり，∠AHC＝∠ABD＝90°…①　$\overset{\frown}{AB}$に対する円周角は等しいから，∠ACH＝∠ADB…②　①，②から，2組の角がそれぞれ等しいので，△AHC∽△ABD　ここで，AH：AC＝AB：ADだから，AD＝$\dfrac{AB\times AC}{AH}$　したがって，円Oの半径は，$\dfrac{1}{2}$ADより，円Oの半径＝$\dfrac{AB\times AC}{2AH}$である。

【8】解説参照

〈解説〉【証明】　（Ⅰ）$n=3$のとき，左辺＝$2^3=8$，右辺＝$2\cdot3+1=7$　よって，左辺＞右辺が成り立つ。　　　（Ⅱ）$k\geqq3$として，$n=k$のとき，不等式が成り立つとすると，$2^k>2k+1$　$n=k+1$のとき，不等式の左辺は，$2^{k+1}=2\cdot2^k>2\cdot(2k+1)=4k+2$…①　また，$4k+2-\{2(k+1)+1\}=4k+2-2k-2-1=2k-1>0$　だから，$4k+2>2(k+1)+1$…②　①，②から，$2^{k+1}>2(k+1)+1$　したがって，$n=k+1$のときも不等式が成り立つ。ゆえに，（Ⅰ），（Ⅱ）から，3以上の自然数nについて$2^n>2n+1$が成り立つ。

【9】①　数量や図形　　②　表現する　　③　数学のよさ　　④　活用して　　⑤　数と式　　⑥　図形　　⑦　関数　　⑧　資料の活用　　⑨　図形の性質　　⑩　日常生活　　⑪　自分なり

〈解説〉第2章　第3節　数学　第1　目標・第2　各学年の目標及び内容　2　内容　参照

【高等学校】

【１】問1　$(x+2)^2(x-4)$　　問2　BD：DC＝10：9　　問3　$a\sin\theta$

問4　$2\sqrt{2}$　　　問5　9

〈解説〉問1　$x^3-12x-16=(x+2)(x^2-2x-8)=(x+2)^2(x-4)$

問2　チェバの定理より，$\dfrac{\text{BD}}{\text{DC}}\cdot\dfrac{6}{5}\cdot\dfrac{3}{4}=1$　∴　$\dfrac{\text{BD}}{\text{DC}}=\dfrac{10}{9}$　よって，

BD：DC＝10：9

問3　$|\vec{a}+t\vec{b}|^2=|\vec{a}|^2+2t\vec{a}\cdot\vec{b}+t^2|\vec{b}|^2=b^2t^2+2abt\cos\theta+a^2=(bt+a\cos\theta)^2+a^2-a^2\cos^2\theta=(bt+a\cos\theta)^2+a^2\sin^2\theta$

よって，$t=-\dfrac{a}{b}\cos\theta$ のとき，最小値 $a\sin\theta$ をとる。

問4　$\displaystyle\int_0^\pi|\sin x+\cos x|dx=\sqrt{2}\int_0^\pi\left|\sin\left(x+\frac{\pi}{4}\right)\right|dx$

$\displaystyle=\sqrt{2}\int_0^{\frac{3}{4}\pi}\sin\left(x+\frac{\pi}{4}\right)dx-\sqrt{2}\int_{\frac{3}{4}\pi}^\pi\sin\left(x+\frac{\pi}{4}\right)dx$

$\displaystyle=\sqrt{2}\left[-\cos\left(x+\frac{\pi}{4}\right)\right]_0^{\frac{3}{4}\pi}-\sqrt{2}\left[-\cos\left(x+\frac{\pi}{4}\right)\right]_{\frac{3}{4}\pi}^\pi$

$\displaystyle=\sqrt{2}\left(1+\frac{1}{\sqrt{2}}\right)+\sqrt{2}\left(-\frac{1}{\sqrt{2}}+1\right)=2\sqrt{2}$

問5　3^1，3^2，3^3，3^4，3^5，3^6，…のときの一の位の数字は，3，9，7，1，3，9，…より，3^{2010}の一の位の数字は，2010＝4×52＋2なので，9

【２】下図

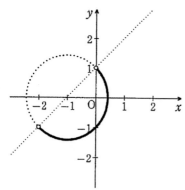

〈解説〉$z=a+bi$(a, bは実数, $b<0$), $w=x+yi$(x, yは実数)とおくと,

$w=(1+i)z-1$から, $x+yi=(1+i)(a+bi)-1$ すなわち,

$x+yi=(a-b-1)+(a+b)i$ a, b, x, yは実数であるから,

$x=a-b-1$, $y=a+b$ ゆえに, $a=\dfrac{x+y+1}{2}$, $b=\dfrac{-x+y-1}{2}$

ここで, $|z|=1$より, $a^2+b^2=1$から, $\dfrac{(x+y+1)^2}{4}+\dfrac{(-x+y-1)^2}{4}=1$

すなわち, $(x+1)^2+y^2=2$ zの虚部は負であるから,

$b<0$より, $\dfrac{-x+y-1}{2}<0$ よって, $y<x+1$

したがって, 求める軌跡は図の太線部分で, 2点$(0, 1)$, $(-2, -1)$は含まない。

【3】 問1 $a_n=3^n$ 問2 $\dfrac{1}{4}n(n+1)$

〈解説〉問1 初項と公比をxとすると, $a_n=x^n$と表される。

$a_5=243$より, $x^5=243$ xは実数より, $x=3$

よって, $a_n=3^n$

問2 $\displaystyle\sum_{k=1}^{n}\log_9 a_k=\log_9 a_1+\log_9 a_2+\cdots+\log_9 a_n$

$=\log_9(a_1\cdot a_2\cdot\cdots\cdot a_n)$

$=\log_9(3\times3^2\times3^3\times\cdots\times3^n)$

$=\log_9 3^{1+2+3+\cdots+n}=(1+2+3+\cdots+n)\log_9 3$

$=\dfrac{1}{2}n(n+1)\log_9 3=\dfrac{1}{4}n(n+1)$

【4】 1

〈解説〉$f'(0)=\displaystyle\lim_{h\to0}\dfrac{f(h)-f(0)}{h}$

$=\displaystyle\lim_{h\to0}\dfrac{\sin h+h^2\cos\dfrac{1}{h}-0}{h}$

$=\displaystyle\lim_{h\to0}\left(\dfrac{\sin h}{h}+h\cos\dfrac{1}{h}\right)$

ここで, $\displaystyle\lim_{h\to0}\left|h\cos\dfrac{1}{h}\right|\leq\lim_{h\to0}|h|=0$

ゆえに, $\displaystyle\lim_{h\to0}\left|h\cos\dfrac{1}{h}\right|=0$

よって，$\displaystyle\lim_{h\to 0} h\cos\frac{1}{h}=0$

また，$\displaystyle\lim_{h\to 0}\frac{\sin h}{h}=1$であるから，$f'(0)=1$

【5】問1　$P_n=\dfrac{1}{9690}(n-1)(n-2)(20-n)$　$(3\leqq n\leqq 19)$　　問2　$n=14$

〈解説〉問1　20枚のカードを一列に並べる並べ方を考えると，

白色のカードが1から$n-1$番目に2枚，n番目に1枚，$n+1$から20番目に1枚配置されればよいので，その確率P_nは，

$P_n=\dfrac{{}_{n-1}C_2\cdot 1\cdot(20-n)}{{}_{20}C_4}=\dfrac{1}{9690}(n-1)(n-2)(20-n)$　$(3\leqq n\leqq 19)$

問2　$\dfrac{p_{n+1}}{p_n}=\dfrac{(19-n)n(n-1)}{(20-n)(n-1)(n-2)}=\dfrac{(19-n)n}{(20-n)(n-2)}$　$(3\leqq n\leqq 19)$

$\dfrac{p_{n+1}}{p_n}<1$のとき，$(19-n)n<(20-n)(n-2)$より，

$n>13.3\cdots$　$\dfrac{p_{n+1}}{p_n}>1$のとき，$n<13.3\cdots$

ゆえに，$P_3<P_4<\cdots<P_{13}<P_{14}>P_{15}>\cdots>P_{19}$

よって，P_nが最大となるのは$n=14$のときである。

【6】問1　$a=1$，$b=1$　　問2　$\lambda=0$，$\vec{v}=p\begin{pmatrix}1\\-1\end{pmatrix}$（$p\neq0$の実数）

$\lambda=2$，$\vec{v}=q\begin{pmatrix}1\\1\end{pmatrix}$　（$q\neq0$の実数）

〈解説〉問1　ハミルトン・ケーリーの定理から，

$A^2-(b+1)A+(b-a^2)E=0$

$A^2=2A$を代入すると，$(1-b)A+(b-a^2)E=0$

(i)　$1-b=0$のとき，すなわち，$b=1$のとき，$b-a^2=0$

よって，$b=1$，$a=\pm1$　$a>0$より，$a=1$，$b=1$

(ii)　$1-b\neq0$のとき，すなわち，$b\neq1$のとき，$A=kE$とおける。

これを$A^2=2A$に代入すると，$(k^2-2k)E=0$

よって，$k=0$，2

これらは，Aの成分から不適である。

(i), (ii)より，$a=1$，$b=1$

問2　問1より，$A=\begin{pmatrix} 1 & 1 \\ 1 & 1 \end{pmatrix}$となる。

固有ベクトル $\vec{v}=\begin{pmatrix} x \\ y \end{pmatrix} \neq \begin{pmatrix} 0 \\ 0 \end{pmatrix}$ とするとき，

$(A-\lambda E)\begin{pmatrix} x \\ y \end{pmatrix}=\begin{pmatrix} 0 \\ 0 \end{pmatrix}$…①を満たす λ を求めると，

$|A-\lambda E|=(1-\lambda)^2-1=0$より，$\lambda=0$，$2$　　$\lambda=0$のとき，

①より$x+y=0$

よって，$\vec{v}=p\begin{pmatrix} 1 \\ -1 \end{pmatrix}$($p\neq0$の実数)　　$\lambda=2$のとき，

①より$x-y=0$

よって，$\vec{v}=q\begin{pmatrix} 1 \\ 1 \end{pmatrix}$($q\neq0$の実数)

【7】・身近な事象との関連を一層図り，数学的な課題として捉えること。・さまざまな問題解決の方法を考えたり，その思考過程を発展的に考えたり，一般化して問題の本質を探るなど，数学的考察・処理の質を高めること。

〈解説〉他に，「学んだ数学的な知識の意味を身近な事象に戻って考えたりするなど，いろいろな場面で活用すること。」①身近な事象の数学化　②数学的考察・処理　③数学的知識の意味付け・活用　について記述する。

2009年度　　**実施問題**

【中学校】

【1】次の[問1]〜[問8]に答えよ。

[問1]　$0.1\overset{\bullet}{2}-0.\overset{\bullet}{3}$を1つの循環小数として表せ。

[問2]　次の二進法で書かれた数の計算をし，二進法で表せ。

$11100_{(2)}-1111_{(2)}$

[問3]　$x(x+2)(x+3)(x+5)+9$を有理数の範囲で因数分解せよ。

[問4]　$|3x-1|=5-x$を満たす実数xの値を求めよ。

[問5]　Aが3個，Bが2個，Cが1個の合計6個の文字を1列に並べるとき，その並べ方は何通りあるか，答えよ。

[問6]　次の数の大小関係を不等号を使って表せ。

$$\sqrt[3]{3}\quad,\quad 1\quad,\quad \sqrt[5]{9}$$

[問7]　$xy-2x-3y-1=0$を満たす自然数x, yの値の組をすべて求めよ。

[問8]　円$x^2+y^2-x+5y-6=0$をx軸方向に2，y軸方向に-3だけ平行移動したとき，円$x^2+y^2+(\quad①\quad)=0$となる。このとき，①に当てはまる式を答えよ。

(☆☆◎◎◎)

【2】次の[問1]，[問2]に答えよ。

[問1]　次の図の△ABCは，AB＝AC＝1の二等辺三角形である。辺BC上に，DA＝DB，CA＝CDとなるように点Dをとる。このとき，あとの(1)，(2)に答えよ。

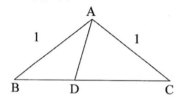

264

(1) BDの長さを求めよ。

(2) △ABCにおいて，cosBの値を求めよ。

[問2] 1から9までの数字を1つずつ書いた9枚のカードがある。このカードの中から1枚ずつ引き，百の位から順に並べて3桁の整数をつくる。このとき，次の(1)，(2)に答えよ。

(1) 3桁の整数が奇数である確率を求めよ。

(2) 各位の数の期待値の和を求めよ。

(☆☆☆◎◎◎)

【3】 $\log_3 5$が無理数であることを，背理法によって証明せよ。

(☆☆☆◎◎◎)

【4】 放物線$y=3x^2$と，円$x^2+(y-a)^2=r^2$が異なる2点A，Bで接している。このとき，次の[問1]，[問2]に答えよ。ただし，$a>0$，$r>0$である。

[問1] rの値の範囲を求めよ。

[問2] 円$x^2+(y-a)^2=r^2$とy軸との交点のうち，y座標の値が大きい方を点Cとする。△ABCが正三角形のとき，不等式$3x^2 \leqq y \leqq a+r$の表す領域から，この円の内部を取り除いた部分の面積を求めよ。

(☆☆☆☆◎◎◎)

【5】 次の図のような△ABCがある。$b^2\sin^2 C+c^2\sin^2 B=2bc\cos B\cos C$が成り立つとき，$a$, b, cの関係を式で表せ。

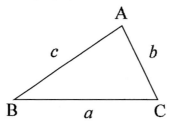

(☆☆☆◎◎◎)

265

【6】初項$\frac{1}{4}$，公比$\frac{1}{4}$の等比数列$\{a_n\}$と，初項-6，公差2の等差数列

$\{b_n\}$がある。$c_n=(a_n)^{b_n}$とするとき，$\displaystyle\sum_{k=1}^{n}\log_2 c_k$の最大値を求めよ。また，

そのときのnの値を求めよ。ただし，nは自然数である。

(☆☆☆○○○)

【7】次の図のように，$P_1(1,\ 1)$，$P_2(2,\ 1)$，$P_3(1,\ 2)$，$P_4(3,\ 1)$，…と規則的に並んだ点がある。このとき，下の[問1]～[問3]に答えよ。

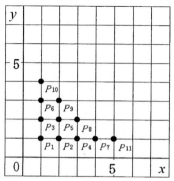

[問1]　$\overrightarrow{P_1P_2}=\vec{a}$，$\overrightarrow{P_1P_9}=\vec{b}$とし，線分$P_{14}P_{24}$を$3:2$の比に内分する

点をRとするとき，$\overrightarrow{P_1R}$を$\vec{a}$，$\vec{b}$を用いて表せ。

[問2]　行列$A\begin{pmatrix} a & b \\ c & d \end{pmatrix}$で表される1次変換$f$によって点$P_3$が点$P_{12}$に移り，$f$

の逆変換f^{-1}によって点P_{18}が点P_1に移るとき，bをdの式で表せ。

[問3]　点P_{125}の座標を求めよ。

(☆☆☆○○○)

【8】「三平方の定理」を中学生に指導するとき，日常生活と関連づけた学習課題を作成せよ。また，その課題をどのようなことに留意して指導するか，具体的に記述せよ。

(☆☆☆○○○)

【高等学校】

【1】 a は定数とする。関数 $y=x^2-4x+3(a\leqq x\leqq a+1)$ の最大値Mと最小値 m を求めよ。

(☆☆☆◎◎◎)

【2】 $a_1=1$, $a_{n+1}=\dfrac{a_n}{4a_n+3}$ $(n=1, 2, 3, \cdots\cdots)$ で定められた数列 $\{a_n\}$ の一般項を求めよ。

(☆☆☆◎◎◎)

【3】 2つのベクトル $\vec{a}$, $\vec{b}$ について，$|\vec{a}|=|\vec{b}|\neq 0$，$|\vec{a}-\vec{b}|=\sqrt{3}|\vec{a}|$ が成り立つとき，$\vec{a}$ と $\vec{b}$ のなす角を求めよ。

(☆☆☆◎◎◎)

【4】 $\sqrt{2}$ は無理数であることを証明せよ。

(☆☆☆◎◎◎)

【5】 a, b は実数とする。2つの2次方程式 $ax^2+bx+1=0$, $x^2+ax+b=0$ が共通解をもつとき，その共通解を求めよ。

(☆☆☆◎◎◎)

【6】 楕円 $x^2+\dfrac{y^2}{2}=1$ について，次の(1)，(2)に答えよ。

(1) 楕円の焦点の座標を求めよ。また，長軸，短軸の長さをそれぞれ求めよ。

(2) 点Pから楕円に引いた2本の接線が直交するとき，点Pの軌跡を求めよ。

(☆☆☆◎◎◎)

【7】箱の中に1から10までの番号をつけたカードが，それぞれ何枚か入っている。この中から1枚のカードを引くとき，そのカードの番号が$k(k＝1，2，3，\cdots\cdots，10)$である確率は$\dfrac{k}{a}$であるという。この箱の中には，最低何枚のカードが入っているか，答えよ。ただし，aは正の定数である。

(☆☆☆○○○)

【8】極限値$\displaystyle\lim_{n\to\infty}(\dfrac{1}{n+1}+\dfrac{1}{n+2}+\dfrac{1}{n+3}+\cdots\cdots+\dfrac{1}{2n})$を求める問題を出題したところ，次のような解答があった。この解答の誤りを指摘し，正しい解答を書け。

(解答)

$\displaystyle\lim_{n\to\infty}\dfrac{1}{n+1}=0，\lim_{n\to\infty}\dfrac{1}{n+2}=0，\lim_{n\to\infty}\dfrac{1}{n+3}=0，\cdots\cdots，\lim_{n\to\infty}\dfrac{1}{2n}=0$
より，求める極限値は0である。

(☆☆☆○○○)

【9】ある美術館の壁に大きな絵画が展示されている。その絵画の上端と下端は，観客(観覧者)の目の高さの上方am及び$bm(a＞b)$のところにある。絵画を最も観やすくする(すなわち，図中の視角を最大にする)ためには，観客と絵画が展示されている壁との距離をいくらにすればよいか，答えよ。

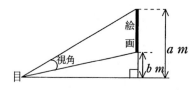

(☆☆☆○○○)

【10】 現行の高等学校学習指導要領第4節第2款第3の数学Ⅱ(3)いろいろな関数では,「三角関数,指数関数及び対数関数について理解し,関数についての理解を深め,それらを具体的な事象の考察に活用できるようにする。」と示されている。これらの関数から1つ選び,その関数の理解を深めるための事象について,具体例をあげて簡単に説明せよ。

(☆☆☆◎◎◎)

解答・解説

【中学校】

【 1 】 [問1] -0.21　　[問2] $1101_{(2)}$　　[問3] $(x^2+5x+3)^2$

[問4] $x=\dfrac{3}{2}$, -2　　[問5] 60通り　　[問6] $1<\sqrt[3]{3}<\sqrt[5]{9}$

[問7] $(x, y)=(10, 3)$, $(4, 9)$　　[問8] $-5x+11y+24$

〈解説〉[問3] (与式)$=x^4+10x^3+31x^2+30x+9$

$$=(x^2+5x)^2+2\cdot 3(x^2-5x)+3^2$$

$$=(x^2+5x+3)^2$$

[問4]　左辺に絶対値がついているので　$5-x>0$　より　$x<5$

両辺2乗して

$$9x^2-6x+1=25-10x+x^2$$

整理して

$$2x^2+x-6=0$$

$$(2x-3)(x+2)=0$$

$$x=-2, \dfrac{3}{2}$$

$x<5$なので適する。

[問5]　$\dfrac{6!}{3!2!}=60(通り)$

[問6]　$3\sqrt{3} = 3^{\frac{1}{3}}$

　$1 = 3^0$

　$\sqrt[5]{9} = 3^{\frac{2}{5}}$

　$0 < \dfrac{1}{3} < \dfrac{2}{5}$ なので

　$1 < \sqrt[3]{3} < \sqrt[5]{9}$

[問7]　$xy - 2x - 3y - 1 = 0$

　変形して

　$(x-3)(y-2) = 7$

　x, yは自然数より　$x \geqq -2$, $y \geqq -1$　を満たす整数

　ゆえに　$(x-3,\ y-2) = (1,\ 7)(7,\ 1)$

　　　　　　　　$(x,\ y) = (4,\ 9)(10,\ 3)$

[問8]　$x^2 + y^2 - x + 5y - 6 = 0$を変形して

　$\left(x - \dfrac{1}{2}\right)^2 + \left(y + \dfrac{5}{2}\right)^2 = \dfrac{25}{2}$

　中心をx軸方向に2, y軸方向に-3　平行移動すると

　$\left(x - \dfrac{5}{2}\right)^2 + \left(y + \dfrac{11}{2}\right)^2 = \dfrac{25}{2}$

　これを展開すると

　$x^2 + y^2 - 5x + 11y + 24 = 0$

【２】[問1]　(1)　$BD = \dfrac{-1 + \sqrt{5}}{2}$　　　(2)　$\dfrac{1 + \sqrt{5}}{4}$

[問2]　(1)　$\dfrac{5}{9}$　　(2)　15

〈解説〉[問1]

　(1)　$\cos \angle ADB = \dfrac{2BD^2 - 1}{2BD^2}$

　　　　$\cos \angle ADC = \dfrac{BD}{2}$

　　$\cos \angle ADB = -\cos \angle ADC$より

　　$\dfrac{2BD^2 - 1}{2BD^2} = -\dfrac{BD}{2}$

　　$BD^3 + 2BD - 1 = 0$

$$(BD+1)(BD^2+BD-1)=0$$

$$BD=\frac{-1\pm\sqrt{5}}{2},\ -1$$

BD$>$0より BD$=\dfrac{-1+\sqrt{5}}{2}$

(2) BC$=$BD$+1=\dfrac{1+\sqrt{5}}{2}$

$$\cos B=\frac{1+\left(\frac{1+\sqrt{5}}{2}\right)-1}{2\cdot 1\ \frac{1+\sqrt{5}}{2}}=\frac{1+\sqrt{5}}{4}$$

[問2] (1) $\dfrac{_5C_1\cdot{}_8P_2}{_9P_3}=\dfrac{5}{9}$

(2) 百の位には1から9までの数字が等確率であらわれるので期待値は

$$(1+2+3+4+5+6+7+8+9)\times\frac{1}{9}=5$$

十の位, 一の位も同じことが言えるので

$$5+5+5=15$$

【3】解説参照

〈解説〉(証明)$\log_3 5$を有理数とすると,

$\log_3 5=\dfrac{n}{m}$(m, nは互いに素な整数, $m\neq 0$)

と表すことができるから,

$m\log_3 5=n$

$m\log_3 5=n\log_3 3$

$\log_3 5^m=\log_3 3^n$

$5^m=3^n$となる。ここで, 5と3は互いに素であるから, これは矛盾する。よって, $\log_3 5$は無理数である。(証明終)

【4】[問1] $r>\dfrac{1}{6}$ [問2] $\dfrac{1}{2}-\dfrac{1}{9}\pi$

〈解説〉[問1] $x^2+(y-a)^2=r^2$に$y=3x^2$を代入し, 整理すると

$$9x^4+(1-6a)x^2+a^2-r^2=0$$

これが2つの重解をもつ

$$\begin{cases} y=9x^4+(1-6a)x^2 \cdots\cdots ① \\ y=a^2-r^2 \cdots\cdots ② \end{cases}$$

①より　$y'=36x^3+2(1-6a)x^2$

$\qquad\qquad =2x\{18x^3-(6a-1)\}$

(i)　$a>\dfrac{1}{6}$ のとき　$y'=0$ となるのは　$x=0,\ \pm\sqrt{\dfrac{6a-1}{18}}$

増減表をかくと

x	$\cdots$	$-\sqrt{\dfrac{6a-1}{18}}$	$\cdots$	0	$\cdots$	$\sqrt{\dfrac{6a-1}{18}}$	$\cdots$
y'	$-$	0	$+$	0	$-$	0	$+$
y	$\nearrow$	$\dfrac{(6a-1)^2}{36}$	$\searrow$	0	$\nearrow$	$\dfrac{(6a-1)^2}{36}$	$\searrow$

①と②が2つの重解をもつことより

$\qquad \dfrac{(6a-1)^2}{36}=a^2-r^2$

$\qquad r^2=\dfrac{1}{3}a-\dfrac{1}{36}$

$\qquad a>\dfrac{1}{6}$ であることより

$\qquad r^2>\dfrac{1}{3}\cdot\dfrac{1}{6}-\dfrac{1}{36}=\dfrac{1}{36}$

$\qquad r>0$ より　$r>\dfrac{1}{6}$

(ii)　$a>\dfrac{1}{6}$ のとき　$y'=0$ となるのは　$x=0$ のみ

増減表をかくと

x	$\cdots$	0	$\cdots$
y'	$-$	0	$+$
y	$\searrow$	0	$\nearrow$

となり①と②が2つの重解をもつことはないので不適

(i), (ii)より　$r>\dfrac{1}{6}$

[問2]

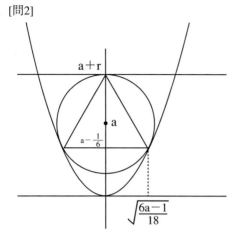

△ABCが正三角形のとき

$$(a+r)-\left(a-\frac{1}{6}\right)=\sqrt{3}\cdot\sqrt{\frac{6a-1}{18}}$$

$$r-\frac{1}{6}=\frac{\sqrt{6(6a-1)}}{6}$$

[問1]より　$r=\sqrt{\frac{1}{3}a-\frac{1}{36}}=\sqrt{\frac{12a-1}{6}}$　なので

$$\sqrt{\frac{12a-1}{6}}-\frac{1}{6}=\frac{\sqrt{6(6a-1)}}{6}$$

両辺に2乗して整理すると

$$\sqrt{12a-1}=12a-3$$

また両辺を2乗して整理すると

$$72a^2-42a+5=0$$

$$(12a-4)(6a-1)=0$$

$a>\dfrac{1}{6}$より　$a=\dfrac{5}{12}$

このとき　$r=\dfrac{1}{3}$

求める面積は

$$2\int_0^{\frac{1}{2}}\left(\frac{3}{4}-3x^2\right)dx-\left(\frac{1}{3}\right)^2\pi$$

$$= 2\left[\frac{3}{4}x - x^3\right]_0^{\frac{1}{2}} - \frac{1}{9}\pi$$

$$= \frac{1}{2} - \frac{1}{9}\pi$$

【５】解説参照

〈解説〉$b^2\sin^2C + c^2\sin^2B = 2bc\cos B\cos C$ より，

$b^2(1-\cos^2C) + c^2(1-\cos^2B) = 2bc\cos B\cos C$

$b^2 + c^2 = b^2\cos^2C + 2bc\cos B\cos C + c^2\cos^2B$

$= (b\cos C + c\cos B)^2$

ここで，余弦定理を当てはめると，

$$= \left(b \cdot \frac{a^2+b^2-c^2}{2ab} + c \cdot \frac{c^2+a^2-b^2}{2ca}\right)^2$$

$$= \left(\frac{2a^2}{2a}\right)^2$$

$$= a^2$$

よって，$b^2 + c^2 = a^2$ が成り立つ。

【６】$n=3$，4のとき最大値　40

〈解説〉$a_n = \left(\frac{1}{4}\right)^n$　$b_n = 2n-8$　なので

$$c_n = \left(\frac{1}{4}\right)^{n(2n-8)}$$

$$\log_2 c_n = (2n^2 - 8n)\log_2\left(\frac{1}{4}\right)$$

$$= -4(n^2 - 4n)$$

$$= -4\{(n-2)^2 - 4\}$$

より，$\log_2 c_n$ は，$n=2$ で最大値16をとり $n \geq 3$ で単調減少。

$\log_2 c_n$ を並べてみると

$\log_2 c_n : 12,\ 16,\ 12,\ 0,\ -20,\ \cdots\cdots$

$n=5$以降は全て負の数が並ぶ。

よって，$\displaystyle\sum_{k=1}^{n} \log_2 c_k$ が最大となるのは　$n=3$，4のときで

最大値は　$12 + 16 + 12 = 40$

【7】[問1] $\dfrac{8\vec{a}+6\vec{b}}{5}$ 　　[問2] $b=\dfrac{4d+4}{3}$ 　　[問3] (12, 5)

〈解説〉[問1] $P_{14}(2,\ 4)$, $P_{24}(5,\ 3)$

$\overrightarrow{P_1P_{14}}=\vec{a}$, $\vec{b}$ で表すと,

$\overrightarrow{P_2P_6}=\ \rightarrow\ \overrightarrow{P_1P_9}-\overrightarrow{P_1P_2}=\vec{b}-\vec{a}$, $\rightarrow\overrightarrow{P_2P_{14}}=\dfrac{3}{2}\ \overrightarrow{P_2P_6}=\dfrac{3(\vec{b}-\vec{a})}{2}$

$\overrightarrow{P_1P_{24}}=\vec{a}$, $\vec{b}$ で表すと,

$\overrightarrow{P_1P_{24}}=\ \rightarrow\ \overrightarrow{P_1P_4}+\overrightarrow{P_4P_{24}}=3\vec{a}+3\vec{b}$

よって,

$P_1R=\dfrac{2\times\dfrac{3\vec{b}-\vec{a}}{2}+3(\vec{a}+\vec{b})}{3+2}$

$=\dfrac{3\vec{b}-\vec{a}+9\vec{a}+3\vec{b}}{5}$

$=\dfrac{8\vec{a}+6\vec{b}}{5}$

[問2] $P_3(1,\ 2)$, $P_{12}(4,\ 2)$なので,

$\begin{pmatrix} a & b \\ c & d \end{pmatrix}\begin{pmatrix} 1 \\ 2 \end{pmatrix}=\begin{pmatrix} a+4b \\ c+2d \end{pmatrix}=\begin{pmatrix} 4 \\ 2 \end{pmatrix}$

より, $a+4b=4\cdots\cdots$① 　　$c+2d=2\cdots\cdots$②

$P_{18}(4,\ 3)$, $P_1(1,\ 1)$で,

$A^{-1}P_{18}=P_1$なので, $AP_1=P_{18}$

より, $\begin{pmatrix} a & b \\ c & d \end{pmatrix}\begin{pmatrix} 1 \\ 1 \end{pmatrix}=\begin{pmatrix} a+b \\ c+d \end{pmatrix}=\begin{pmatrix} 4 \\ 3 \end{pmatrix}$

から, $a+b=4\cdots\cdots$③ 　　$c+d=3\cdots\cdots$④

①, ③をa, bの連立方程式として, 解いて, $a=4$, $b=0$

②, ④をc, dの連立方程式として, 解いて, $c=4$, $d=-1$

よってA$=\begin{pmatrix} 4 & 0 \\ 4 & -1 \end{pmatrix}$

また, $A^{-1}P_{18}=\dfrac{1}{ad-bc}\begin{pmatrix} d & -b \\ -c & a \end{pmatrix}\begin{pmatrix} 4 \\ 3 \end{pmatrix}=\begin{pmatrix} 1 \\ 1 \end{pmatrix}$

$ad-bc=4\times(-1)-0\times4=-4$なので,

$-\dfrac{1}{4}\times\begin{pmatrix} d & -b \\ -c & a \end{pmatrix}\begin{pmatrix} 4 \\ 3 \end{pmatrix}=\begin{pmatrix} 1 \\ 1 \end{pmatrix}$

$$-\frac{1}{4}\begin{pmatrix} 4d-3b \\ -4c+3a \end{pmatrix}\begin{pmatrix} 4 \\ 3 \end{pmatrix}=\begin{pmatrix} 1 \\ 1 \end{pmatrix}$$

よって　$-\frac{1}{4}(4d-3b)=1$

$$4d-3b=-4\ \text{より}$$

$$b=\frac{4b+4}{3}$$

[問3](1, n)上の点をPmとすると，

$$m=\sum_{k=1}^{n}K=\frac{n(n+1)}{2}$$

$n=15$のとき，$m=\frac{15\times16}{2}=120$

よって，$P_{120}=(1,\ 15)$なので

$P_{121}(16,\ 1),\ P_{122}(15,\ 2),\ P_{123}(14,\ 3)$

$P_{124}(13,\ 4),\ P_{125}(12,\ 5)$

【8】解説参照

〈解説〉

【課題】

(解答例)

下の図のような屋根をつくることを考える。角度xを30°，45°，60°と変えるとき，屋根の高さはどう変わるか，考えてみよう。

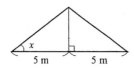

【留意点】

(解答例)

・写真などを使って，子どもの興味・関心を高め，日常生活と関連付ける。

・見通しを持って考えさせるとともに，縮図を活用するなど，数学的活動を取入れる。

・他の角度のときはどうなるかなど，発展的に考えさせる。など

【高等学校】

【1】解説参照

〈解説〉

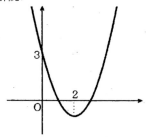

$f(x)=(x-2)^2-1$ である。

(I) 最大値Mについて，

(i) $a+\dfrac{1}{2}<2$ すなわち $a<\dfrac{3}{2}$ のとき，

$x=a$ で最大値 $M=a^2-4a+3$

(ii) $a+\dfrac{1}{2}\geqq2$ すなわち $a\geqq\dfrac{3}{2}$ のとき，

$x=a+1$ で，最大値 $M=(a+1)^2-4(a+1)+3=a^2-2a$

(II) 最小値 m について，

(i) $a+1<2$ すなわち $a<1$ のとき，

$x=a+1$ で，最小値 $m=(a+1)^2-4(a+1)+3=a^2-2a$

(ii) $a\leqq2\leqq a+1$ すなわち $1\leqq a\leqq2$ のとき，

$x=2$ で，最小値 $m=-1$

(iii) $2<a$ のとき，

$x=a$ で最小値 $m=a^2-4a+3$

【2】解説参照

〈解説〉$a_1>0$ より，漸化式の形から，すべての自然数 n について $a_n>0$ となる。

漸化式の両辺の逆数をとると $\dfrac{1}{a_{n+1}}=\dfrac{4a_n+3}{a_n}=\dfrac{3}{a_n}+4$

$\dfrac{1}{a_n}=b_n$ とおくと $b_{n+1}=3b_n+4$

この漸化式を変形すると　$b_{n+1}+2=3(b_n+2)$

よって，数列$\{b_n+2\}$は公比3の等比数列で，その初項は

$$b_1+2=\frac{1}{a_1}+2=\frac{1}{1}+2=3$$

ゆえに，$b_n+2=3\cdot3^{n-1}=3^n$　よって　$b_n=3^n-2$

したがって　$a_n=\dfrac{1}{b_n}=\dfrac{1}{3^n-2}$

$$a_n=\frac{1}{3^n-2}$$

【3】解説参照

〈解説〉$\vec{a}$，$\vec{b}$のなす角を$\theta\,(0\leqq\theta\leqq\pi)$とする。

条件より$|\vec{a}-\vec{b}|^2=3|\vec{a}|^2$，

すなわち，$2|\vec{a}|^2+2\vec{a}\cdot\vec{b}-|\vec{b}|^2=0$……①

ここで，①は$2|\vec{a}|^2+2|\vec{a}||\vec{b}|\cos\theta-|\vec{b}|^2=0$となる。

$|\vec{a}|=|\vec{b}|\neq0$を代入して，両辺を$|\vec{b}|^2$で割ると

$2+2\cos\theta-1=0$

すなわち，$\cos\theta=-\dfrac{1}{2}$となる。$0\leqq\theta\leqq\pi$より，$\theta=\dfrac{2}{3}\pi$

【4】解説参照

〈解説〉$\sqrt{2}$ が有理数であると仮定すると，互いに素な2つの自然数m，nを用いて，

$\sqrt{2}=\dfrac{n}{m}$とおくことができる。

両辺を2乗して整理すると，$2m^2=n^2$……①

①式の右辺n^2は偶数である。

よって，nも偶数であるから，kを自然数として，$n=2k$とかける。

この両辺を2乗し，①式に代入すると，

$2m^2=4k^2$　すなわち　$m^2=2k^2$となり，mは偶数となる。

これは，m，nが互いに素であることに矛盾する。

ゆえに，$\sqrt{2}$ は無理数である。

【5】 解説参照

〈解説〉共通解を α とする。2つの方程式に代入すると,

$a\alpha^2+b\alpha+1=0$……①,

$\alpha^2+a\alpha+b=0$……②が成り立つ。

②より $b=-\alpha^2-a\alpha$ であるから,

①に代入して整理すると, $\alpha^3=1$ を得る。

これを解くと, $\alpha=1,\ \dfrac{-1\pm\sqrt{3}\,i}{2}$ となる。

(i) $\alpha=1$ のとき,①,②とも $a+b+1=0$ となり,2つの方程式は,共通解 $\alpha=1$ をもつ。

(ii) $\alpha=\dfrac{-1\pm\sqrt{3}\,i}{2}$ のとき,$\alpha^2+\alpha+1=0$ を満たす。

$\alpha^2=-\alpha-1$ を②に代入して整理すると,$(a-1)\alpha+(b-1)=0$

α は虚数,a, b は実数であるから,$a=1$, $b=1$ となる。

このとき,2つの方程式は $\alpha=\dfrac{-1\pm\sqrt{3}\,i}{2}$ を解にもつ。

(i),(ii)より,

2つの方程式は,$x=1,\ \dfrac{-1\pm\sqrt{3}\,i}{2}$ を共通解にもつ。

【6】 解説参照

〈解説〉(1) 焦点の座標 $(0.\ \pm1)$

長軸の長さ $2\sqrt{2}$

短軸の長さ 2

(2) $x^2+\dfrac{y^2}{2}=1$…①,

P$(\alpha,\ \beta)$ とする。$(\alpha\neq\pm1)$

点Pを通る直線 $y=m(x-\alpha)+\beta$…②が①に

接するから,①,②より y を消去して整理すると,

$(m^2+2)x^2-2m(m\alpha-\beta)x+(m\alpha-\beta)^2-2=0$ となる。

この判別式をDとすると,楕円と直線は接するから,

$\dfrac{D}{4}=\{m(m\alpha-\beta)\}^2=(m^2+2)\{(m\alpha-\beta)^2-2\}$

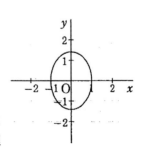

279

$=2\{(1-\alpha^2)m^2+2\alpha\beta m+2-\beta^2\}$

よって，$2\{(1-\alpha^2)m^2+2\alpha\beta m+2-\beta^2\}=0\cdots③$

mの2次方程式③の2つの解をm_1，m_2とすると，直交するから，

$m_1\cdot m_2=-1$，

解と係数の関係より，$\dfrac{2-\beta^2}{1-\alpha^2}=-1$

よって，$\alpha^2+\beta^2=3$

点Pは，円$x^2+y^2=3$上にある。

なお，4点$(\pm1,\ \pm\sqrt{2}\ )$から引いた接線も直交するが，これらのどの4点も円$x^2+y^2=3$上にある。

よって，点Pの軌跡は，円$x^2+y^2=3$である。

【7】解説参照

〈解説〉箱の中から1枚のカードを引くとき，そのカードの番号がkである確率は$\dfrac{k}{a}$なので，全事象の確率が1であることより，$\displaystyle\sum_{k=1}^{10}\dfrac{k}{a}=1$，すなわち，$\dfrac{55}{a}=1$であるから，$a=55$となる。

よって，カードの番号1，2，……，10を抜き出す確率はそれぞれ$\dfrac{1}{55}$，$\dfrac{2}{55}$，……，$\dfrac{10}{55}$となるので，カードの枚数は55の倍数となる。

したがって，箱の中にあるカードの最低枚数は55枚である。

【8】解説参照

〈解説〉与式の各項は，解答のとおり0に近づくが，その項数nが増加するため，極限値は0とはいえない。

正しい解答は，

与式$=\displaystyle\lim_{n\to\infty}\dfrac{1}{n}\left(\dfrac{1}{1+\dfrac{1}{n}}+\dfrac{1}{1+\dfrac{2}{n}}+\cdots\cdots+\dfrac{1}{1+\dfrac{n}{n}}\right)$

$=\displaystyle\lim_{n\to\infty}\dfrac{1}{n}\sum_{k=1}^{n}\left(\dfrac{1}{1+\dfrac{k}{n}}\right)$

$$= \int_0^1 \frac{dx}{1+x}$$

$$= \Big[\log|1+x| \Big]_0^1$$

$$= \log 2$$

【9】解説参照

〈解説〉

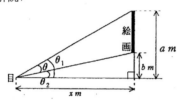

図のように，観客の目の位置と壁までとの距離を xm，観客の視角を θ とする。

また，$\theta = \theta_1 - \theta_2$ とすると，

$\tan\theta_1 = \dfrac{a}{x}$，$\tan\theta_2 = \dfrac{b}{x}$ であるから，

$\tan\theta = \tan(\theta_1 - \theta_2)$

$= \dfrac{\tan\theta_1 - \tan\theta_2}{1 + \tan\theta_1 \tan\theta_2}$

$= \dfrac{(a-b)x}{x^2 + ab}$

$0 < \theta < \dfrac{\pi}{2}$ で

$\tan\theta$ は単調増加するから，

$\tan\theta$ が最大となるとき，θ が最大となる。

$y = \dfrac{(a-b)x}{x^2 + ab}$ とおく。

$y' = \dfrac{(a-b)\{(x^2+ab) - x \cdot 2x\}}{(x^2+ab)^2} = \dfrac{(a-b)(ab-x^2)}{(x^2+ab)^2}$

$y' = 0$ とすると，$x > 0$ より $x = \sqrt{ab}$

x	0	……	$\sqrt{ab}$	……
y'		+	0	−
y		↗	極大	↘

増減表より，$x=\sqrt{ab}$ のとき，yは最大となる。

よって，観客と絵画が展示されている壁との距離を $\sqrt{ab}$ mにすればよい。

【10】解説参照

〈解説〉指数関数の事象として，バクテリアの増殖がある。あるバクテリアの個体数が一定単位時間で2倍になる場合，x単位時間でy倍になるとすると，$y=2^x$の関係がある。

他に，(三角関数)　単振動，音波等

(指数関数)　ろ過，利子計算等

(対数関数)　PH，マグニチュード，デシベル等

2008年度　実施問題

【中学校】

【1】次の[問1]～[問8]に答えよ。

[問1]　下の(1), (2)の式を有理数の範囲で, 因数分解せよ。

(1)　$2x^2-5xy-3y^2+x+11y-6$

(2)　x^4-19x^2+25

[問2]　不等式 $\log_2(x-2)<1+\log_{\frac{1}{2}}(x-3)$ を解け。

[問3]　$\dfrac{4}{\sqrt{6}-2}$ の整数部分をa, 小数部分をbとするとき, $a^2+4ab+4b^2$ の値を求めよ。

[問4]　正五角形ABCDEで, AB＝1のとき, ADの長さを求めよ。

[問5]　下の図のように, 2つの円O, O'が2点A, Bで交わっている。直線OAと2つの円O, O'の交点をそれぞれC, Dとし, 点Aにおける円O'の接線と円Oとの交点をEとする。

　　　このとき, AC＝5cm, AB＝CE＝$\sqrt{5}$ cmとして, 線分ADの長さを求めよ。

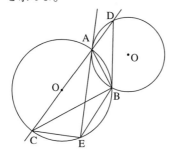

[問6]　角錐の体積をV, 底面積をS, 高さをhとするとき, 角錐の体積は, $V=\dfrac{1}{3}Sh$ と表されることを証明せよ。

[問7]　次の問題を中学生に発展課題として指導するとき, どのような点に留意して指導するか, 記述せよ。

[問題]

　十円硬貨6枚，百円硬貨4枚，五百円硬貨2枚の合計12枚の硬貨がある。この中から1枚以上使って支払える金額は何通りあるか，求めよ。

[問8]　次の極限値を求めよ。

$$\lim_{x \to \infty} \frac{\sin 2x + x\cos^2 x}{x\cos x}$$

(☆☆☆◎◎◎)

【2】△ABCにおいて，BC＝4，CA＝2，AB＝3のとき，次の[問1]，[問2]に答えよ。

[問1]　△ABCの面積を求めよ。

[問2]　△ABCの内接円の半径を求めよ。

(☆☆◎◎◎◎)

【3】nが自然数のとき，次の等式が成り立つことを数学的帰納法で証明せよ。

$$1^3 + 2^3 + 3^3 + \cdots\cdots + n^3 = \left\{ \frac{n(n+1)}{2} \right\}^2$$

(☆☆◎◎◎◎)

【4】数列$\{a_n\}$は，$a_1 = 3$，$a_n < a_{n+1}$（$n=1$，2，3，…）を満たしている。

　各nに対して，直線$y = a_{n+1}x + 1$と放物線$y = x^2 + a_n x + 1$で囲まれた図形の面積が$\frac{27}{6}(n+1)^3$となるとき，次の[問1]，[問2]に答えよ。

[問1]　一般項a_nを求めよ。

[問2]　すべてのnに対して，$\frac{1}{a_1} + \frac{1}{a_2} + \cdots\cdots + \frac{1}{a_n} < \frac{2}{3}$が成り立つことを示せ。

(☆☆☆☆◎◎◎)

【5】2次関数$f(x) = -x^2 + 4x + 5$の$t \leqq x \leqq t+1$における最大値を$m(t)$とするとき，次の[問1]，[問2]に答えよ。

[問1]　$m(t)$を求めよ。

[問2]　$y=m(t)$のグラフをかけ。

(☆☆◎◎◎)

【6】現行の中学校学習指導要領「第2章　第3節　数学」(平成10年12月
　　告示，平成15年12月一部改正)について，次の[問1]，[問2]に答えよ。
　　[問1]　文中の(　①　)〜(　③　)にあてはまる語句を書け。
　　　第3章　指導計画の作成と内容の取扱い
　　　4　各領域の指導に当たっては，必要に応じ，そろばん，(　①　)，
　　　　コンピュータや情報通信ネットワークなどを活用し，学習の効果
　　　　を高めるよう配慮するものとする。特に，数値計算にかかわる内
　　　　容の指導や観察，(　②　)，(　③　)などによる指導を行う際に
　　　　はこのことに配慮するものとする。
　　[問2]　中学校における「コンピュータや情報通信ネットワークなどの
　　　　活用」について，どのような点に配慮して指導すべきか。「中学校
　　　　学習指導要領　解説　数学編」に基づき，具体例とともに記述せよ。

(☆☆☆◎◎◎)

解答・解説

【中学校】

【1】[問1]　(1)　$(x-3y+2)(2x+y-3)$　　(2)　$(x^2+3x-5)(x^2-3x-5)$

[問2]　$3<x<4$　　[問3]　96　　[問4]　$\dfrac{\sqrt{5}+1}{2}$　　[問5]　$\dfrac{5}{3}$

[問6]　解説参照　　[問7]　解説参照　　[問8]　3

〈解説〉[問1]　(1)　与式 $=2x^2-(5y-1)x-(3y^2-11y+6)$

$$=2x^2-(5y-1)x-(3y-2)(y-3)$$
$$=\{x-(3y-2)\}\{2x+(y-3)\}$$
$$=(x-3y+2)(2x+y-3)$$

(2)　$x^2＝$Ｘとおくと　与式 $＝$Ｘ$^2－19$Ｘ$＋25$

$$＝(X^2－10X＋25)－9X$$
$$＝(X－5)^2－9X$$

したがって

与式 $＝\{(x^2－5)＋3x\}\{(x^2－5)－3x\}$
$$＝(x^2＋3x－5)(x^2－3x－5)$$

[問2]　与式は

$\log_2(x－2)＜1＋\dfrac{\log_2(x－3)}{\log_2\frac{1}{2}}＝1－\log_2(x－3)$

$\log_2(x－2)＋\log_2(x－3)＜\log_2 2$　$(x－2)(x－3)＜2$

$1＜x＜4$　真数条件 $3＜x$ より　$3＜x＜4$

[問3]　$\dfrac{4}{\sqrt{6}－2}＝\dfrac{4(\sqrt{6}＋2)}{6－4}＝2(2＋\sqrt{6})$

$$＝2\{2＋(2＋0.449\cdots)\}$$
$$＝8＋2\times0.449\cdots＝a＋b$$

整数部分は　$a＝8$　小数部分は　$2\times0.449\cdots＝2\sqrt{6}－4$

よって，$a^2＋4ab＋4b^2＝(a＋2b)^2$

$$＝\{8＋2(2\sqrt{6}－4)\}^2＝(8＋4\sqrt{6}－8)^2$$
$$＝(4\sqrt{6})^2＝16\times6＝96$$

[問4]

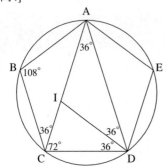

∠ADCの2等分線をひき，ACとの交点をIとおくと

△DCI∽△ACD

$\therefore \quad \dfrac{CI}{CD}=\dfrac{CD}{AC}$

$CI=x$　とおくと

$AI=ID=DC=1$

$AC=AI+IC=1+x$　だから

$\dfrac{x}{1}=\dfrac{1}{x+1}$　$x(x+1)=1$

$x^2+x-1=0$　これを解いて　$x=\dfrac{-1\pm\sqrt{5}}{2}$

$CI>0$だから　$CI=\dfrac{-1+\sqrt{5}}{2}$

$AD=AC=1+x=1+\dfrac{-1+\sqrt{5}}{2}=\dfrac{\sqrt{5}-1}{2}$

[問5]

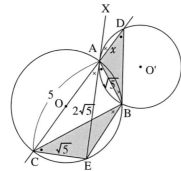

△ABCについてACは直径より

$\angle ABC=\angle AEC=\angle R$

$CB^2=AC^2-AB^2=25-5=20$

$\therefore \quad CB=2\sqrt{5}$

また，$\angle BCE=\angle BAE=\angle BDA$

そして，$\angle CBE=\angle CAE=\angle DAX=\angle DBA$

したがって　△CBE∽△DBA　であるから

$\dfrac{CB}{CE}=\dfrac{DB}{DA}$　$\therefore \quad \dfrac{2\sqrt{5}}{\sqrt{5}}=\dfrac{DB}{DA}$　…①

また，△CDB∽△EAB　であるから

$$\frac{CD}{DB}=\frac{EA}{AB} \quad \therefore \quad \frac{5+AD}{DB}=\frac{2\sqrt{5}}{\sqrt{5}} \quad \cdots ②$$

ここで　$AD=x$　とおくと　$x=\dfrac{DB}{2}$,　$5+x=2DB$

$5+x=4x$　$\therefore$　$3x=5$　よって　$AD=\dfrac{5}{3}$

[問6]　〈証明例〉

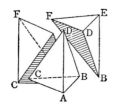

錐体の体積は底面積と高さがそれぞれ等しい三角錐の体積と等しい。
図で三角柱ABC-DEFは三つの三角錐D-ABC, D-FCB, D-EFBに分ける
ことができる。そして　△DEF≡△ABC　であるから

D-ABC＝B-DEF＝D-EFB

また　△EFB＝△FCB　であるから　D-EFB＝D-FCB

$\therefore$　D-ABC＝D-EFB＝D-FCB

　　三角柱は等積な三つの三角錐に分けられる。したがって，三角錐の
体積は，これと底面積と高さがそれぞれ等しい三角柱の体積の$\dfrac{1}{3}$に等
しい。

　　よって，錐体の体積は，これと底面積および高さがそれぞれ等しい
柱体の体積の$\dfrac{1}{3}$に等しい。したがって，錐体の底面積をS，高さをh,
体積をVとすると，錐体の体積を求める公式は，次の通りになる。

$V=\dfrac{1}{3}Sh$

[問7]　五百円硬貨は2枚あって，この使い方は2枚使うか，1枚使うか，使わないかの3通りある。百円硬貨4枚の使い方は，五百円の使い方に対して，4枚使うか，3枚使うか，2枚使うか，1枚使うか，使わないかの5通りある。

　したがって，五百円硬貨，百円硬貨の使い方は　3×5＝15　通りある。十円硬貨の使い方は，上の15通りのそれぞれに対して，6枚，5枚，4枚，3枚，2枚，1枚，0枚の使い方が7通りある。

　よって，五百円硬貨2枚，百円硬貨4枚，十円硬貨6枚の使い方は15×7＝105　通りある。しかし，この中から1枚以上使って支払える金額は何通りあるかを求めよ。とあるので，五百円硬貨，百円硬貨，十円硬貨をそれぞれ1枚も使用しない場合を引く必要がある。

求める答えは　105−1＝104　通りである。

〈留意する点〉

(1)　数字を小さくする。例えば，十円硬貨3枚，百円硬貨2枚とする。

(2)　本物の硬貨を使用して，体験学習させることが大切です。

(3)　この中から1枚以上を使って，という条件を忘れないことです。

(4)　答案の記述表現も大切に指導する。

(5)　樹形図などの表現を使うことに，なれさせるとよい。

[問8]　与式 $= \lim_{x \to 0} \dfrac{\sin 2x}{x\cos x} + \lim_{x \to 0} \dfrac{x\cos^2 x}{x\cos x}$

$\qquad\quad = \lim_{x \to 0} \dfrac{2\sin x \cdot \cos x}{x\cos x} + \lim_{x \to 0} \cos x$

$\qquad\quad = 2 \lim_{x \to 0} \dfrac{\sin x}{x} + 1$

$\qquad\quad = 2 \times 1 + 1$

$\qquad\quad = 3$

【２】[問1]　$\dfrac{3\sqrt{15}}{4}$　　　[問2]　$\dfrac{\sqrt{15}}{6}$

〈解説〉[問1]

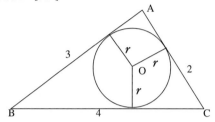

AB＝3，BC＝4，AC＝2

であるからヘロンの公式を利用して

$$S=\sqrt{\dfrac{9}{2}\left(\dfrac{9}{2}-2\right)\left(\dfrac{9}{2}-3\right)\left(\dfrac{9}{2}-4\right)}$$

$$=\sqrt{\dfrac{9}{2}\times\dfrac{5}{2}\times\dfrac{3}{2}\times\dfrac{1}{2}}$$

$$=\dfrac{\sqrt{135}}{4}=\dfrac{3\sqrt{15}}{4}$$

[問2]　内接円の半径をrとすると

$$S=\dfrac{1}{2}r(3+4+2)=\dfrac{9}{2}r=\dfrac{3\sqrt{15}}{4}$$

$$\therefore\quad r=\dfrac{3\sqrt{15}}{2\times9}=\dfrac{\sqrt{15}}{6}$$

【３】解説参照

〈解説〉証明例

　　nが自然数のとき　$1^3+2^3+3^3+\cdots\cdots+n^3=\left\{\dfrac{n(n+1)}{2}\right\}^2$　…①

　　$n=1$　とおくと　左辺＝1，右辺＝1　よって①が成り立つ。

　　$n=k$　のとき①が成り立つとすると

　　$1^3+2^3+3^3+\cdots+k^3=\left\{\dfrac{k(k+1)}{2}\right\}^2$

　　右辺に$(k+1)^3$を加えると

　　$\dfrac{k^2(k+1)^2}{4}+(k+1)^3=\dfrac{1}{4}\{k^2(k+1)^2+4(k+1)^3\}$

$$= \frac{1}{4}(k+1)^2\{k^2+4(k+1)\} = \left\{\frac{(k+1)(k+2)}{2}\right\}^2$$

すなわち，$n=k+1$のとき

$$1^3+2^3+3^3+\cdots+n^3+(n+1)^3 = \left\{(k+1)(k+1+1)\frac{(k+1)(k+1+1)}{2}\right\}^2$$

が成り立つ。

よって，①はすべての自然数nについて成立する。

【4】[問1] $\dfrac{3n(n+1)}{2}$　　[問2]　解説参照

〈解説〉[問1]

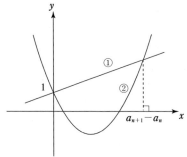

$a_1=3$，$a_n < a_{n+1}$

$y=a_{n+1}x+1$　$\cdots$①

$y=x^2+a_n x+1$　$\cdots$②

①と②の交点のx座標は

$x^2+a_n x+1=a_{n+1}x+1$

$x^2-(a_{n+1}-a_n)x=0$　　　$x=0$，$a_{n+1}-a_n$

ここで，$a_{n+1}-a_n=\alpha$，面積をSとおくと

$$S=\int_0^a \{(a_{n+1}x+1)-(x^2+a_n x+1)\}dx$$

$$=\left[-\frac{1}{3}x^3+\frac{1}{2}(a_{n+1}-a_n)x^2\right]_0^a = -\frac{\alpha^3}{3}+\frac{\alpha^3}{2}=\frac{\alpha^3}{6}$$

面積が$\dfrac{27}{6}(n+1)^3$より　　$\alpha^3=27(n+1)^3$　$\therefore$　$\alpha=3(n+1)$

$n=1$のとき　$a_2-a_1=3\times 2$　$\therefore$　$a_2=3\times 2+3$

$n=2$のとき　$a_3-a_2=3\times 3$　$\therefore$　$a_3=3\times 3+3\times 2+3$

$n=3$のとき　$a_4-a_3=3\times4$　$\therefore$　$a_4=3\times4+3\times3+3\times2+3\times1$
$\vdots$

$n=n$のとき　$a_n=3(n+\cdots+4+3+2+1)$
$=\dfrac{3n(n+1)}{2}$

[問2]　$\dfrac{1}{a_1}+\dfrac{1}{a_2}+\dfrac{1}{a_3}+\cdots\cdots+\dfrac{1}{a_n}$

$=\dfrac{2}{3\cdot1\cdot2}+\dfrac{2}{3\cdot2\cdot3}+\dfrac{2}{3\cdot3\cdot4}+\dfrac{2}{3\cdot4\cdot5}+\dfrac{2}{3\cdot5\cdot6}+$

$\cdots+\dfrac{2}{3\cdot n(n+1)}$

$=\dfrac{2}{3}\left\{\left(\dfrac{1}{1}-\dfrac{1}{2}\right)+\left(\dfrac{1}{2}-\dfrac{1}{3}\right)+\left(\dfrac{1}{3}-\dfrac{1}{4}\right)+\left(\dfrac{1}{4}-\dfrac{1}{5}\right)+\right.$

$\left.\cdots+\left(\dfrac{1}{n}-\dfrac{1}{n+1}\right)\right\}$

$=\dfrac{2}{3}\left(1-\dfrac{1}{n+1}\right)$

よって，$n=1$，2，3，$\cdots$　のとき　$\dfrac{2}{3}\left(1-\dfrac{1}{n+1}\right)<\dfrac{2}{3}$　であるから
すべての自然数nについて

$\dfrac{1}{a_1}+\dfrac{1}{a_2}+\dfrac{1}{a_3}+\cdots\cdots+\dfrac{1}{a_n}<\dfrac{2}{3}$　が成り立つ。

【５】[問1]　$t\leqq1$のとき　$m(t)=-t^2+2t+8$

　　$2\leqq t$のとき　$m(t)=-t^2+4t+5$　　　[問2]　解説参照

〈解説〉[問1]　与式を変形すると

　　$f(x)=-(x^2-4x)+5=-\{(x^2-4x+4)-4\}+5=-(x-2)^2+9$

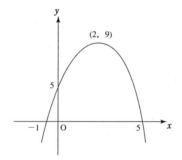

頂点の座標は(2, 9)で上に凸のグラフである。

① $t+1≦2$のとき，すなわち$t≦1$のとき最大値は

$m(t)=-(t+1)^2+4(t+1)+5$

$　　　=-t^2+2t+8$

② $3≦t+1$のとき，すなわち　$2≦t$のとき

$m(t)=-t^2+4t+5$

[問2]

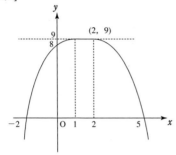

①は　　$m(t)=-(t-1)^2+9$　　頂点$(1, 9)$で上に凸のグラフ

②は　　$m(t)=-(t-2)^2+9$　　頂点$(2, 9)$で上に凸のグラフ

y軸との交点$(0, 8)$, x軸との交点$(-2, 0)$, $(5, 0)$

グラフは実線部分で点$(1, 9)$, 点$(2, 9)$を含む。

【6】[問1] ①　電卓　　②　操作　　③　実験　　[問2]　解説参照

〈解説〉[問1]　4　各領域の指導に当たっては，必要に応じ，そろばん，電卓，コンピュータや情報通信ネットワークなどを活用し，学習の効果を高めるよう配慮するものとする。特に，数値計算に関わる内容の指導や観察，操作，実験などによる指導を行う際にはこのことに配慮するものとする。

[問2]　配慮して指導すべき点

①　数値計算を行う場面では，必要に応じて，そろばん，電卓(グラフが表示できるものも含む)，コンピュータ等を活用して，学習の効果を高めるよう配慮する。

②　数と式領域における計算等についての基礎的・基本的な内容の確実な定着を図るために，個々の生徒に応じて，補充，習熟といった学習にコンピュータを活用するよう配慮する。

③　特に各学年とも，電卓(グラフが表示できるものも含む)，コンピュータ等を活用して取り扱うよう配慮するものとし，次に項目については疑似体験，視覚的な把握理解，性質の発見等に活用するよう特に配慮する。

　　第1学年　空間図形，比例，反比例の式とグラフ

　　第2学年　合同になる図形の発見，一次関数の式とグラフ，確率

　　第3学年　相似になる図形の発見，関数$y=ax^2$の式とグラフ

④　課題学習の指導等，学習効果を高められると判断できるものについて，必要に応じて，コンピュータ等を活用するよう配慮する。

　指導に当たっては，コンピュータ等の実際的な使用だけが情報化に対応した数学の指導であると考えるのではなく，それぞれの内容がどのようにコンピュータ活用にかかわっているかなどを認識させることが大切である。

⑤　マルチメディアとしてコンピュータをみるとき，生徒自身が理解したり，考えたり，表現したりするために，コンピュータを活用するよう配慮する。

2007年度　実施問題

【中学校】

【1】次の[問1]～[問7]に答えよ。

[問1]　下のア，イの式を因数分解せよ。

ア　$15x^2+4xy-4y^2+8x+1$

イ　$a(b+c)^2+b(c+a)^2+c(a+b)^2-4abc$

[問2]　A，B，C，D，Eの5人の中から1名の代表を決めるのに，くじを引いて決めることになった。このとき，何番目にくじを引くのが一番有利といえるのか，理由とともに答えよ。

[問3]　下のア，イの関数で，逆関数があればその式を求め，なければその理由を説明せよ。ただし，ア，イの関数の定義域は実数全体とする。

ア　$y=2x+1$　　イ　$y=x^2$

[問4]　関数$f(x)=\dfrac{x^2-2x+5}{x-1}$　$(2\leqq x\leqq4)$の最大値，最小値を求めよ。

[問5]　△ABCの内部に点Pがあり，等式$4\overrightarrow{PA}+3\overrightarrow{PB}+2\overrightarrow{PC}=\overrightarrow{0}$が成り立つとき，面積比△PAB：△PBC：△PCAを求めよ。

[問6]　12^{10}は何桁の整数になるか，求めよ。ただし，$\log_{10}2=0.3010$，$\log_{10}3=0.4771$とする。

[問7]　さいころを2回投げて，1回目に出た目の数をa，2回目に出た目の数をbとする。

このとき，2次方程式$x^2+ax+b=0$が異なる2つの実数解をもつ場合の確率を求めよ。

(☆☆☆◎◎◎)

【２】次の[問1], [問2]に答えよ。

[問1]　行列$\begin{pmatrix} 4 & 2 \\ 3 & 3 \end{pmatrix}$の表す1次変換によって，2点P(1, 0), Q(0, 1)がそれぞれ点P′, Q′に移るとき，△OP′Q′の面積は△OPQの面積の何倍になっているか，求めよ。ただし，点Oは原点とする。

[問2]　行列を用いて，下の連立方程式を解け。

$$\begin{cases} (a-1)x + 2y = 1 \\ x + ay = 1 \end{cases}$$

(☆☆☆◎◎◎)

【３】三角形の重心，外心，内心，傍心，垂心を三角形の五心という。このとき，次の[問1], [問2]に答えよ。

[問1]　下の例にならい，外心，内心，傍心についてそれぞれ説明せよ。

(例)　重心：①三角形の3つの中線は1点で交わる。この点を三角形の重心という。

②各中線は，重心で2：1の比に分けられる。

[問2]　[問1]の例の下線部分を，発展的な学習として中学生に指導するとき，どのように証明するか，記述せよ。

(☆☆☆◎◎◎)

【４】次の定理を証明せよ。

【シムソンの定理】

次の図のように，△ABCの外接円周上の1点Pから直線AB，BC，CAに，それぞれ垂線PD，PE，PFを引く。このとき，3点D，E，Fは1つの直線上にある。(直線DEFをシムソン線という。)

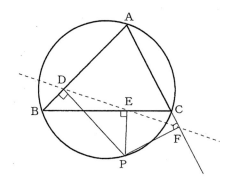

(☆☆☆◎◎)

【5】放物線 $y=-x^2+2x+3$ 上の1点における接線と放物線 $y=x^2$ で囲まれる図形の面積の最小値を求めよ。

(☆☆☆◎◎)

【6】現行の中学校学習指導要領「第2章 第3節 数学」(平成10年12月告示，平成15年12月一部改正)について，次の[問1]，[問2]に答えよ。

[問1] 下の①～⑤の中で，正しいものをすべて選び，その記号を書け。

① 中学校数学科の目標に「数学的活動の楽しさ」という文言が入ったのは，現行の学習指導要領からである。

② 「C 数量関係」で，確率の基本的な内容は，第3学年で初めて学習される。

③ 第3学年の内容の取扱いで，二次方程式の解の公式は取り扱わないものとするとされているので，どの生徒にも指導してはいけない。

④ 課題学習は，必修教科としての「数学」において各学年で指導計画に適切に位置付け実施することとなっているが，選択教科としての「数学」においても各学校において適切に工夫して取り扱うものとされている。

⑤ 三角柱などの基本的な柱体の体積を求めることは，小学校の既

　習事項である。

[問2]　中学校における「数量関係」領域のグラフの指導について，どのような点に留意して指導すべきか。小学校と中学校の学習内容の違いを明確にし，指導の際の留意点を記述せよ。

(☆☆☆☆◎◎)

【高等学校】

【１】次の[問1]～[問6]に答えよ。

[問1]　行列式 $\begin{vmatrix} 2 & 7 & 4 \\ -4 & 3 & 5 \\ 3 & 1 & -2 \end{vmatrix}$ の値を求めよ。

[問2]　$\log_4(x-1)+\log_4(x-2)<\dfrac{1}{2}$ を満たす実数xの範囲を求めよ。

[問3]　$\left(2x^2+\dfrac{1}{x}\right)^7$ の展開式におけるx^2の係数を求めよ。

[問4]　微分方程式 $\dfrac{dy}{dx}=e^{x+y}$ を解け。

[問5]　極限値 $\displaystyle\lim_{n\to\infty}\sum_{k=1}^{n}\dfrac{k}{n^2}\cos\left(\dfrac{k^2\pi}{2n^2}\right)$ を求めよ。

[問6]　1個のさいころを何回か続けて振り，3以上の目の出る回数が1回以下である確率が$\dfrac{1}{30}$より小さくなるようにするには，何回以上振ればよいか，求めよ。

(☆☆☆◎◎◎)

【２】次の[問1]，[問2]に答えよ。

[問1]　鋭角三角形ABCにおいて，角A，B，Cの対辺をそれぞれa，b，cとし，△ABCの外接円Oの半径をRとするとき，$a=2R\sin A$が成り立つことを示せ。

[問2]　△ABCにおいて，正弦定理を証明せよ。

(☆☆☆◎◎◎)

【３】aを定数とする。方程式　$x+2=ae^x$の実数解の個数を調べよ。

(☆☆☆◎◎◎)

【4】複素数平面において，複素数z_0，zをそれぞれ$z_0 = 2$，

$z = \dfrac{1}{2}\left(\cos\dfrac{\pi}{3} + i\sin\dfrac{\pi}{3}\right)$とする。また，すべての自然数$n$に対し，

$z_n = zz_{n-1}$とする。このとき，次の[問1]，[問2]に答えよ。

[問1]　$|z_2 - z_1|$を求めよ。

[問2]　極限値$\displaystyle\lim_{n \to \infty} \sum_{k=1}^{n} |z_{k+1} - z_k|$を求めよ。

(☆☆☆◎◎◎)

【5】座標空間において，xが$0 \leqq x \leqq \dfrac{\pi}{2}$の範囲で動くとき，2点P($x$，0，$\cos x$)，Q($x$，$1 - \sin^3 x$，0)を結ぶ直　線PQが動いてできる曲面と3つの座標平面で囲まれた立体をVとする。このとき，次の[問1]，[問2]に答えよ。

[問1]　立体Vを平面$x = t$で切ったときの切断面の面積Sを求めよ。

[問2]　立体Vの体積を求めよ。

(☆☆☆◎◎◎)

解答・解説

【中学校】

【1】問1　ア　$(3x + 2y + 1)(5x - 2y + 1)$　　イ　$(b+c)(a+b)(a+c)$

問2　平等である　　問3　ア　$y = \dfrac{1}{2}x - \dfrac{1}{2}$　　イ　単射でないので，

ない。　問4　最大値　5　　最小値　4　　問5　2：4：3

問6　11桁　　問7　$\dfrac{17}{36}$

〈解説〉問1　ア　（与式）$= 15x^2 + (4y + 8)x + (1 + 2y)(1 - 2y)$

$= (3x + 2y + 1)(5x - 2y + 1)$

イ　（与式）$= (b+c)a^2 + (b+c)^2a + bc(b+c)$

$= (b+c)(a+b)(a+c)$

問2　n番目に引いた人が代表になる確率をP_nとする。

$P_1=\dfrac{1}{5}$，$P_2=\dfrac{4}{5}\times\dfrac{1}{4}=\dfrac{1}{5}$，$P_3=\dfrac{4}{5}\times\dfrac{3}{4}\times\dfrac{1}{3}=\dfrac{1}{5}$，

$P_4=\dfrac{4}{5}\times\dfrac{3}{4}\times\dfrac{2}{3}\times\dfrac{1}{2}=\dfrac{1}{5}$，$P_5=\dfrac{4}{5}\times\dfrac{3}{4}\times\dfrac{2}{3}\times\dfrac{1}{2}\times\dfrac{1}{1}=\dfrac{1}{5}$

よって，平等である。

問3　ア　$x=2y+1$として$y=\dfrac{1}{2}x-\dfrac{1}{2}$が逆関数である。

イ　$f':\mathbb{R}\to\mathbb{R}^+\cup\{0\}$は単射ではないので，逆関数は存在しない。
　　　$x\to x^2$

問4　$f(x)=x-1+\dfrac{4}{x-1}$，$f'(x)=\dfrac{(x+1)(x-3)}{(x-1)^2}$

x	2		3		4
$f'(x)$		$-$	0	$+$	
$f(x)$	5	↘	4	↗	$\dfrac{13}{3}$

増減表より(最大値)＝5，(最小値)＝4

問5　(与式)$\Leftrightarrow\overrightarrow{AP}=\dfrac{5}{9}\cdot\left(\dfrac{3\overrightarrow{AB}+2\overrightarrow{AC}}{5}\right)$　…①

APとBCの交点をQとすれば，①よりBP：PC＝2：3，AP：PQ＝5：4

よって，$\triangle$PAB：$\triangle$PBC：$\triangle$PCA$=\dfrac{2}{5}\times\dfrac{5}{9}:\dfrac{4}{9}:\dfrac{3}{5}\times\dfrac{5}{9}$

$=\dfrac{2}{9}:\dfrac{4}{9}:\dfrac{3}{9}$

$=2:4:3$

問6　桁数をnとすると，

$10^{n-1}\leqq 12^{10}<10^n\Leftrightarrow n-1\leqq 10\log_{10}12<n$

が成立する。

$10\times\log_{10}12=10(2\log_{10}2+\log_{10}3)$

$=10.791$　より

$n=11$

問7　$a^2-4b>0$となる確率を求めればよい。

これを満たすのは，$(a,\ b)=(3,\ 1),\ (3,\ 2),\ (4,\ 1),\ (4,\ 2),\ (4,\ 3),$

$$(5, 1), (5, 2), (5, 3), (5, 4), (5, 5),$$
$$(5, 6), (6, 1), (6, 2), (6, 3), (6, 4),$$
$$(6, 5), (6, 6)$$

の17通り。

$$\therefore \quad \frac{17}{36}$$

【2】 問1 6倍　　問2 $a \neq -1$, 2のとき　$x = \dfrac{1}{a+1}$, $y = \dfrac{1}{a+1}$

$a = -1$のとき　解なし　　$a = 2$のとき　$x + 2y = 1$を満たすすべてのx, y

〈解説〉問1　$P' = \begin{pmatrix} 4 & 2 \\ 3 & 3 \end{pmatrix} \begin{pmatrix} 1 \\ 0 \end{pmatrix} = \begin{pmatrix} 4 \\ 3 \end{pmatrix}$, $Q' = \begin{pmatrix} 4 & 2 \\ 3 & 3 \end{pmatrix} \begin{pmatrix} 0 \\ 1 \end{pmatrix} = \begin{pmatrix} 2 \\ 3 \end{pmatrix}$より,

$$\frac{\triangle OP'Q'}{\triangle OPQ} = \frac{\frac{1}{2} |4 \cdot 3 - 3 \cdot 2|}{\frac{1}{2} \times 1 \times 1} = 6 \text{倍}$$

問2　(与式)$\Leftrightarrow \begin{pmatrix} a-1 & 2 \\ 1 & a \end{pmatrix} \begin{pmatrix} x \\ y \end{pmatrix} = \begin{pmatrix} 1 \\ 1 \end{pmatrix}$　…①

$A = \begin{pmatrix} a-1 & 2 \\ 1 & a \end{pmatrix}$とする。

(i)　$\det A = (a-1)a - 2 = (a-2)(a+1) \neq 0$のとき, つまり$a \neq -1$, 2のとき,

$$① \Leftrightarrow \begin{pmatrix} x \\ y \end{pmatrix} = \frac{1}{(a-2)(a+1)} \begin{pmatrix} a & -2 \\ -1 & a-1 \end{pmatrix} \begin{pmatrix} 1 \\ 1 \end{pmatrix} = \frac{1}{(a-2)(a+1)} \begin{pmatrix} a-2 \\ a-2 \end{pmatrix}$$

$$\therefore \quad x = \frac{1}{a+1}, \quad y = \frac{1}{a+1}$$

(ii)　$\det A = 0$のとき, つまり$a = -1$, 2のとき,

$a = -1$のとき　(与式)$\Leftrightarrow \begin{cases} -2x + 2y = 1 \\ x - y = 1 \end{cases}$　これを満たす解はない。

$a = 2$のとき　(与式)$\Leftrightarrow x + 2y = 1$　これは満たすのは$x = t$, $y = \dfrac{1-t}{2}$

以上から，$\begin{cases} a \neq -1, 2\text{のとき} & x = \dfrac{1}{a+1}, \ y = \dfrac{1}{a+1} \\ a = -1\text{のとき} & \text{解なし} \\ a = 2\text{のとき} & x + 2y = 1\text{を満たすすべての}x, y \end{cases}$

【3】問1　解説参照　　問2　解説参照

〈解説〉問1　外心：①　三角形の各辺の垂直二等分線は一点で交わる。この点を三角形の外心という。　　②　3つの頂点と外心は等距離にある。

内心：①　三角形の3つの角の二等分線は一点で交わる。これを三角形の内心という。　　②　内心は3つの辺から等距離にある。

傍心：①　三角形の1つの頂点における内角の二等分線と，他の2つの頂点における外角の二等分線は一点で交わる。これを三角形の傍心という。　　②　たとえば，角Aの内角の二等分線と角B，Cの外角の二等分線の交点は傍心であるが，これをIとおくと，Iを中心としてIからBCに下ろした垂線の長さを半径とする円は，辺BC，辺AB，辺ACの延長に接する。

問2　△ABCにおいて2本の中線BE，CFの交点をGとする。

中点連結定理から　FE//BC，FE：BC＝1：2

∴BG：GE＝2：1　…①

一方，2本の中線BE，ADの交点をHとすると同様に

BH：HE＝2：1　…②

①，②から，G，HはBEを2：1に内分する点なのでG＝H

よって，3本の中線は一点で交わる

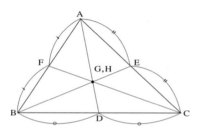

【4】解説参照

〈解説〉∠PEC＝∠PFC＝90°より四角形EPFCは円に内接する。

∴　∠PEF＝∠PCF　…①

同様に四角形ABPCも円に内接するので，

∠PBD＝∠PEF　…②

①，②から　∠PBD＝∠PCF　…③

同様にまた四角形BPEDも円に内接するので，

∠DEP＋∠PBD＝180°　…④

③，④より　∠DEP＋∠PEF＝180°

よって，D，E，Fは一直線上にある。

【5】$\dfrac{7}{3}\sqrt{14}$

〈解説〉$y=-x^2+2x+3$上の点$(t, -t^2+2t+3)$における接線は，

$y-(-t^2+2t+3)=(-2t+2)(x-t) \Leftrightarrow y=(-2t+2)x+t^2+3$　…①

①と$y=x^2$を連立させて，$x^2-(-2t+2)x-(t^2+3)=0$　…②

(②の判別式)$=(-2t+2)^2+4(t^2+3)>0$より，②は異なる2つの実数解α，β($\alpha<\beta$)をもつ。

$y=x^2$と①で囲まれる図形の面積Sは，

$$S=\int_{\alpha}^{\beta}(-2t+2)x+t^2+3-x^2\,dx$$

$$=\int_{\alpha}^{\beta}-(x-\alpha)(x-\beta)\,dx$$

$$=\frac{1}{6}(\beta-\alpha)^3 \quad \cdots ③$$

ここで，$\alpha-\beta=\sqrt{(-2t+2)^2+4(t^2+3)}=\sqrt{8\left(t-\dfrac{1}{2}\right)^2+14}$より($\because$ ②)

$③=\dfrac{1}{6}\left\{8\left(t-\dfrac{1}{2}\right)^2+14\right\}^{\frac{3}{2}} \geqq \dfrac{1}{6}\cdot(14)^{\frac{3}{2}}=\dfrac{7}{3}\sqrt{14}$　(等号は$t=\dfrac{1}{2}$のとき成立)

よって，Sの最小値は$\dfrac{7}{3}\sqrt{14}$

【6】問1　①，④

　問2　小学校と中学校の学習内容の違い

　[A]　小学校の学習内容

　　第3学年：資料を表やグラフで分かりやすく表したり，それらを読んだりすることができるようにする。

　　第4学年：資料を折れ線グラフに表したり，グラフから特徴や傾向を調べたりする。

　　第5学年：目的に応じて資料を分類整理し，それを円グラフ，帯グラフを用いて表すことができるようにする。

　　第6学年：比例の意味について理解すること，また，簡単な場合について，表やグラフを用いてその特徴を調べる。

　[B]　中学校の学習内容と指導の際の留意点

　　第1学年：具体的な事象の中にある二つの数量の変化や対応を調べることを通して，比例，反比例の関係を見いだし表現し考察する能力を伸ばす。

　　留意点：比例，反比例を表，式，グラフなどで表し，それらの特徴を理解するようにする。

　　第2学年：具体的な事象を調べることを通して，一次関数について理解するとともに，関数関係を見いだし表現し考察する能力を養う。

　　留意点：一次関数のとる値の変化の割合とグラフの特徴を理解するとともに，一次関数を利用できるようにする。

　　第3学年：具体的な事象の中から二つの数量を取り出し，それらの変化や対応を調べることを通して，関数 $y = ax^2$ について理解するとともに，関数関係を見いだし表現し考察する能力を伸ばす。

　　留意点：関数 $y = ax^2$ のグラフの特徴と関数のとる値の変化の割合について理解するようにする。

〈解説〉小学校　学習指導要領(文部科学省)を参照のこと。

【高等学校】

【1】[問1]　-25　　[問2]　$2<x<3$　　[問3]　280

[問4]　$y=-\log(c-e^x)$　　[問5]　$\dfrac{1}{\pi}$　　[問6]　8回以上

〈解説〉[問1]　$(与式)=2\begin{vmatrix}3&5\\1&-2\end{vmatrix}-(-4)\begin{vmatrix}7&4\\1&-2\end{vmatrix}+3\begin{vmatrix}7&4\\3&5\end{vmatrix}=-25$

[問2]　(真数)>0より　$x>2$　―①

$(与式)$　$\Leftrightarrow$　$\log_4(x-1)(x-2)<\dfrac{1}{2}$　$\Leftrightarrow$　$(x-1)(x-2)<2$

$\Leftrightarrow$　$0<x<3$　―②　　①，②より　$2<x<3$

[問3]　2項定理から$(与式)=\displaystyle\sum_{k=0}^{7}{}_7\mathrm{C}_k\cdot 2^k\cdot x^{3k-7}$

$3k-7=2$　となるkは　3のみなので　x^2の係数は${}_7\mathrm{C}_3\cdot 2^3=280$

[問4]　$(与式)$　$\Rightarrow$　$e^{-y}\cdot dy=e^x dx$　　$\therefore$　$-e^{-y}+c=e^x$

$\therefore$　$y=-\log(c-e^x)$

[問5]　$(与式)=\displaystyle\lim_{n\to\infty}\dfrac{1}{n}\sum_{k=1}^{n}\dfrac{k}{n}\cos\left\{\dfrac{\pi}{2}\left(\dfrac{k}{n}\right)^2\right\}$

$=\displaystyle\int_0^1 x\cos\left(\dfrac{\pi}{2}x^2\right)dx$

$=\dfrac{1}{\pi}\displaystyle\int_0^1\dfrac{\pi}{2}\cdot 2x\cos\left(\dfrac{\pi}{2}x^2\right)dx$

$=\dfrac{1}{\pi}\left[\sin\left(\dfrac{\pi}{2}x^2\right)\right]_0^1$

$=\dfrac{1}{\pi}\left(\sin\dfrac{\pi}{2}-\sin 0\right)$

$=\dfrac{1}{\pi}$

$\cos(\cdot)$，$\sin(\cdot)$を微分するとxが余分に出てくるため，部分積分を使うよりも，3行目の形を目指したほうが早い。また，合成関数のややこしさを回避する手段として，置換積分，すなわち，この問題の場合，$\dfrac{\pi}{2}\cdot x^2=t$とおいて$t$で積分する方法も考えられる。

[問6]　サイコロをn回ふって3以上の目が出る回数が1回以下である確率は　$\left(\dfrac{2}{6}\right)^n+{}_n\mathrm{C}_1\cdot\dfrac{4}{6}\times\left(\dfrac{2}{6}\right)^{n-1}\times n=\dfrac{2n^2+1}{3^n}$　これが$\dfrac{1}{30}$より小さく

なるためには，$n \geqq 8$が必要十分である。

【２】[問1]　解説参照　　[問2]　解説参照
〈解説〉[問1]　外接円の中心をPとする。
　半直線BPとOの交点をA'とする。
　円周角の定理より　∠A＝∠A'　—①
　また　∠A'CB＝90°　—②
　①，②より　$2R\sin A = 2R\sin A' = BA'\sin A' = a$
　[問2]　(i)　△ABCが鋭角三角形なら　[問1]より
　$2R\sin A = a$，$2R\sin B = b$，$2R\sin C = c$が成立する。
　(ii)　△ABCが鈍角三角形の時，
　∠A＞90°の時
　[問1]と同様に，半直線BPとOの交点を，A'とすれば
　∠A'＝180－∠A　—①
　∠BCA'＝90°　—②
　①，②より　$2R\sin A = 2R\sin(180° - A') = a$
　∠B，∠Cに対しては[問1]と同様に，$2R\sin B = b$，$2R\sin C = c$が成立。
　(i)，(ii)から　△ABCに対し
$$\frac{a}{\sin A} = \frac{b}{\sin B} = \frac{c}{\sin C} = 2R$$

【３】$a > e$のとき：なし　$a = e$，$a \leqq 0$のとき：1つ　$0 < a < e$のとき：2つ
〈解説〉(与式)　⇔　$e^{-x}(x+2) = a$　—①
　$f(x) = e^{-x}(x+2)$　とすると　$f'(x) = -e^{-x}(x+1)$より
　$f(x)$の増減法は次のようになる。

x	$-\infty$		-1		$+\infty$
$f'(x)$		$+$	0	$-$	
$f(x)$	$-\infty$	↗	e	↘	0

　①と増減表から

$$\begin{cases} なし & (a>e) \\ 1つ & (a=e,\ a\leqq0) \\ 2つ & (0<a<e) \end{cases}$$

【4】 [問1]　$|z_2-z_1|=\dfrac{\sqrt{3}}{2}$　　　[問2]　$\displaystyle\lim_{n\to\infty}\sum_{k=1}^{n}|z_{k+1}-z_k|=\sqrt{3}$

〈解説〉[問1]　$|z_2-z_1|=|z^2z_0-z^1\cdot z_0|=|z||z_0||z-1|$

$|z|=\dfrac{1}{2},\ \ |z_0|=2$

$|z-1|=\left|\left(\dfrac{1}{2}\cos\dfrac{\pi}{3}-1\right)+i\left(\dfrac{1}{2}\sin\dfrac{\pi}{3}\right)\right|=\dfrac{\sqrt{3}}{2}$　　より

$|z_2-z_1|=\dfrac{1}{2}\cdot2\cdot\dfrac{\sqrt{3}}{2}=\dfrac{\sqrt{3}}{2}$

[問1]　一般に $|z_{k+1}-z_k|=|z^{k+1}z_0-z^kz_0|=|z|^k\cdot|z_0||z-1|$

$$=\left(\dfrac{1}{2}\right)^k\cdot2\cdot\dfrac{\sqrt{3}}{2}=\dfrac{\sqrt{3}}{2^k}$$

$$\therefore\ \ \lim_{n\to\infty}\sum_{k=1}^{n}|z_{k+1}-z_k|=\lim_{n\to\infty}\dfrac{\dfrac{\sqrt{3}}{2}\left(1-\dfrac{1}{2^n}\right)}{1-\dfrac{1}{2}}=\sqrt{3}$$

【5】 [問1]　$S=\dfrac{1}{2}\cos t\,(1-\sin^3t)$　　　[問2]　$V=\dfrac{3}{8}$

〈解説〉[問1]　$x=t$ での切断面は次のような直角三角形である。

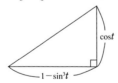

$\therefore\ \ S=\cos t\cdot(1-\sin^3t)\times\dfrac{1}{2}$

[問2]　$V=\displaystyle\int_0^{\frac{\pi}{2}}Sdt=\dfrac{1}{2}\int_0^{\frac{\pi}{2}}\cos t(1-\sin^3t)dt$

$$=\dfrac{1}{2}\left[\sin t-\dfrac{1}{4}\sin^4t\right]_0^{\frac{\pi}{2}}$$

$$=\dfrac{3}{8}$$

2006年度 ｜ 実施問題

【中学校】

【1】 次の問1～問6に答えよ。

問1　多項式 $6x^2+7xy+2y^2+x-2$ を因数分解せよ。

問2　次の2進法で表された数を10進法で表せ。

0.001

問3　下の図のように，1辺aの立方体がある。この立方体の面ABCD上に1点pをとる（ただし，点pはAC上にない点とする）。この点pから出発して，立方体のすべての面を通って再びもとの点pに戻る場合の最短距離を求めよ。

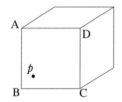

問4　$a\neq0$，$b\neq0$のとき，$a=b$ならば，$a+\dfrac{1}{a}=b+\dfrac{1}{b}$である。この命題の逆は正しいか，説明せよ。

問5　半径rの球がある。この球の体積が$\dfrac{4}{3}\pi r^3$で表されることを説明せよ。

問6　次の定理を証明せよ。

3辺の長さがa，b，cの三角形において，$a^2+b^2=c^2$ならば，その三角形は長さcの辺を斜辺とする直角三角形である。

(☆☆☆○○○)

【2】 $0°\leq\theta\leq180°$のとき，次の問1，問2に答えよ。

問1　$t=\sqrt{3}\sin\theta+\cos\theta$のとき，$t$のとりうる値の範囲を求めよ。

問2　問1を利用して，$y=\sqrt{3}\sin2\theta-\cos2\theta+2\sqrt{3}\sin\theta+2\cos\theta$を$t$の

関数として表し，yの最大値，最小値及びそのときのθの値を求め
よ。

(☆☆☆◎◎◎)

【3】四面体OABCにおいて，OA＝5，OB＝3，OC＝4で，∠AOB＝
∠AOC＝∠BOC＝60°である。
$\overrightarrow{\text{OA}} = \vec{a}$，$\overrightarrow{\text{OB}} = \vec{b}$，$\overrightarrow{\text{OC}} = \vec{c}$とするとき，次の問1，問2に答えよ。
問1 頂点Aから面OBCに下ろした垂線と面OBCが交わる点をQとする
とき，$\overrightarrow{\text{OQ}}$ を $\vec{b}$，$\vec{c}$ を用いて表せ。
問2 四面体OABCの体積を求めよ。

(☆☆☆◎◎◎)

【4】$a_1＝1$，$a_2＝2$，$a_{n+2}＝2a_{n+1}＋3a_n$ $(n＝1，2，3，\cdots\cdots)$により定められ
る数列 $\{a_n\}$ がある。このとき，次の問1，問2に答えよ。
問1 $a_{n+2}-pa_{n+1}＝q(a_{n+1}-pa_n)$ $(n＝1，2，3，\cdots\cdots)$が成り立つような
定数p，qの値を求めよ。
問2 問1を利用して，数列 $\{a_n\}$ の一般項a_nをnの式で表せ。

(☆☆☆◎◎◎)

【5】次の定理を，発展的な学習として，中学生に指導するとき，どのよ
うに証明するか，記述せよ。
　　［トレミー(Ptolemy)の定理］四角形ABCDが円に内接するならば，
AB・CD＋AD・BC＝AC・BDである。

(☆☆☆◎◎◎)

【6】中学校における「確率」の指導について，現行の中学校学習指導要
領の記述内容に基づき，次の問1，問2に答えよ。
問1 次の文は「確率」の取扱いについて記述されたものの一部であ
る。(「中学校学習指導要領 解説 数学編」)。文中のア，イにあて
はまる数を，ウ，エには学習内容をそれぞれ書け。

［小学校における取扱い］

第３学年 ・資料を表やグラフで表したり，よんだりする。

第４学年 ・資料を集め，分類整理したり，特徴を調べたりする。

第[ア]学年 ・百分率の意味について理解しそれを用いることができる。

　　　　　・[　　　　　　　　　　ウ　　　　　　　　　　]

［中学校における取扱い］

第[イ]学年 ・[　　　　　　　　　　　エ　　　　　　　　　　]

　　　　　・確率の意味を理解し，簡単な場合について確率を求める。

問2　小学校での学習内容をもとにして，どのような点に留意して指導すべきか，指導の際の留意点を記述せよ。

(☆☆☆◎◎◎)

【高等学校】

【１】次の問1〜問4に答えよ。

問1　$\cos 2\alpha = \dfrac{1}{4}$ のとき，$\sin\alpha$ と $\sin 4\alpha$ の値を求めよ。

問2　$3^x = 2^y = 6^5$ のとき，$\dfrac{1}{x} + \dfrac{1}{y}$ の値を求めよ。

問3　△OABにおいて，$\overrightarrow{OA} = \vec{a}$，$\overrightarrow{OB} = \vec{b}$ とする。$|\vec{a}| = 3$，$|\vec{b}| = 2$，$|\vec{a} - \vec{b}| = \sqrt{19}$ のとき，△OABの面積を求めよ。

問4　W，A，K，A，Y，A，M，Aの8文字を一列に並べるとき，どの2つのAも隣り合わない確率を求めよ。

(☆☆☆◎◎◎)

【２】次の問1，問2に答えよ。

問1　xy平面において，連立不等式 $\begin{cases} xy \leqq 0 \\ 2x^2 - 3xy + 6x - 4y + 4 + y^2 \leqq 0 \end{cases}$ の表す領域を図示せよ。

問2　問1において，$x^2 + y$ の値の最大値と最小値を求めよ。

(☆☆☆◎◎◎)

【3】 関数 $f(t)=\int_0^1 \left| x^2-tx \right| dx$ の最小値を求めよ。

(☆☆☆◎◎◎)

【4】 $A=\begin{pmatrix} 4 & 2 \\ 3 & -1 \end{pmatrix}$, $X=\begin{pmatrix} x \\ y \end{pmatrix}$ であるとき，次の問1〜問4に答えよ。ただし，X は零行列でないとする。

問1 $AX=kX$ となる実数 k を2つ求めよ。

問2 問1で求めた k のうち，小さい方を k_1，大きい方を k_2 とし，k_1 に対する X を X_1，k_2 に対する X を X_2 とするとき，X_1，X_2 をそれぞれ1つずつ求めよ。

問3 問2で求めた $X_1=\begin{pmatrix} x_1 \\ y_1 \end{pmatrix}$, $X_2=\begin{pmatrix} x_2 \\ y_2 \end{pmatrix}$ に対し，$P=\begin{pmatrix} x_1 & x_2 \\ y_1 & y_2 \end{pmatrix}$ とおくとき，$P^{-1}AP$ を求めよ。

問4 A^n を求めよ。

(☆☆☆◎◎◎)

【5】 n を0以上の整数とする。次の問1，問2に答えよ。

問1 $\int_0^{\frac{\pi}{2}} \sin^n x\, dx = \int_0^{\frac{\pi}{2}} \cos^n x\, dx$ が成立することを示せ。

問2 $I_n=\int_0^{\frac{\pi}{2}} \sin^n x\, dx$ とおく。I_n を n の式で表せ。

(☆☆☆◎◎◎)

解答・解説

【中学校】

【1】 問1 $(2x+y-1)(3x+2y+2)$ 問2 0.125 問3 $2\sqrt{5}\,a$

問4〜6 解説参照

〈解説〉問1 $6x^2+(7y+1)x+2y^2-2$

$=6x^2+(7y+1)x+2(y+1)(y-1)$

$=\{2x+(y-1)\}\{3x+(2y+2)\}$

$=(2x+y-1)(3x+2y+2)$

問2　2進法の0.001→10進法で$0+\dfrac{0}{2}+\,0\,+\,1\,=0.125$

問3　1辺aの立方体を下図のように展開する。点pを通って矢印のように立方体のすべての面を通って点pに戻る。

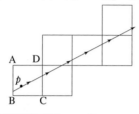

最短距離は $\sqrt{(2a)^2+(4a)^2}=2\sqrt{5}\,a$

問4　$a \gtrless 0$, $b \gtrless 0$のとき，$a=b$ならば$a+\dfrac{1}{a}=b+\dfrac{1}{b}$である。

この命題の逆は

$a \gtrless 0$, $b \gtrless 0$のとき，$a+\dfrac{1}{a}=b+\dfrac{1}{b}$ならば $a=b$ である。

〔説明〕両辺にabをかけると

$a^2b+b=ab^2+a$

$a^2b-ab^2-(a-b)=0$

$ab(a-b)-(a-b)=0$

$(a-b)(ab-1)=0$

したがって，$a-b=0$　または　$ab-1=0$

すなわち，$a=b$　または　$a=b=1$　または　$a=b=-1$

よって，逆の命題は正しくない。

問5　図のような円$x^2+y^2=r^2$をx軸を中心に回転すると球ができる。この球の体積をVとすると

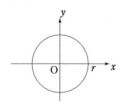

$$V=2\int_0^r \pi y^2 dx=2\int_0^r \pi (r^2-x^2)dx$$

$$=2\pi \left[r^2x-\frac{1}{3}x^3\right]_0^r=2\pi (r^3-\frac{1}{3}r^3)=2\pi \times \frac{2}{3}r^3=\frac{4}{3}\pi r^3$$

問6 ［証明］

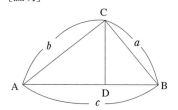

AB＞ACであるからAB^2＞AC^2　　AB＞ AC^2

よってAB上にD点をとってAD＝ AC^2 ‥‥‥‥‥‥‥‥‥①

とすることができる。

すると，BD＝AB－ AC^2 ＝ AB^2－AC^2 ＝ BC^2 ‥‥‥‥‥②

△ABCと△ACDに

おいて，∠Aは共通で，これをはさむ2辺の比は，①からAB：AC＝

AC：AD　したがって，△ABC∽△ACD

　　よって，∠ACB＝∠ADC

同様にして，②から　△CBA∽△DBC　∴∠ACB＝∠BDC

であるから∠ADC＝∠BDC　∴2∠ADC＝2∠R

　　よって，∠ADC＝∠ACB＝∠R

すなわち，三角形は長さcの辺を斜辺とする直角三角形である。

【2】問1　$-1\leqq t\leqq 2$　　問2　最小値は，$\theta =180°$のとき-3

　最大値は，$\theta =60°$のとき6

〈解説〉問1　$t=\sqrt{3}\sin \theta +\cos \theta =\sqrt{3+1}\sin(\theta + \alpha)=2\cdot \sin(\theta + \alpha)$

　　ただし，$\tan \alpha =\dfrac{1}{\sqrt{3}}$，　$\alpha =30°$

　　$0°\leqq \theta \leqq 180°$　より　$-1\leqq t\leqq 2$

問2　$t=\sqrt{3}\sin\theta+\cos\theta$ より

$t^2=3\cdot\sin^2\theta+(1-\sin^2\theta)+2\sqrt{3}\cdot\sin\theta\cdot\cos\theta$

$y=\sqrt{3}\cdot\sin2\theta-\cos2\theta+2\sqrt{3}\cdot\sin\theta+2\cos\theta$

$\quad=2\sqrt{3}\cdot\sin\theta\cdot\cos\theta-(1-2\cdot\sin^2\theta)+2\sqrt{3}\cdot\sin\theta+2\cdot\cos\theta$

$\quad=2\cdot\sin^2\theta+2\sqrt{3}\cdot\sin\theta\cdot\cos\theta+1+2(\sqrt{3}\cdot\sin\theta+\cos\theta)-2$

$\quad=t^2+2t-2=(t+1)^2-3$

頂点$(-1,-3)$，$-1\leqq t\leqq2$ であるから

最小値は，$t=-1(\theta=180°)$のとき　-3

最大値は，$t=2(\theta=60°)$のとき　6

【3】問1　$\dfrac{5}{3}\left(\dfrac{\vec{b}}{|\vec{b}|}+\dfrac{\vec{c}}{|\vec{c}|}\right)$　　　問2　$5\sqrt{2}$

〈解説〉問1

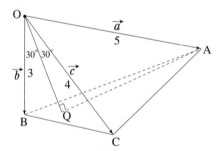

$\angle AOB=\angle AOC=\angle BOC=60°$ より

$\angle BOQ=\angle COQ=30°$ である。

適当な実数をkとおくと

$$\overrightarrow{OQ}=k\left(\dfrac{\vec{b}}{|\vec{b}|}+\dfrac{\vec{c}}{|\vec{c}|}\right)$$

$\angle AOQ=\theta$ とおくと　$OQ=5\cdot\cos\theta$

ここで正四面体OABC，$\overrightarrow{OA}=\vec{a}$，$\overrightarrow{OB}=\vec{b}$，$\overrightarrow{OC}=\vec{c}$　で各辺
の長さをそれぞれ2，ABの中点をMとする。

$\angle COM=\theta$ とすると

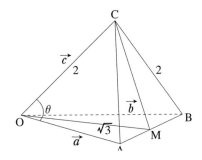

$$\vec{c} = \frac{\vec{a} + \vec{b}}{2} = 2 \times \sqrt{3} \times \cos \theta$$

$$\vec{c} \cdot \vec{a} + \vec{c} \cdot \vec{b} = 4\sqrt{3} \cos \theta$$

$$2 \times 2 \times \cos 60° + 2 \times 2 \times \cos 60° = 4\sqrt{3} \cos \theta$$

$$4 = 4\sqrt{3} \cos \theta \quad \therefore \quad \cos \theta = \frac{1}{\sqrt{3}}$$

したがって $\quad OQ = 5 \times \cos \theta = \dfrac{5}{\sqrt{3}}$

$k : \dfrac{5}{2\sqrt{3}} = 2 : \sqrt{3} \quad$ より $\quad k = \dfrac{5}{3}$

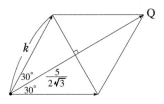

よって, $\quad \overrightarrow{OQ} = \dfrac{5}{3}\left(\dfrac{\vec{b}}{|\vec{b}|} + \dfrac{\vec{c}}{|\vec{c}|} \right)$

問2　△OBCの面積Sは $\quad S = \dfrac{1}{2} \times 3 \times 4 \times \sin 60° = 3\sqrt{3}$

$AQ^2 = 5^2 - \left(\dfrac{5}{\sqrt{3}} \right)^2 = 25 - \dfrac{25}{3} = \dfrac{50}{3} \qquad \therefore \quad AQ = \dfrac{5\sqrt{2}}{\sqrt{3}}$

　　求める体積をVとすると

$$V=\frac{1}{3}\times 3\sqrt{3}\times\frac{5\sqrt{2}}{\sqrt{3}}=5\sqrt{2}$$

【４】問1　$p=3$, $q=-1$　または　$p=-1$, $q=3$

　問2　$a_n=3^n-(-1)^n$

〈解説〉$a_1=1$, $a_2=2$, $a_{n+2}=2a_{n+1}+3a_n$　$(n=1,\ 2,\ 3,\ \cdots\cdots)$

　問1　$a_{n+2}-p\cdot a_{n+1}=q(a_{n+1}-pa_n)$　$(n=1,\ 2,\ 3,\ \cdots\cdots)$

　　　より　$a_{n+2}=(p+q)a_{n+1}-pqa_n$

　　　上の式と比較して　$p+q=2$, $pq=-3$

　　　p, qは $t^2-2t-3=0$ の解より　$t=3,\ -1$

　　　したがって　$a_{n+2}+a_{n+1}=3(a_{n+1}+a_n)$ $\cdots\cdots\cdots\cdots\cdots\cdots$①

　　　または　　　　$a_{n+2}-3a_{n+1}=-1(a_{n+1}-3a_n)$ $\cdots\cdots\cdots\cdots\cdots$②

　　　①より

$a_{n+1}+a_n=3(a_n-a_{n-1})=3^2(a_{n-1}+a_{n-2})=3^3(a_{n-2}+a_{n-3})$

$\qquad=\cdots\cdots=3^{n-1}(a_2+a_1)=3^n$ $\cdots\cdots\cdots\cdots\cdots\cdots\cdots$③

　　　②より

$a_{n+1}-3a_n=-(a_n-3a_{n-1})=(-1)^2(a_{n-1}-3a_{n-2})=(-1)^3(a_{n-2}+3a_{n-3})$

$\qquad=\cdots\cdots=(-1)^{n-1}(a_2+3a_1)=(-1)^n$ $\cdots\cdots\cdots\cdots\cdots$④

　　　③－④より

$4a_n=3^n-(-1)^n$　　　$\therefore$　$a_n=3^n-(-1)^n$

【５】〔証明の記述例〕

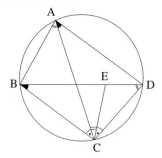

∠DCE＝∠ACBとなるように，直線CEを四辺形の内部に引き，BDとの交点をEとする。

∠BAC＝∠BDC，∠ACB＝∠DCEから

△ABC∽△DECとなり，

AB：AC＝DE：DC，AB・CD＝AC・DE

また，∠CAD＝∠CBD，∠ACD＝∠BCEから

△ADC∽△BECとなり

AD：AC＝BE：BC，AD・BC＝AC・BE

よって，AB・CD＋AD・BC＝AC・(DE＋BE)＝AC・BD

【6】問1　ア　5　　イ　2　　ウ　目的に応じて資料を分類整理し，それを円グラフに，帯グラフを用いて表すことができる。　エ　起こり得る場合を順序よく整理することができる。　　問2　解説参照

〈解説〉問1　小学校「学習指導要領」文部科学省

各教科　第3節　算数による。

中学校「学習指導要領」文部科学省

各教科　第3節　数学による。

問2　〔指導の際の留意点の例〕

1)　具体的な事象についての観察や実験を通して，確率について理解する。

ア．起こり得る場合を順序よく整理するような作業をする。

イ．不確定な事象が起こり得る場合の程度の感覚を体験する。

ウ．さいころの目の出方などを使用して，目の出方を調べてみる。

エ．当たりくじが入っているくじを引いて，当たる場合を体験したり，実験してみるようにする。

【高等学校】

【1】問1　$\sin \alpha = \pm \sqrt{\dfrac{3}{8}}$　　$\sin 4\alpha = \pm \dfrac{\sqrt{15}}{4}$　　問2　$\dfrac{1}{5}$　　問3　$\dfrac{3\sqrt{3}}{2}$

問4　$\dfrac{1}{336}$

〈解説〉問1　$\cos 2\alpha = 1 - 2\sin^2\alpha$　$2\sin^2\alpha = 1 - \cos 2\alpha = 1 - \dfrac{1}{4} = \dfrac{3}{4}$

$\therefore$　$\sin^2\alpha = \dfrac{3}{8}$　$\therefore$　$\sin\alpha = \pm\sqrt{\dfrac{3}{8}}$

$\sin 4\alpha = \sin(2\alpha + 2\alpha) = 2\cdot\sin 2\alpha\cdot\cos 2\alpha$

ここで，$\sin^2 2\alpha = 1 - \cos^2 2\alpha = 1 - \left(\dfrac{1}{4}\right)^2 = \dfrac{15}{16}$

$\therefore$　$\sin 2\alpha = \pm\dfrac{\sqrt{15}}{4}$

したがって $\sin 4\alpha = 2\left(\pm\dfrac{\sqrt{15}}{4}\right)\times\dfrac{1}{4} = \pm\dfrac{\sqrt{15}}{8}$

問2　$3^x = 6^5$　より　$x = \log_3 6^5 = \dfrac{\log_6 6^5}{\log_6 3} = \dfrac{5}{\log_6 3}$

$2^y = 6^5$　より　$y = \log_2 6^5 = \dfrac{\log_6 6^5}{\log_6 2} = \dfrac{5}{\log_6 2}$

したがって，$\dfrac{1}{x} + \dfrac{1}{y} = \dfrac{\log_6 3}{5} + \dfrac{\log_6 2}{5} = \dfrac{\log_6 3\times 2}{5} = \dfrac{1}{5}$

問3　$|\vec{a}| = 3$，$|\vec{b}| = 2$，$|\vec{a} - \vec{b}| = \sqrt{19}$

$s = \dfrac{1}{2}(3 + 2 + \sqrt{19})$，$\triangle OAB$の面積を$S$とする。

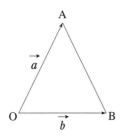

$S = \sqrt{\dfrac{5+\sqrt{19}}{2}\left(\dfrac{-1+\sqrt{19}}{2}\right)\left(\dfrac{1+\sqrt{19}}{2}\right)\left(\dfrac{5-\sqrt{19}}{2}\right)}\ = \dfrac{1}{4}\sqrt{(19-1)(25-19)}$

$= \dfrac{1}{4}\sqrt{18\times 6} = \dfrac{1}{4}\times 6\sqrt{3} = \dfrac{3\sqrt{3}}{2}$

問4 W Ⓐ K Ⓐ Y Ⓐ M Ⓐ の8文字について，Aを○，

他を□で表すと，どの2つのAも隣り合わない場合は，

1) ○□○□○□○□の並べ方が4！通りある。

2) □○□○□○□○の並べ方が4！通りある。

3) ○□□○□○□○の並べ方が4！通りある。

4) ○□○□□○□○の並べ方が4！通りある。

5) ○□○□○□□○の並べ方が4！通りある。

したがって求める確率は，

$$\frac{5 \times 4!}{8!} = \frac{1}{8 \times 7 \times 6} = \frac{1}{56 \times 6} = \frac{1}{336}$$

【2】問1 斜線部分(境界を含む)　　問2 最大値8，最小値$\frac{4}{5}$

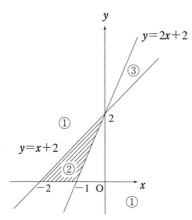

〈解説〉問1　$xy \leqq 0$　より　$x \geqq 0$ かつ $y \leqq 0$

　　　　　　または $x \leqq 0$ かつ $y \geqq 0$ …………………………①

　$2x^2 - 3xy + 6x - 4y + 4 + y^2 \leqq 0$ から

　$2x^2 - 3(y-2)x + (y-2)^2 \leqq 0$ から

　$\{2x - (y-2)\} \{x - (y-2)\} \leqq 0$

　$(y - 2x - 2)(y - x - 2) \leqq 0$

　　これより　$y \geqq 2x + 2$ かつ $y \leqq x + 2$ …………………………②

または　$y \leqq 2x+2$　かつ　$y \geqq x+2$　$\cdots\cdots\cdots\cdots\cdots\cdots$③

問2　斜線部分の境界線を考えると

$x^2+y=x^2+(x+2)^2=2x^2+4x+4$

$\qquad =2(x^2+2x)+4=2(x+1)^2+2$

$-2 \leqq x \leqq 0$ で　最小値は　$x=-1$ のとき　2

$\qquad\qquad\qquad$ 最大値は　$x=-2$ のとき　4

また，$x^2+y=x^2+(2x+2)^2=5x^2+8x+4$

$\qquad\qquad =5\left(x^2+\dfrac{8}{5}x\right)+4=5\left\{\left(x+\dfrac{4}{5}\right)^2-\dfrac{16}{25}\right\}+4$

$\qquad\qquad =5\left(x+\dfrac{4}{5}\right)^2-\dfrac{16}{5}+4=5\left(x+\dfrac{4}{5}\right)^2+\dfrac{4}{5}$

$\qquad -2 \leqq x \leqq 0$ で　最小値は　$x=-\dfrac{4}{5}$ のとき　$\dfrac{4}{5}$

$\qquad\qquad\qquad$ 最大値は　$x=-2$ のとき　8

したがって，最大値は $x=-2$ のとき 8，最小値は　$x=-\dfrac{4}{5}$ のとき　$\dfrac{4}{5}$

【3】　$\dfrac{2-\sqrt{2}}{6}$

〈解説〉$t \geqq 0$ で　$x^2-tx=x(x-t) \geqq 0$

　すなわち$x \leqq 0$, $t<x$ のとき

　　$y=|x^2-tx|=x^2-tx$

$x^2-tx=x(x-t)<0$

　すなわち$0<x<t$ のとき

　　$y=|x^2-tx|=-x^2+tx$

したがって，グラフは右図の
ようになる。

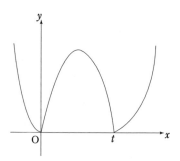

1)　tの値が　$0 \leqq t \leqq 1$ のとき

$f(t)=\displaystyle\int_0^t (-x^2+tx)dx+\int_t^1 (x^2-tx)dx$

$\qquad =\left[-x^3+tx^2\right]_0^t+\left[x^3-tx^2\right]_t^1$

$\qquad =(-t^3+t^3)+\left(\dfrac{1}{3}-\dfrac{t}{2}\right)-t^3+t^3$

$$= t^3 + \frac{1}{3} - \frac{t}{2} + t^3 = t^3 - \frac{t}{2} + \frac{1}{3}$$

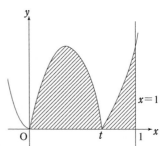

$f'(t) = t^2 - \frac{1}{2}$, $f'(t) = 0$ より $t = \pm\frac{\sqrt{2}}{2}$,

$f\left(\frac{\sqrt{2}}{2}\right) = \frac{2\sqrt{2}}{8} \times \frac{1}{3} - \frac{\sqrt{2}}{2} \times \frac{1}{2} + \frac{1}{3}$

$= \frac{\sqrt{2}}{12} - \frac{\sqrt{2}}{4} + \frac{1}{3} = \frac{-2\sqrt{2}}{12} + \frac{1}{3} = \frac{2-\sqrt{2}}{6}$

増減表を作ると

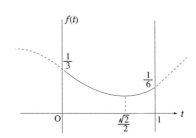

t	0	$\cdots\cdots$	$\frac{\sqrt{2}}{2}$		1
$f'(t)$	$-$	$-$	0	$+$	$+$
$f(t)$	$\frac{1}{3}$	$\searrow$	$\frac{2-\sqrt{2}}{6}$	$\nearrow$	$\frac{1}{6}$

$1 < t$ のときは $f(t) > \frac{1}{6}$

2) $t < 0$ のときは

$f(t) = \int_0^1 (x^2 + tx)dx$

$= \left[x^3 + tx^2 \right]_0^1 = -\frac{t}{2} + \frac{1}{3}$

$t = 0$ のとき $f(0) = \frac{1}{3}$, $t < 0$ のとき $f(t)$ は $\frac{1}{3}$ より増加する。

したがって，求める最小値は $\frac{2-\sqrt{2}}{6}$

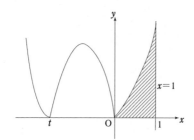

【4】問1　$k=5,\ -2$　　問2　$X_1=\begin{pmatrix} t \\ -3t \end{pmatrix},\ X_2=\begin{pmatrix} 2t \\ t \end{pmatrix}$　(tは0以外の任意

実数)　　問3　$P^{-1}AP=\begin{pmatrix} -2 & 0 \\ 0 & 5 \end{pmatrix}$

問4　$A^n=\dfrac{1}{7}\begin{pmatrix} (-2)^n+6\cdot5^n & (-2)^{n+1}+2\cdot5^n \\ -3(-2)^n+3\cdot5^n & -3(-2)^{n+1}+5^n \end{pmatrix}$

〈解説〉問1　$AX=kX,\ AX=kEX,\ (A-kE)X=0$

$A-kE$が逆行列をもてば　$X=0$　となるから

$A-kE=\begin{pmatrix} 4-k & 2 \\ 3 & -1-k \end{pmatrix}$ は逆行列をもたない。

$(4-k)(-1-k)-6=0$　　　$k^2-3k-10=0$

$(k-5)(k+2)=0$　　　　　$\therefore\ k=5,\ -2$

問2　$k_2=5$のとき

$\begin{pmatrix} -1 & 2 \\ 3 & -6 \end{pmatrix}\begin{pmatrix} x \\ y \end{pmatrix}=\begin{pmatrix} 0 \\ 0 \end{pmatrix},\ -x+2y=0\ \ \begin{pmatrix} x \\ y \end{pmatrix}=X_2=\begin{pmatrix} 2t \\ t \end{pmatrix}$

$k_1=-2$のとき

$\begin{pmatrix} 6 & 2 \\ 3 & 1 \end{pmatrix}\begin{pmatrix} x \\ y \end{pmatrix}=\begin{pmatrix} 0 \\ 0 \end{pmatrix},\ 3x+y=0\ \ \begin{pmatrix} x \\ y \end{pmatrix}=X_1=\begin{pmatrix} t \\ -3t \end{pmatrix}$

ただし，tは0以外の任意の実数とする。

問3　$X_1=\begin{pmatrix} x_1 \\ y_1 \end{pmatrix}=\begin{pmatrix} p \\ -3p \end{pmatrix},\ X_2=\begin{pmatrix} x_2 \\ y_2 \end{pmatrix}=\begin{pmatrix} 2q \\ q \end{pmatrix}$ $(pq\neq0)$とすると

$P=\begin{pmatrix} p & 2q \\ -3p & q \end{pmatrix}$　　$P^{-1}=\dfrac{1}{7pq}\begin{pmatrix} q & -2q \\ 3p & p \end{pmatrix}$ だから

$P^{-1}AP=\dfrac{1}{7pq}\begin{pmatrix} q & -2q \\ 3p & p \end{pmatrix}\begin{pmatrix} 4 & 2 \\ 3 & -1 \end{pmatrix}\begin{pmatrix} p & 2q \\ -3p & q \end{pmatrix}$

$$= \frac{1}{7pq}\begin{pmatrix} q & -2q \\ 3p & p \end{pmatrix}\begin{pmatrix} -2p & 10q \\ 6p & 5q \end{pmatrix} = \frac{1}{7pq}\begin{pmatrix} -14pq & 0 \\ 0 & 35pq \end{pmatrix}$$

$$= \begin{pmatrix} -2 & 0 \\ 0 & 5 \end{pmatrix}$$

問4　この対角行列をBとおくと，$P^{-1}AP=B$，$A=PBP^{-1}$となるから

$A^n=PBP^{-1}\cdot PBP^{-1}\cdot PBP^{-1}\cdot PBP^{-1}\cdots\cdots PBP^{-1}=PB^nP^{-1}$

$p=q=1$ として，これを計算すると，次のようになる。

$$A^n=PB^nP^{-1}=\begin{pmatrix} 1 & 2 \\ -3 & 1 \end{pmatrix}\begin{pmatrix} (-2)^n & 0 \\ 0 & 5^n \end{pmatrix}\cdot\frac{1}{7}\begin{pmatrix} 1 & -2 \\ 3 & 1 \end{pmatrix}$$

$$= \frac{1}{7}\begin{pmatrix} (-2)^n & 2\cdot5^n \\ -3(-2)^n & 5^n \end{pmatrix}\begin{pmatrix} 1 & -2 \\ 3 & 1 \end{pmatrix}$$

$$= \frac{1}{7}\begin{pmatrix} (-2)^n+6\cdot5^n & (-2)^{n+1}+2\cdot5^n \\ -3(-2)^n+3\cdot5^n & -3(-2)^{n+1}+5^n \end{pmatrix}$$

【5】問1　解説参照　　問2　$I_n=\dfrac{2\cdot4\cdot6\cdots\cdots(n-5)(n-3)(n-1)}{3\cdot5\cdot7\cdots\cdots(n-4)(n-2)\cdot n}$

〈解説〉

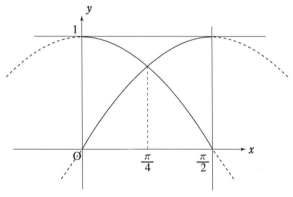

問1　$y=\sin x$ と $y=\cos x$ は

$x=\dfrac{\pi}{4}$ に線対称である。

例えば　　$\alpha\left(0\leqq\alpha\leqq\dfrac{\pi}{2}\right)$とすると

$y=\cos\left(\dfrac{\pi}{2}-\alpha\right)=\cos\dfrac{\pi}{2}\cdot\cos\alpha+\sin\dfrac{\pi}{2}\cdot\sin\alpha$

$$= 0 \times \cos \alpha + 1 \times \sin \alpha = \sin \alpha$$

$$y = \sin\left(\frac{\pi}{2} - \alpha\right) = \sin\frac{\pi}{2} \cdot \cos \alpha + \cos\frac{\pi}{2} \cdot \sin \alpha$$

$$= 1 \times \cos \alpha + 0 \times \sin \alpha = \cos \alpha$$

したがって，　$\int_0^{\frac{\pi}{2}} \sin^n x dx = \int_0^{\frac{\pi}{2}} \cos^n x dx$

問2　$I_n = \int_0^{\frac{\pi}{2}} \sin^n x dx = \int_0^{\frac{\pi}{2}} \sin^{n-1} x \cdot \sin x dx$

ここで，$\sin^{n-1} x = f(x)$　$\sin x = g'(x)$　とおくと

$$f'(x) = (n-1)\sin^{n-2} x \cdot \cos x \qquad g(x) = -\cos x$$

$$I_n = \left[-\cos x \cdot \sin^{n-1} x \right]_0^{\frac{\pi}{2}} + (n-1) \int_0^{\frac{\pi}{2}} \sin^{n-2} x \cdot \cos^2 x dx$$

$$= (n-1) \int_0^{\frac{\pi}{2}} \sin^{n-2} x (1 - \sin^2 x) dx$$

$$= (n-1) \int_0^{\frac{\pi}{2}} \sin^{n-2} x dx - (n-1) \int_0^{\frac{\pi}{2}} \sin^n x dx$$

$$I_n + (n-1) \cdot I_n = (n-1) \int_0^{\frac{\pi}{2}} \sin^{n-2} x dx = (n-1) \cdot I_{n-2}$$

$$n \cdot I_n = (n-1) \cdot I_{n-2}$$

$$\therefore \quad I_n = \frac{n-1}{n} \cdot I_{n-2} = \frac{n-1}{n} \cdot \frac{n-3}{n-2} \cdot I_{n-4} = \frac{n-1}{n} \cdot \frac{n-3}{n-2} \cdot \frac{n-5}{n-4} \cdot I_{n-6}$$

$$= \cdots\cdots\cdots\cdots = \frac{n-1}{n} \cdot \frac{n-3}{n-2} \cdot \frac{n-5}{n-4} \cdot \frac{n-7}{n-6} \cdots\cdots\cdots \frac{2}{3} \cdot I_1,$$

$$I_1 = \int_0^{\frac{\pi}{2}} \sin x dx = \left[-\cos x \right]_0^{\frac{\pi}{2}} = 1$$

したがって

$$I_n = \frac{2 \cdot 4 \cdot 6 \cdots\cdots (n-5)(n-3)(n-1)}{3 \cdot 5 \cdot 7 \cdots\cdots (n-4)(n-2) \cdot n}$$

2005年度　実施問題

【中高共通】

【1】次の[問1]～[問3]に答えよ。

[問1]　$a_1 = \dfrac{1}{2}$，$a_{n+1} = \dfrac{1}{2 - a_n}$ $(n \geq 1)$ で定められる数列 $\{a_n\}$ について，次の(1)，(2)に答えよ。

(1)　a_2，a_3，a_4を求め，一般項を類推せよ。

(2)　数学的帰納法を用いて，(1)の類推が正しいことを証明せよ。

[問2]　nを自然数とする。2^nが32桁の数となるとき，nの値を求めよ。ただし，$\log_{10}2 = 0.3010$　とする。

[問3]　不等式$ax - a^2 < x - 1$　を解け。ただし，aは定数とする。

(☆☆☆◎◎◎)

【2】一辺の長さが1である正四面体OABCがある。

辺ABを$p : (1-p)(0 < p < 1)$に内分する点をD，辺OCを$q : (1-q)(0 < q < 1)$に内分する点をEとし，$\overrightarrow{OA} = \vec{a}$，$\overrightarrow{OB} = \vec{b}$，$\overrightarrow{OC} = \vec{c}$とする。

次の(1)～(3)に答えよ。

(1)　$\overrightarrow{OD}$を$\vec{a}$，$\vec{b}$，pを用いて表せ。

(2)　$\overrightarrow{DE}$を$\vec{a}$，$\vec{b}$，$\vec{c}$，p，qを用いて表せ。

(3)　$|\overrightarrow{DE}|$の最小値を求めよ。また，そのときのp，qの値を求めよ。

(☆☆☆◎◎◎)

【3】aを正の定数，θを媒介変数として　$x = a\cos^3\theta$，$y = a\sin^3\theta$で表される曲線がある。

このとき，次の(1)，(2)に答えよ。

(1)　$0 \leq \theta \leq \dfrac{\pi}{2}$のとき，この曲線の凹凸を調べ，グラフの概形をかけ。

(2)　この曲線上の点Pにおける接線とx軸，y軸との交点をそれぞれA，Bとする。線分ABの長さは点Pの位置に関係なく一定であることを

示せ。ただし，Pは座標軸上の点ではないとする。

(☆☆☆◎◎◎)

【中学校】

【1】次の[問1]，[問2]に答えよ。

[問1]　背理法を用いて，素数が無限に存在することを証明せよ。

[問2]　「奇数と奇数の和は偶数である。」このことを証明するとき，次のように解答する生徒がいた。この生徒に対して，どのように指導すればよいか。そのポイントを記述せよ。

生徒の解答

1＋3＝4, 5＋9＝14, 7＋9＝16, …

だから，奇数と奇数の和は偶数となる。

(☆☆☆◎◎◎)

【2】次の[問1]，[問2]に答えよ。

[問1]　平面上にn本の直線があって，どの2本も平行でなく，また，どの3本も1点で交わらないとする。これらn本の直線が平面をa_n個の部分に分けるとき，a_nをnの式で表せ。

[問2]　下の図の△ABCで，次の(1)，(2)に答えよ。

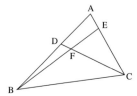

(1)　AD：DB＝2：3，AE：EC＝1：3であるとき，BF：FEを求めよ。ただし，現行の中学校学習指導要領の範囲内の解法を記述すること。

(2)　$\dfrac{AD}{DB} \cdot \dfrac{BF}{FE} \cdot \dfrac{EC}{CA} = 1$となることを証明せよ。

(☆☆☆☆◎◎◎)

【高等学校】

【1】 次の[問1]，[問2]に答えよ。

[問1] aを定数とするとき，2次関数$y=-x^2-2ax+a^2$について，次の(1)，(2)に答えよ。

(1) 区間$0\leqq x\leqq 2$における最大値を求めよ。

(2) 区間$0\leqq x\leqq 2$における最大値が2となるとき，aの値を求めよ。

[問2] 次の文が正しくないことを説明せよ。

「10万枚発行されているくじの中に10枚の1等当選くじがあるとき，このくじを1枚買えば当たる確率は10000分の1である。だから，10枚買えば1等当選くじが当たる確率は1000分の1となる。」

(☆☆☆◎◎)

【2】 $f(x)=-xe^{-x}$とする。

次の(1)〜(3)に答えよ。

(1) 関数$y=f(x)$の増減，極値を調べ，グラフの概形をかけ。

(2) 曲線$y=f(x)$とx軸，y軸，直線$x=t$ $(t>0)$で囲まれる部分の面積Sをtの式で表せ。

(3) $\lim_{t\to\infty} S$を求めよ。

(☆☆☆◎◎◎)

解答・解説

【中高共通】

【1】 [問1] (1) $a_2=\dfrac{2}{3}$，$a_3=\dfrac{3}{4}$，$a_4=\dfrac{4}{5}$，一般項$a_n=\dfrac{n}{n+1}$

(2) $n=1$ のとき $a_1=\dfrac{1}{2}$ より $a_n=\dfrac{n}{n+1}$は成り立つ。

$n=k$ のとき $a_k=\dfrac{k}{k+1}$と仮定する。よって $a_{n+1}=\dfrac{1}{2-a_n}$ より

$$a_{k+1}=\frac{1}{2-a_k}=\frac{1}{2-\dfrac{k}{k+1}}=\frac{k+1}{k+2}$$

$n=k+1$　のときも　$a_n=\dfrac{n}{n+1}$は成り立つ。

よって，すべての自然数nについて　$a_n=\dfrac{n}{n+1}$は成り立つ。

[問2]　$n=103,\ 104,\ 105,\ 106$

[問3]　$a>1$　のとき　$x<a+1$, $a=1$　のとき解なし，$a<1$　のとき　$x>a+1$

〈解説〉[問1]　(1)　$a_2=\dfrac{1}{2-a_1}=\dfrac{1}{2-\dfrac{1}{2}}=\dfrac{2}{3}$, $a_3=\dfrac{1}{2-a_2}=\dfrac{1}{2-\dfrac{2}{3}}$

$=\dfrac{3}{4}$, $a_4=\dfrac{1}{2-a_3}=\dfrac{4}{5}$

よって，一般項は$a_n=\dfrac{n}{n+1}$と類推できる

[問2]　2^nが32桁の数であることより$31\leqq\log_{10}2^n<32$

よって，$31\leqq n\cdot\log_{10}2<32$ここで$\log_{10}2=0.3010$より

$31\leqq0.3010\times n<32$ $\dfrac{31}{0.3010}\leqq n<\dfrac{32}{0.3010}$, $102.99\cdots\leqq n<106.31\cdots$

nは自然数より

[問3]　変形して$(a-1)x<(a+1)(a-1)\cdots$①

$a=1$　のとき　①を満たすxの値はない。$a>1$　のとき　$x<a+1$,
$a<1$　のとき　$x>a+1$

【2】

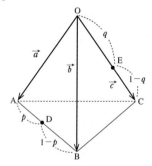

(1) $\overrightarrow{OD}=(1-p)\vec{a}+p\vec{b}$

(2) $\overrightarrow{DE}=\overrightarrow{OE}-\overrightarrow{OD}=q\overrightarrow{OC}-\overrightarrow{OD}=q\vec{c}-\{(1-p)\vec{a}+p\vec{b}\}$

$\quad =-(1-p)\vec{a}-p\vec{b}+q\vec{c}$

(3) $|\vec{a}|=|\vec{b}|=|\vec{c}|=1$, 正四面体OABC より

$\quad \vec{a}\cdot\vec{b}=\vec{b}\cdot\vec{c}=\vec{c}\cdot\vec{a}=|\vec{a}|\cdot|\vec{b}|\cdot\cos60°=\dfrac{1}{2}$ よって

$\quad |\overrightarrow{DE}|^2=\{-(1-p)\vec{a}-p\vec{b}+q\vec{c}\}\cdot\{-(1-p)\vec{a}-p\vec{b}+q\vec{c}\}$

$\quad =(1-p)^2|\vec{a}|^2+p^2|\vec{b}|^2+q^2|\vec{c}|^2+2p(1-p)\vec{a}\cdot\vec{b}-2pq\vec{b}\cdot\vec{c}-2(1-p)q\vec{c}\cdot\vec{a}$

$\quad =(1-p)^2+p^2+q^2+2p(1-p)\times\dfrac{1}{2}-2pq\times\dfrac{1}{2}-2(1-p)q\times\dfrac{1}{2}$

$\quad =p^2-p+q^2-q+1$

$\quad =\left(p-\dfrac{1}{2}\right)^2+\left(q-\dfrac{1}{2}\right)^2+\dfrac{1}{2}$

$\quad p=\dfrac{1}{2}$, $q=\dfrac{1}{2}$ のとき, $|\overrightarrow{DE}|$ の最小値は $\dfrac{\sqrt{2}}{2}$

【3】

増減表

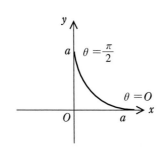

θ	O	$\cdots\cdots$	$\dfrac{\pi}{2}$
x	a	↘	O
y	O	↗	a
$\dfrac{dy}{dx}$	O	$-$	
$\dfrac{d^2y}{dx^2}$		$+$	

(1) $x=a\cos^3\theta$, $y=a\sin^3\theta$, $a>0$, $0\le\theta\le\dfrac{\pi}{2}$

$\dfrac{dx}{d\theta}=-3a\cos^2\theta\cdot\sin\theta$, $\dfrac{dy}{d\theta}=3a\sin^2\theta\cdot\cos\theta$

$\dfrac{dy}{dx}=\dfrac{\dfrac{dy}{d\theta}}{\dfrac{dx}{d\theta}}=\dfrac{3a\sin^2\theta\cdot\cos\theta}{-3a\cos^2\theta\cdot\sin\theta}=-\dfrac{\sin\theta}{\cos\theta}=-\tan\theta$

$$\frac{d^2y}{dx^2}=\frac{d}{d\theta}\left(\frac{dy}{dx}\right)\frac{d\theta}{dx}=\frac{1}{3a\cos^4\theta\cdot\sin\theta}, \quad \frac{d^2y}{dx^2}\text{の符号より}$$

$0<\theta<\dfrac{\pi}{2}$ で下に凸

(2)　θ を消去して　$x^{\frac{2}{3}}+y^{\frac{2}{3}}=a^{\frac{2}{3}}$上の点P$(x_0,\ y_0)$における接線の傾き

は　$\dfrac{2}{3}x_0{}^{-\frac{1}{3}}+\dfrac{2}{3}y_0{}^{-\frac{1}{3}}\cdot y'=0$より

$y'=-x_0{}^{-\frac{1}{3}}\cdot y_0{}^{\frac{1}{3}}$，　よってPにおける接線の方程式は

$y-y_0=-x_0{}^{-\frac{1}{3}}y_0{}^{\frac{1}{3}}\ (x-x_0)$よって点A，Bの座標はA$(a^{\frac{2}{3}}x_0{}^{\frac{1}{3}},\ 0)$,

B$(0,\ a^{\frac{2}{3}}y_0{}^{\frac{1}{3}})$ゆえにABの長さはAB$^2=a^{\frac{4}{3}}(x_0{}^{\frac{2}{3}}+y_0{}^{\frac{2}{3}})=a^{\frac{4}{3}}\cdot a^{\frac{2}{3}}=a^2$,

$a>0$よりAB$=a(=$一定$)$

【中学校】

【1】問1　素数が有限個しかなかったとする。すると素数全体の集合は
$\{p_1,\ p_2,\ \cdots,\ p_n\}$ $(2\leqq p_1<p_2<\cdots<p_n)$とおける。ところで
A$=p_1p_2\cdots p_n+1$

という整数を考えるとこれは$p_1,\ p_2,\ \cdots,\ p_n$のどれでも割り切れない。
つまりAは素数である。また明かにA$>p_n$となるので素数がn個しかな
いと仮定したことに反する。

問2　一般に奇数は$2n+1$(nは整数)とおけることを具体例を用いて説明
する。

(奇数)＋(奇数)＝$(2n+1)+(2m+1)=2(n+m+1)=$(偶数)

と因数分解させる。

〈解説〉問1　素数が有限個と仮定したので素数に番号をつけることが大
切である。Aは$p_1,\ p_2,\ \cdots,\ p_n$でわっても必ず余りが1となることに注
意されたい。また素数の定義「素数とは1か自分自身でしか割れない
もの」ということも覚えておこう。

問2　生徒は具体的ないくつかの数でしか確かめてないのでこれを一
般化することが大事である。

【2】 問1　$a_n = \dfrac{n^2+n+2}{2}$

　問2　(1)　2：1　　(2)　$\dfrac{AD}{DB} \cdot \dfrac{BE}{FE} \cdot \dfrac{EC}{CA} = \dfrac{2}{3} \cdot \dfrac{2}{1} \cdot \dfrac{3}{4} = 1$

〈解説〉問1　n本の直線l_1, l_1, …, l_nによって平面がa_n個の部分に分かれ
　　る。そこへ$n+1$番目の直線l_{n+1}を引くとl_{n+1}はl_1, l_2, …, l_nによって
　　$n+1$個の部分に分割され，新たに$n+1$個の部分が増える。よって

　　　$a_{n+1} = a_n + n + 1$, $a_1 = 2$

　　を解けばいい。これは階差数列の漸化式なので公式より

　　$a_n = a_1 + \displaystyle\sum_{k=1}^{n-1}(k+1) = \dfrac{n^2+n+2}{2}$（n≧2）

　　$a_1 = 2$とあわせて

　　$a_n = \dfrac{n^2+n+2}{2}$（n≧1）

　　問2　(1)　BからDEに平行な直線をひきACとの交点をG，DCとの交点
　　　をHとする。このとき平行線の性質からAE：EG＝2：3となりEG：
　　　GC＝1：1となる。ここでDE：HG＝EC：GC＝2：1，DE：BG＝
　　　AD：AB＝2：5からBF：FE＝BG：DE＝2：1

　(2)　(1)の結果より具体的に計算するだけである。

【高等学校】

【1】

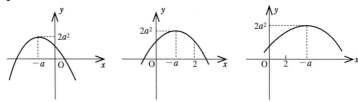

[問1]　(1)　$y = f(x) = -x^2 - 2ax + a^2 = -(x+a)^2 + 2a^2$

　　$-a \leqq 0$すなわち$a \geqq 0$のとき，最大値は$f(0) = a^2$

　　$0 < -a < 2$すなわち$-2 < a < 0$のとき，最大値は$f(-a) = 2a^2$

　　$-a \geqq 2$すなわち$a \leqq -2$のとき，最大値は$f(2) = a^2 - 4a - 4$

　(2)　$a \geqq 0$のとき最大値$a^2 = 2$　よって$a = \sqrt{2}$

$-2＜a＜0$のとき，最大値$2a^2＝2$　よって$a＝-1$

$a≦-2$のとき　最大値$a^2-4a-4＝2$　より$a＝2±\sqrt{10}$

この場合解なし

答　$a＝\sqrt{2}$，　$a＝-1$

[問2] 「だから，10枚買えば1等当選くじが当たる確率は1000分の1となる。」が正しくない。

正しい文は

「10枚買って1等が1枚だけ当たる確率を求めよ。」とすべきです。

その計算は　1枚が当たる確率が$\dfrac{1}{10000}$ ではずれる確率が$\dfrac{9999}{10000}$ だから$_{10}C_1×\dfrac{1}{10000}×\left(\dfrac{9999}{10000}\right)^9$を計算することになります。

〈解説〉独立反復施行の確率

1回の試行で事象Aが起こる確率Pの独立試行をn回くり返すとき事象Aがr回起こる確率をPrとすると

$$Pr＝_nC_r p^r(1-P)^{n-r}$$

〔例〕10枚買って，1等が2枚だけ当たる場合の確率は

$$P_2＝_{10}C_2\left(\dfrac{1}{10000}\right)^2\left(1-\dfrac{1}{10000}\right)^{10-2}$$

$$＝45\left(\dfrac{1}{10000}\right)^2\left(\dfrac{9999}{10000}\right)^8 \quad となります。$$

【2】 (1)　$f(x)＝-xe^{-x^2}$, $f'(x)＝2e^{-x^2}\left(x+\dfrac{1}{\sqrt{2}}\right)\left(x-\dfrac{1}{\sqrt{2}}\right)$

$f''(x)＝-4xe-4xe^{-x^2}\left(x+\dfrac{\sqrt{6}}{2}\right)\left(x-\dfrac{\sqrt{6}}{2}\right)$

また，$\displaystyle\lim f(x)＝\lim (-xe^{-x^2})＝\lim \left(- x \right)＝\lim \left(- 1 \right)＝0$

同様に$\displaystyle\lim f(x)＝0$　　また，$f\left(-\dfrac{1}{\sqrt{2}}\right)＝\dfrac{1}{\sqrt{2}}e^{-\frac{1}{2}}＝\dfrac{1}{\sqrt{2e}}$,

$f\left(\dfrac{1}{\sqrt{2}}\right)＝-\dfrac{1}{\sqrt{2e}}$

増減表

x	$\cdots$	$-\dfrac{\sqrt{6}}{2}$	$\cdots$	$-\dfrac{\sqrt{2}}{2}$	$\cdots$	0	$\cdots$	$\dfrac{\sqrt{2}}{2}$	$\cdots$	$\dfrac{\sqrt{6}}{2}$	$\cdots$
$f'(x)$	$+$		$+$	0	$-$		$-$	0	$+$		$+$
$f''(x)$	$+$	0	$-$		$-$	0	$+$		$+$	0	$-$
$f(x)$	⤴	$\dfrac{\sqrt{6}}{2}l^{-\frac{3}{2}}$	⤴	$\dfrac{1}{\sqrt{2e}}$	⤵	0	⤵	$-\dfrac{1}{\sqrt{2e}}$	⤴	$-\dfrac{\sqrt{6}}{2}l^{-\frac{3}{2}}$	⤴

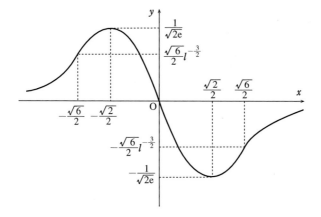

(2) $\displaystyle S=-\int_0^t(-xe^{-x^2})dx$

$\displaystyle \qquad =\int_0^t xe^{-x^2}dx$

($-x^2=u$ と置換積分)

$\displaystyle S=\left[-\frac{1}{2}e^u\right]_0^{-t^2}=-\frac{1}{2}e^{-t^2}+\frac{1}{2}$

(3) $\displaystyle \lim_{t\to\infty} S=\lim_{t\to\infty}\left(\frac{1}{2}-\frac{1}{2}e^{-t^2}\right)=\frac{1}{2}$

2004年度　実施問題

【中高共通】

【1】次の[問1]～[問4]に答えよ。

[問1]　$0.9999\cdots=1$ となることを示せ。

[問2]　4桁の自然数が11の倍数であるとき，千の位と十の位の数字の和と，百の位と一の位の数字の和との差は0となるか，または11で割り切れる。このことを説明せよ。

[問3]　円0の周上に，3点A，B，Cがある。$\angle ABC=90°$ ならばACは直径となることを証明せよ。

[問4]　$0°\leqq x\leqq180°$ のとき，方程式 $\sin x\cos x=\dfrac{1}{4}$ を解け。

【2】次の[問1]，[問2]に答えよ。

[問1]　2次関数 $y=x^2$ のグラフをx軸方向に p，y軸方向に q だけ平行移動したグラフが点(2，3)を通るとき，qをpの式で表せ。また，qをpの関数と考えて，そのグラフをかけ。

[問2]　2次関数 $y=x^2$ の区間 $a\leqq x\leqq a+1$ における最大値と最小値を求めよ。

(☆☆☆◎◎◎)

【3】AとBの2人がそれぞれ1個のさいころを投げる。Aのさいころの出た目の数をa，Bのさいころの出た目の数をbとし，$a\geqq b$のときAの勝ち，$a<b$のときBの勝ちとする。また，先に4回勝った方を優勝とする。

このとき，次の[問1]～[問3]に答えよ。

[問1]　5回目にさいころを投げたとき，Aの優勝が決まる確率を求めよ。

[問2]　5回目までにAが優勝する確率を求めよ。

[問3]　Aが優勝する確率を求めよ。

(☆☆☆◎◎◎◎)

【4】 2点A(2, 0, 4), B(0, 2, 3)を通る直線上に点Pがある。

　　このとき，次の[問1], [問2]に答えよ。

　[問1]　点P(x, y, z)とする。x, y, zの関係を式に表せ。

　[問2]　点Pと原点Oの距離の最小値と，そのときの点Pの座標を求めよ。

(☆☆☆◎◎◎)

【5】 次の[問1], [問2]に答えよ。

　[問1]　曲線$y＝\log x$と直線$x＝2$およびx軸で囲まれた部分の面積を求めよ。

　[問2]　$y＝0(0≦x≦1)$, $y＝\log x(1＜x≦2)$で表されたグラフをy軸の周りに1回転してできた容器がある。この容器に毎分1cm³の割合で水を注ぐとき，水面の高さが容器の深さの半分になった瞬間の水面の上昇速度を求めよ。ただし，x軸，y軸の1目盛りの長さは1cmとする。

(☆☆☆◎◎◎)

解答・解説

【中高共通】

【1】 (1)　$0.999\cdots＝0.9＋0.09＋0.009＋\cdots\cdots$

$＝\dfrac{0.9}{1－0.1}$

$＝1$

(2)　千の位，百の位，十の位，一の位の数字をそれぞれa, b, c, dとする。ただし，$a≠0$である。

$1000a＋100b＋10c＋d$

$＝1001a＋99b＋11c－a＋b－c＋d$

$＝11(91a＋9b＋c)－(a＋c)＋(b＋d)$

上式は11の倍数であるから，$－(a＋c)＋(b＝d)$は0か，11の倍数である。

(3)　ACの中点をOとし，BOの延長上にBO＝ODとなる点Dをとる。

　　四角形ABCDは，対角線が互いに他を二等分するから，平行四辺形
になる。

　　さらに，∠B＝90°より四角形ABCDは長方形である。

　　よって，AC＝BD

　　ゆえに，AO＝BO＝CO＝DO

　　これより，Oを中心とする円に長方形ABCDは内接し，ACは直径に
なる。

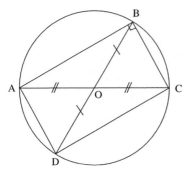

(4)　$x＝15°，75°$

〈解説〉(1)　0.999…は初項0.9，公比0.1の無限等比級数で表わされること
に注意する。

　　一般に，$|r|<1$のとき

$$a＋ar＋ar^2＋ar^3＋\cdots\cdots＝\frac{a}{1-r}$$

である。

(3)　∠ABC＝90°の直角三角形ABCにおいて，ACの中点をMとすれば

AM＝BM＝CM

である。

(4)　$\sin x\cos x＝\dfrac{1}{4}$

より　$2\sin x\cos x＝\dfrac{1}{2}$

$\sin 2x＝\dfrac{1}{2}$

$0°≦2x≦360°$　より

$2x = 30°,\ 150°$

ゆえに，$x = 15°,\ 75°$

【2】 (1)　$q = -(p-2)^2 + 3$

(2)　最大値をM，最小値をmとすると

$a \leqq -1$のとき，$\begin{cases} M = a^2 \\ m = (a+1)^2 \end{cases}$

$-1 < a < -\dfrac{1}{2}$のとき，$\begin{cases} M = a^2 \\ m = 0 \end{cases}$

$-\dfrac{1}{2} \leqq a \leqq 0$のとき，$\begin{cases} M = (a+1)^2 \\ m = 0 \end{cases}$

$0 < a$のとき，$\begin{cases} M = (a+1)^2 \\ m = a^2 \end{cases}$

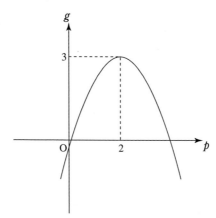

〈解説〉(1)　$y = x^2$をx軸方向にp，y軸方向にqだけ平行移動すると

$y = (x-p)^2 + q$

になる。このグラフが点$(2,\ 3)$を通るとき

$3 = (2-p)^2 + q$

ゆえに，$q = -(2-p)^2 + 3$

$=-(p-2)^2+3$

(2)　$y=x^2$　で区間$a \leqq x \leqq a+1$　の範囲をaの値を負の方向から正の方向に移動させることによって調べる。

　　または，最大値，最小値は

$f(a)=a^2$, $f(a+1)=(a+1)^2$

と，$-1 \leqq a \leqq 0$のとき　$f(0)=0$

のいずれかであると考えて，上の3つのグラフを調べてもよい。

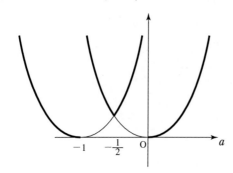

　　上図において，太線部分が最大，最小を示している。

【3】(1)　　$7^4 \times 5$　　　　(2)　　$7^4 \times 8$　　　　(3)　　$7^4 \times 2527$

〈解説〉(1)　A，Bがそれぞれサイコロを1回投げ，Aが勝つのは，

　$(a,\ b)=(1,\ 1),\ (2,\ 1),\ (2,\ 2),\ (3,\ 1),\ (3,\ 2),\ (3,\ 3)$

　　　　　　$(4,\ 1),\ (4,\ 2),\ (4,\ 3),\ (4,\ 4)$

　　　　　　$(5,\ 1),\ (5,\ 2),\ (5,\ 3),\ (5,\ 4),\ (5,\ 5)$

　　　　　　$(6,\ 1),\ (6,\ 2),\ (6,\ 3),\ (6,\ 4),\ (6,\ 5),\ (6,\ 6)$

の21通りであるから，Aが勝つ確率P(A)は

$$P(A)=\frac{21}{36}=\frac{7}{12}$$

したがって，Bの勝つ確率P(B)は

$$P(B)=1-\frac{7}{12}=\frac{5}{12}$$

　このとき，5回目でAの優勝が決まるのは，3勝1負できて5回目にA

が勝つときであるから，その確率P_1は

$$P_1 = {}_4C_1\left(\frac{7}{12}\right)^3\left(\frac{5}{12}\right)\times\left(\frac{7}{12}\right) = \quad 7^4\times5$$

(2) 5回目までにAが優勝するためには

(イ) 4連勝 （ロ）3勝1負で5回目に勝つ

のいずれかであるから，その確率P_2は

$$P_2 = \left(\frac{7}{12}\right)^4 + P_1 = \quad 7^4 \ + \ 7^4\times5 \ = \ 7^4\times8$$

(3) Aが優勝するためには

(イ) 4連勝 （ロ）3勝1負で5回目に勝つ

(ハ) 3勝2負で6回目に勝つ （ニ）3勝3負で7回目に勝つ

のいずれかであるから，その確率P_3は

$$P_3 = P_2 + {}_5C_2\left(\frac{7}{12}\right)^3\left(\frac{5}{12}\right)^2\times\left(\frac{7}{12}\right) + {}_6C_3\left(\frac{7}{12}\right)^3\left(\frac{5}{12}\right)^3\times\left(\frac{7}{12}\right)$$

$$= \quad 7^4\times8 \ + \ 7^4\times5^3 \ + \ 7^4\times5^4$$

$$= \quad 7^4\times2527$$

【4】(1) $\dfrac{x-2}{2} = \dfrac{y}{-2} = z-4$

(2) 最小値$= \dfrac{2\sqrt{29}}{3}$, $P\left(\dfrac{2}{9}, \ \dfrac{16}{9}, \ \dfrac{28}{9}\right)$

〈解説〉(1) $\overrightarrow{AB} = (0, \ 2, \ 3) - (2, \ 0, \ 4) = (-2, \ 2, \ -1)$

であるから，AB上の点$(x, \ y, \ z)$は

$$\frac{x-2}{-2} = \frac{y}{2} = \frac{z-4}{-1}$$

をみたす。

ゆえに，$\dfrac{x-2}{2} = \dfrac{y}{-2} = z-4$

(2)　(1)の結果より

$x=zk+2,\ y=-2k,\ z=k+4$

とおける。よって，

$OP^2=(2k+2)^2+(-2k)^2+(k+4)^2$

$=9k^2+16k+20$

$=9\left(k+\dfrac{8}{9}\right)^2+\dfrac{119}{9}$

　ゆえに，$k=-\dfrac{8}{9}$ のとき，OPは最小値　$\dfrac{\sqrt{116}}{3}=\dfrac{2\sqrt{29}}{3}$

をとる。このとき

$x=\dfrac{2}{9},\ y=\dfrac{16}{9},\ z=\dfrac{28}{9}$

である。

【５】(1)　$2\log2-1$　　(2)　$\dfrac{1}{2\pi}$cm/分

〈解説〉(1)　$S=\displaystyle\int_1^2\log xdx=\Big[x\log x-x\Big]_1^2=2\log2-1$

(2)

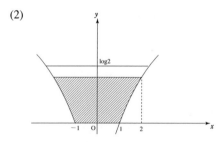

$y=\log x$　より　$x=e^y$

よって，この容器の深さがyまでの体積Vは

$V=\displaystyle\int_0^y\pi(e^y)^2dy=\pi\int_0^y e^{2y}dy$

$=\pi\left[\dfrac{1}{2}e^{2y}\right]_0^y$

$=\dfrac{\pi}{2}(e^{2y}-1)$

仮定より，$\dfrac{dV}{dt}=1$であるから

$$\dfrac{dV}{dy}=\dfrac{dV}{dt}\times\dfrac{dt}{dy}$$

より $\dfrac{\pi}{2}\cdot 2e^{2y}=1\times\dfrac{dt}{dy}$

ゆえに，$\dfrac{dt}{dy}=\quad 1$

よって，$y=\dfrac{1}{2}\log 2$のとき

$$\dfrac{dy}{dt}=\quad 1 \quad =\dfrac{1}{2\pi}$$

これが求める水面の上昇速度である。

(注意) (2)において，Vは深さyの関数である。また，この容器に毎分1cm³の割合で水を入れるから，体積の増加速度が1cm³/分になり

$$\dfrac{dV}{dt}=1$$

である。

　ここで，求めるものは，$y=\dfrac{1}{2}\log 2$のときの$\dfrac{dV}{dt}$の値である。

　また，対数，指数計算で

$a\log_a M=M$

であるから

$e\log 2=2$

であることに注意したい。

●書籍内容の訂正等について

　弊社では教員採用試験対策シリーズ（参考書，過去問，全国まるごと過去問題集），公務員試験対策シリーズ，公立幼稚園・保育士試験対策シリーズ，会社別就職試験対策シリーズについて，正誤表をホームページ（https://www.kyodo-s.jp）に掲載いたします。内容に訂正等，疑問点がございましたら，まずホームページをご確認ください。もし，正誤表に掲載されていない訂正等，疑問点がございましたら，下記項目をご記入の上，以下の送付先までお送りいただくようお願いいたします。

> ① **書籍名，都道府県（学校）名，年度**
> 　（例：教員採用試験過去問シリーズ　小学校教諭 過去問　2025年度版）
> ② **ページ数**（書籍に記載されているページ数をご記入ください。）
> ③ **訂正等，疑問点**（内容は具体的にご記入ください。）
> 　（例：問題文では"ア～オの中から選べ"とあるが，選択肢はエまでしかない）

〔ご注意〕

○ 電話での質問や相談等につきましては，受付けておりません。ご注意ください。

○ 正誤表の更新は適宜行います。

○ いただいた疑問点につきましては，当社編集制作部で検討の上，正誤表への反映を決定させていただきます（個別回答は，原則行いませんのであしからずご了承ください）。

●情報提供のお願い

　協同教育研究会では，これから教員採用試験を受験される方々に，より正確な問題を，より多くご提供できるよう情報の収集を行っております。つきましては，教員採用試験に関する次の項目の情報を，以下の送付先までお送りいただけますと幸いでございます。お送りいただきました方には謝礼を差し上げます。

（情報量があまりに少ない場合は，謝礼をご用意できかねる場合があります）。

◆あなたの受験された面接試験，論作文試験の実施方法や質問内容

◆教員採用試験の受験体験記

- -

<table>
<tr><td rowspan="5">送付先</td><td>○電子メール：edit@kyodo-s.jp</td><td rowspan="5"></td></tr>
<tr><td>○FAX：03-3233-1233（協同出版株式会社　編集制作部 行）</td></tr>
<tr><td>○郵送：〒101-0054　東京都千代田区神田錦町2-5</td></tr>
<tr><td>　　　　　協同出版株式会社　編集制作部 行</td></tr>
<tr><td>○HP：https://kyodo-s.jp/provision（右記のQRコードからもアクセスできます）</td></tr>
</table>

　※謝礼をお送りする関係から，いずれの方法でお送りいただく際にも，「お名前」「ご住所」は，必ず明記いただきますよう，よろしくお願い申し上げます。

教員採用試験「過去問」シリーズ

和歌山県の
数学科 過去問

編　集	ⓒ 協同教育研究会
発　行	令和6年1月10日
発行者	小貫　輝雄
発行所	協同出版株式会社
	〒101-0054　東京都千代田区神田錦町2 - 5
	電話　03－3295－1341
	振替　東京00190－4－94061
印刷所	協同出版・POD工場

落丁・乱丁はお取り替えいたします。

2024年夏に向けて
―教員を目指すあなたを全力サポート！―

●通信講座

志望自治体別の教材とプロによる
丁寧な添削指導で合格をサポート

詳細はこちら

●公開講座 (＊1)

48のオンデマンド講座のなかから、
不得意分野のみピンポイントで学習できる！
受講料は6000円〜　＊一部対面講義もあり

詳細はこちら

●全国模試 (＊1)

業界最多の **年5回** 実施！
定期的に学習到達度を測って
レベルアップを目指そう！

詳細はこちら

●自治体別対策模試 (＊1)

的中問題がよく出る！
本試験の出題傾向・形式に合わせた
試験で実力を試そう！

詳細はこちら

　上記の講座及び試験は，すべて右記のQRコードからお申し込みできます。また，講座及び試験の情報は，随時，更新していきます。

＊1・・・ 2024年対策の公開講座、全国模試、自治体別対策模試の
　　　　情報は、2023年9月頃に公開予定です。

協同出版・協同教育研究会
https://kyodo-s.jp

お問い合わせは
通話料無料の
フリーダイヤル

いい み　なさんおうえん
0120 (13) 7300
受付時間：平日（月〜金）9時〜18時　まで